Meios Adequados de Solução de Conflitos

Meios Adequados de Solução de Conflitos

ARBITRAGEM, *DISPUTE BOARD*, MEDIAÇÃO, NEGOCIAÇÃO E PRÁTICAS COLABORATIVAS

2023

Coordenadores

Asdrubal Franco Nascimbeni
Christiana Beyrodt Cardoso
Ricardo Ranzolin

ALMEDINA

MEIOS ADEQUADOS DE SOLUÇÃO DE CONFLITOS
ARBITRAGEM, *DISPUTE BOARD*, MEDIAÇÃO, NEGOCIAÇÃO E PRÁTICAS COLABORATIVAS

COORDENADORES: Asdrubal Franco Nascimbeni, Christiana Beyrodt Cardoso e Ricardo Ranzolin

DIRETOR ALMEDINA BRASIL: Rodrigo Mentz
EDITORA JURÍDICA: Manuella Santos de Castro
EDITOR DE DESENVOLVIMENTO: Aurélio Cesar Nogueira
ASSISTENTES EDITORIAIS: Larissa Nogueira e Letícia Gabriella Batista
ESTAGIÁRIA DE PRODUÇÃO: Laura Roberti

DIAGRAMAÇÃO: Almedina
DESIGN DE CAPA: FBA

ISBN: 9786556279497
Outubro, 2023

Dados Internacionais de Catalogação na Publicação (CIP)
(Câmara Brasileira do Livro, SP, Brasil)

Meios adequados de solução de conflitos :
arbitragem, dispute board, mediação, negociação
e práticas colaborativas / coordenadores Asdrubal
Franco Nascimbeni, Christiana Beyrodt Cardoso,
Ricardo Ranzolin. – São Paulo : Almedina, 2023.

ISBN 978-65-5627-949-7

1. Arbitragem (Direito) 2. Direito processual – Brasil
3. Mediação e conciliação 4. Negociação 5. Solução de conflitos (Direito)
I. Nascimbeni, Asdrubal Franco. II. Cardoso, Christiana Beyrodt.
III. Ranzolin, Ricardo.

23-166002 CDU-347.918

Índices para catálogo sistemático:

1. Solução de conflitos : Conciliação, mediação e arbitragem :
Direito processual 347.918

Eliane de Freitas Leite – Bibliotecária – CRB 8/8415

Este livro segue as regras do novo Acordo Ortográfico da Língua Portuguesa (1990).

EDITORA: Almedina Brasil
Rua José Maria Lisboa, 860, Conj. 131 e 132, Jardim Paulista | 01423-001 São Paulo | Brasil
www.almedina.com.br

SOBRE OS COORDENADORES

Asdrubal Franco Nascimbeni

Advogado, sócio de FNA Advogados Associados. Bacharel em Direito pela Faculdade de Direito da Universidade de São Paulo (USP). Mestre em Direito Processual Civil, pela Faculdade de Direito da Universidade de São Paulo (USP). Doutor em Direito das Relações Econômicas Internacionais, pela PUC-SP. Vice-presidente da Comissão de Direito Empresarial da OAB-SP (2013-15). Membro Consultor da Comissão Especial de Mediação, Conciliação e Arbitragem, do Conselho Federal da OAB (2015). Membro da Comissão de Mediação e Arbitragem da OAB-SP (2016-18). Secretário-Geral da Comissão de Mediação e Arbitragem da OAB-SP (2019-21). Componente de listas de árbitros de diversas Câmaras de Mediação e de Arbitragem. Autor e coordenador de inúmeras obras, como "Temas de Mediação e Arbitragem", vols. I a VII (Lex Editora); "Mediação e Arbitragem na Administração Pública – BRASIL E PORTUGAL" (Almedina) e "20 Anos da Lei de Arbritagem" (OAB Federal).

Christiana Beyrodt Cardoso

Advogada formada pela PUC/SP. Especializada na área de resolução de conflitos empresariais e Arbitragem. Especializações em Processo Civil, pela FADISP; em Direito Tributário, pela PUC/SP COGEAE. Mediadora certificada pelo ICFML. Fundadora e Coordenadora do Grupo "Café com Mediação". COO da DSD2B. Coordenadora do Comitê de ODR do CONIMA. Membro da Comissão de Solução Consensual de Conflitos e da

Comissão de Arbitragem, da OAB/SP. Membro da Comissão de Mediação do IASP. Secretária Geral da MEDARBRB.

Ricardo Ranzolin

Advogado. Sócio de Silveiro Advogados. Graduado em Direito pela UFRGS. Pós-graduado em Business Administration (Harvard Business School). Mestre em Processo Civil, pela PUC-RS. Professor convidado na Pós-Graduação da UFRGS, Unisinos, Escola Superior da Magistratura e PUC. Autor da obra "Controle Judicial da Arbitragem", do site "Arbipedia" e de diversos artigos acadêmicos sobre arbitragem. Membro da 2ª Câmara Recursal do Tribunal de Ética, da OAB-RS (2009-2012). Presidente do Comitê de Legislação da AMCHAM-RS (2009-2011). Conselheiro da OAB-RS desde 2007. Presidente da Câmara de Mediação e Arbitragem do CIERGS-FIERGS desde 2017. Presidente da Comissão de Arbitragem da OAB Federal (2016-2017).

SOBRE OS AUTORES

Alessandra Fachada Bonilha
Advogada Empresarial e Colaborativa. LLM-EXECUTIVE pelo CEU-LAW SCHOOL. Consultora nas áreas de Governança Familiar, Mediadora Privada. Certificada Avançada pelo ICFML. Mediadora Judicial Cadastrada no TJSP e no CNJ. Formação em Negociação pela Harvard Law School. Mediadora certificada pelo "The Center Of Mediation in Law" - NY. Integra o quadro de Mediadores das principais Câmaras de Mediação e Arbitragem do Brasil. Compõe o Comitê Gestor da Conciliação do Conselho Nacional de Justiça. Diretora do CONIMA. Coordenadora do Grupo de Práticas Colaborativas da CAM-CMR (Câmara de Mediação do Centro das Mulheres na Reestruturação). Co-autora de livros e artigos relacionados ao tema de Gestão de Conflitos, Empresas Familiares e Solução de Conflitos para empresas em crise.

Amanda Federico Lopes Fernandes
Sócia de MAMG Advogados. Mediadora certificada pelo Instituto de Mediação e Arbitragem do Brasil (IMAB). Mestra em Direito Processual Civil pela Universidade de São Paulo (USP/SP) e Bacharel em Direito pela Universidade de São Paulo (USP/SP). Docente do curso de pós-graduação da Escola de Direito de São Paulo da Fundação Getúlio Vargas (FGV*law*).

Carlos Eduardo Montes Netto

Juiz de Direito. Doutor e Mestre em Direitos Coletivos e da Cidadania, pela UNAERP. Pós-doutorando em Educação, pela UFSCar. Professor de Cursos de Pós-Graduação e de Graduação.

Carlos Suplicy de Figueiredo Forbes

Sócio Fundador de Forbes, Kozan e Gasparetti Advogados. Membro do Conselho Deliberativo do Centro de Arbitragem e Mediação da Câmara de Comércio Brasil-Canadá (CAM-CCBC) e do Conselho Executivo do Comitê Brasileiro de Arbitragem (CBAr). Ex-Presidente do CAM-CCBC e Ex-Diretor do CBAr.

Felícia Zuardi

Mediadora. Advogada Colaborativa. Docente do Instituto Brasileiro de Práticas Colaborativas – IBPC. Secretária Geral da Comissão Especial de Práticas Colaborativas da OAB-RJ. Pós-graduada em Direito Corporativo pelo Ibmec.

Fernanda Bragança

Advogada. Pesquisadora do Centro de Inovação, Administração e Pesquisa do Judiciário da FGV Conhecimento. Professora convidada de cursos de Pós-Graduação Lato Sensu. Doutora em Direito pela Universidade Federal Fluminense – UFF. Pesquisadora visitante na Université Paris 1 Pantheón Sorbonne. Mestre e Bacharel em Direito pela UFRJ. Autora do livro "Justiça digital: implicações sobre a proteção de dados pessoais, solução on-line de conflitos e desjudicialização", além de outras publicações no Brasil e no exterior. Membro da Associação Brasileira Elas no Processo (ABEP).

Francisco Maia Neto

Graduado em Engenharia Civil e Direito pela UFMG. Pós-graduado em Engenharia Econômica, pela Fundação Dom Cabral, onde é professor convidado. Integrante das Comissões de Juristas do Senado Federal e do Ministério da Justiça, para elaboração da Lei de Mediação e reforma da Lei de Arbitragem (2013). Presidente da Comissão de Mediação, Conciliação e Arbitragem (2022/2024), da OAB/MG. Coordenador Geral das Diretorias Estaduais do Instituto Brasileiro de Direito Imobiliário – IBRADIM (2021/2024). Vice-Presidente do Conselho Jurídico do SINDUSCON/MG(2022/2024).

Henrique Tonucci de C. Oliveira
Advogado. Bacharel e especialista em Direito Processual Civil, pela PUC Minas.

Júlio César Bueno
Sócio de Pinheiro Neto Advogados, com atuação nas áreas de litígios judiciais e arbitrais, assim como mediação e dispute boards. Presidente do Executive Board da Dispute Resolution Board Foundation (DRBF) e co-chair do Comitê de Projetos Internacionais (ICP) da International Bar Association (IBA). Tem graduação e doutoramento pela Faculdade de Direito da Universidade de São Paulo (FDUSP) e mestrado pela Universidade de Cambridge (LL.M).

Gabriel de Orleans e Bragança
Mestre e Doutorando em Direito Comercial pela Pontifícia Universidade Católica de São Paulo. Professor de Direito Comercial no Ibmec-SP. Advogado em Sacramone, Orleans e Bragança Advogados.

Giulia Spalletta
Advogada de MAMG Advogados. Candidata no Master in Business and Management (MBM) da FGV EAESP. Bacharel em Direito pela Escola de Direito de São Paulo da Fundação Getulio Vargas, com graduação sanduíche na Université Paris Dauphine – PSL (Paris IX), com especialização em arbitragem pela mesma instituição.

Henrique de Oliveira Lima Braga
Mestrando em Direito Comercial pela Pontifícia Universidade Católica de São Paulo. Advogado em Sacramone, Orleans e Bragança Advogados.

Joaquim de Paiva Muniz
LL.M, University of Chicago. Fellow do Chartered Institute of Arbitrators. Presidente da Comissão de Arbitragem da OAB-RJ. Diretor de arbitragem do Centro Brasileiro de Mediação e Arbitragem. Autor de livros, como "Curso Básico de Direito Arbitral" (Ed. Juruá) e Arbitration Law of Brazil: Practice and Procedure (Juris).

José Victor Palazzi Zakia

Mestre em Direito Processual, pela Universidade de São Paulo (USP). Bacharel em Direito pela Escola de Direito da FGV DIREITO-SP. Coordenador do Grupo de Estudos em Arbitragem da FGV DIREITO SP (GVEArb). Professor convidado do curso de Arbitragem e Mediação, da pós-graduação da Universidade Mackenzie. Professor convidado do curso Stabilization of International Business Transactions: From Contract (Re) Negotiation to Dispute Resolution do Global Law da FGV DIREITO SP. Membro da Comissão de Assuntos Legislativos do CBAR. Advogado na equipe de arbitragem em L.O. Baptista Advogados.

Juliana Loss

Diretora Executiva da Câmara de Mediação e Arbitragem da FGV. Coordenadora Acadêmica do Centro de Inovação, Administração e Pesquisa do Judiciário da FGV. Doutora em Direito pela Universidad Carlos III de Madrid e pela Université Paris 1 Panthéon Sorbonne. Mediadora.

Leandro Rigueira Rennó Lima

Doutor em Direito. Professor da PUC-Minas. Vice-presidente da CAMARB. Experiência como árbitro e mediador há mais de 20 anos.

Leonardo Maciel Benedete

Coordenador do CMT Advogados. Mestrando em Economia na UFPR e em Direito na FDUL.

Lívia Senne Badaró Mubarak

Advogada, especializada em Direito Empresarial. Especialista em arbitragem pelo IAA – Internacional Academy for Arbitration Law, de Paris.

Luciano Benetti Timm

Sócio do CMT Advogados. Professor da FGVSP e Doutor em Direito.

Marcelo Barbosa Sacramone

Mestre e Doutor em Direito Comercial pela Universidade de São Paulo. Professor de Direito Comercial na Pontifícia Universidade Católica de São Paulo e no Insper São Paulo. Advogado em Sacramone, Orleans e Bragança Advogados.

Marciele Witeki de Almeida
Associada de Forbes, Kozan e Gasparetti Advogados. Possui Master of Laws (LL.M.) em Direito Empresarial pela Fundação Getúlio Vargas. Participou de treinamento em Métodos Adequados de Resolução de Disputas pela Pepperdine Caruso School of Law, Straus Institute for Dispute Resolution. Fundadora do Capítulo Brasileiro do Energy Related Arbitration Practitioners (ENERAP) e integrante do Grupo de Estudos de Arbitragem e Setor Elétrico do CBAr.

Mauricio Morais Tonin
Doutor e Mestre em Direito Processual Civil pela Universidade de São Paulo – USP. Bacharel em Direito pela Universidade de São Paulo – USP. Procurador do Município de São Paulo. Advogado. Mediador. Professor. Atuação como árbitro. Autor do livro "Arbitragem, Mediação e Outros Métodos de Solução de Conflitos Envolvendo o Poder Público" (Editora Almedina, 2019) e de artigos jurídicos em periódicos e obras coletivas.

Moises Rogério Rezende da Silva
Advogado formado pelo Mackenzie, associado ao Mubarak Advogados Associados, com atuação em processos relacionados ao setor agropecuário, Recuperação Judicial e Falências; MBA em Direito Corporativo e Compliance pela Escola Paulista de Direito; L.L.M em Direito e Prática Empresarial pela CEU Law School; ministrou aulas junto ao IBDE, IBAJUD e PUC-PR.

Ney Wiedemann Neto
Bacharel em Direito pela UFRGS (1989). MBA em Poder Judiciário (2005) FGV Direito Rio. Mestrado em Poder Judiciário (2007) FGV Direito Rio. Juiz de Direito no Poder Judiciário do RGS desde 1989. Desembargador no TJRS desde 2008. Foi 3º Vice-Presidente do TJRS (2020-2021). Diretor da Escola Judicial do TJRS – CJud (2022-2023). Professor de Direito Empresarial em cursos de pós-graduação no RGS. Coautor de livros na área de direito empresarial.

Olavo Augusto Vianna Alves Ferreira
Procurador do Estado de São Paulo. Doutor e Mestre em Direito do Estado, pela PUC-SP. Professor do Programa de Doutorado e Mestrado em Direito da UNAERP. Coordenador Acadêmico do Canal Arbitragem.

Ricardo Dornelles Chaves Barcellos

Advogado e Mediador com mais de 35 anos de experiência na área de resolução de disputas, atualmente é sócio consultor de Silveiro Advogados. Bacharel em Direito pela UFRGS; especialização em direito empresarial pela FGV; LLM em Resolução de Disputas pelo Straus Institute for Dispute Resolution, Pepperdine University (Califórnia, EUA). Integra a Comissão de Mediação e Justiça Restaurativa da OAB/RS. Mediador listado na OAB/RS, FIESP/CIESP, CAMARB e CAMERS.

Ricardo Medina Salla

Bacharel, Mestre e Doutorando em Direito pela Universidade de São Paulo. Idealizador da Lei Paulistana 16.873/2018 e do Projeto de Lei Federal 2.421/2021 para regulamentação do uso dos Dispute Boards pela Administração Púbica.

Silvia Rodrigues Pachikoski

Advogada formada pela Universidade de São Paulo, com quase 30 anos de experiência, sócia de L.O. Baptista Advogados, vice-presidente do CAM-CCBC, vice-presidente da AASP – Associação dos Advogados de São Paulo, coordenadora da Comissão de Assuntos Legislativos do CBAR, membro da Comissão de Juristas para Reforma da Lei de Arbitragem. Tem atuado como árbitra em diversos procedimentos nacionais e internacionais, membro da lista de árbitros das principais câmaras do mercado.

Vânia Wongtschowski Kleiman

Advogada. Sócia de Wongtschowski Kleiman Advogados. Mestre em Direito Civil pela Pontifícia Universidade Católica de São Paulo (PUC-SP). Fellow do Chartered Institute of Arbitrators (FCIARB).

Vera Cecília Monteiro de Barros

Advogada. Sócia de Selma Lemes Advogados. Mestre e doutora em Direito Internacional pela Faculdade de Direito da Universidade de São Paulo (USP). Diretora do Comitê Brasileiro de Arbitragem. Autora das obras "*Exceção de Ordem Pública na Homologação de Sentença Arbitral Estrangeira no Brasil*" e da "*Previsibilidade do Dano Contratual no Direito do Comércio Internacional*" e de diversos artigos jurídicos na área de arbitragem e mediação.

PREFÁCIO

É necessário *ressignificar* o papel do Poder Judiciário na sociedade contemporânea e a priorizar o protagonismo da atuação estatal para determinadas espécies de litígios. Foi o que se pontuou no prefácio do Caderno da II Jornada de Prevenção e Solução Extrajudicial de Litígios promovida pelo Centro de Estudos Judiciários do Conselho de Justiça Federal – CJF e o Superior Tribunal de Justiça – STJ, realizada em Brasília em 26 e 27 de agosto de 2021.

Aferiu-se ser necessário pensar sobre o Sistema de Justiça e buscar saídas eficientes para o manejo da grande quantidade de demandas atuais e futuras. Igualmente foi asseverado que não adianta abrir portas e mais portas se não conseguimos fechá-las. Franqueia-se o acesso à justiça, mas ela é lenta e há a necessidade de entregar à sociedade formas mais eficientes de solução pacífica de conflitos.

É neste contexto que sobressai de importância a necessidade de se incentivar o uso dos métodos extrajudiciários adequados de solução de conflitos e a sua inserção nos debates da evolução da prestação jurisdicional, pois não é viável supor que a única porta de acesso para solucionar certos tipos de conflitos seja o Poder Judiciário, que se encontra mergulhado em quase 80 milhões de processos, com uma duração média de cinco anos e meio. Por mais que os magistrados se empenhem, o acúmulo de processos e a postergação de decisões são inarredáveis.

É patente que o Poder Judiciário envia um recado e pede ajuda, especialmente à comunidade jurídica, aos operadores do Direito e à sociedade em geral para que atentem para os métodos extrajudiciários de solução de controvérsias, tais como a utilização da mediação, da instituição de comitês técnicos (*dispute boards*) para solucionar controvérsias no curso de obras de engenharia, da negociação e, por fim, da arbitragem.

É com base neste cenário que sobressai de importância a edição deste livro *"Meios Adequados de Solução de Conflitos - Arbitragem, Dispute Board, Mediação, Negociação e Práticas Colaborativas"*, coordenados por Asdrubal Franco Nascimbeni, Ricardo Ranzolin e Christiana Beyrodt Cardoso, reunindo artigos de autores que são especialistas, praticantes, incentivadores e divulgadores destes métodos extrajudiciários de solução de controvérsias, que se encontram em franco desenvolvimento.

Desde o início da efetiva utilização da arbitragem no Brasil, há quase três décadas, percorremos um caminho construído com o desenvolvimento científico do instituto, iniciado com a informação e a difusão de seus princípios e conceitos, que contou com a adesão da academia, dos operadores do direito e, especialmente, do judiciário que chancelou a utilização da arbitragem.

A mediação passou a estar regulada na Lei nº 13.140 de 2015, o que contribuiu para a assimilação de sua prática, visto que anteriormente mesmo sem a regulação legal sempre foi possível praticar a mediação. Verifica-se que com a divulgação do instituto, a formação de profissionais que dominam as técnicas da mediação e a conscientização de que há determinados tipos de conflitos em que existindo boa vontade e amadurecimento das partes, pode-se obter vantagens sociais e econômicas em utilizá-la, fez com que o método fosse efetivamente inserido na agenda contemporânea do sistema multiportas de solução de conflitos.

A mediação passa a perfilhar a mesma senda da arbitragem, pois as estatísticas das Câmaras de Mediação e Arbitragem denotam o crescimento da utilização da mediação empresarial. Passou a fazer parte das estratégias das empresas considerar as vantagens que a mediação oferece frente às disputas adversariais que podem consumir anos de duração.

A pesquisa *Arbitragem em Números*, que realizamos há vários anos, retrata como matérias líderes em disputas as questões de engenharia e energia, que se alternam com os litígios societários. É indubitável que esses números sinalizam existir amplo campo preventivo de litígios de engenharia com a utilização dos *dispute boards*, pois é muito mais econômico para os contratantes preverem este sistema nos contratos de infraestrutura e de alta complexidade técnica, evitando ou minimizando eventuais questões a serem submetidas à arbitragem. É o que se vê, por exemplo, com a inserção de comitês técnicos já nos editais de concorrências públicas prevendo-os nos contratos de concessões e de parcerias público-privadas.

Os temas abordados neste livro demonstram o universo multifacetado da mediação, da arbitragem, da negociação, das praticas colaborativas e do *dispute boards*, entre eles, os atuais desafios da mediação empresarial e o marco legal; os que abordam sobre as condutas das partes no procedimento arbitral e seus impactos na celeridade e efetividade do procedimento arbitral, em tempos que tanto se discute a necessidade de otimizar os procedimentos arbitrais para que sejam mais céleres; provas na arbitragem; a arbitragem na convenção de energia e tantos outros temas que demonstram a atualidade e o pragmatismo que necessitamos para a divulgação e a implementação efetiva dos métodos adequados de solução de conflitos.

Este livro que ora se edita cumpre seu papel doutrinário e divulgador dos meios adequados de solução de conflitos, estando seus coordenadores e articulistas de parabéns!

São Paulo, agosto de 2023

SELMA MARIA FERREIRA LEMES
Advogada e professora de arbitragem.
Mestre e doutora pela Universidade de São Paulo.
Integrou a Comissão Relatora da Lei de Arbitragem.
Vice-Presidente da Associação Latino-Americana de Arbitragem – ALARB.

SUMÁRIO

1. ARBITRAGEM E ENERGIA: BREVES CONSIDERAÇÕES SOBRE A NOVA CONVENÇÃO ARBITRAL DA CCEE E PRINCIPAIS ASPECTOS NA ESCOLHA DA INSTITUIÇÃO ARBITRAL

Carlos Suplicy de Figueiredo Forbes

Marciele Witeki de Almeida

1. A nova convenção arbitral da ccee

Nos termos do art. 4º da Lei nº 10.848, de 15 de março de 2004[1], foi autorizada a criação da Câmara de Comercialização de Energia Elétrica ("CCEE"), que objetivou e viabilizou a comercialização de energia elétrica no Ambiente de Contratação Livre ("ACL") e no Ambiente de Contratação Regulado ("ACR")[2].

[1] Art. 4º da Lei nº 10.848: "*Fica autorizada a criação da Câmara de Comercialização de Energia Elétrica – CCEE, pessoa jurídica de direito privado, sem fins lucrativos, sob autorização do Poder Concedente e regulação e fiscalização pela Agência Nacional de Energia Elétrica – ANEEL, com a finalidade de viabilizar a comercialização de energia elétrica de que trata esta Lei.*

[2] Apesar de não ser o objetivo deste artigo adentrar nas diferenças acerca das contratações no ambiente ACL e ACR, é importante ressaltar, para melhor entendimento do que será abordado, que a comercialização de energia elétrica no ACL pode ser realizada de forma livre e direta entre os compradores e vendedores, os quais possuem a liberdade para estabelecer o preço, o tipo do contrato e suas respectivas regras, enquanto que no ACR, a contratação deve ser realizada por meio de leilões de energia promovidos pela CCE, sendo o preço estabelecido em leilão e as condições são estipuladas por meio de Contratos regulados pela ANEEL.

Como é de amplo conhecimento dos agentes do mercado de energia, o §5º da referida Lei nº 10.848[3] estabeleceu que a arbitragem seria o meio de resolução de eventuais disputas entre os agentes integrantes da CCEE, conforme as regras estabelecidas em sua Convenção de Comercialização de Energia Elétrica e em seu Estatuto Social.

Em razão destas previsões, as eventuais disputas neste setor eram até pouco tempo reguladas pela Convenção Arbitral homologada pela Resolução Homologatória nº 531, de 7 de agosto de 2007 ("antiga Convenção Arbitral"), a qual foi revogada e substituída pela Convenção Arbitral trazida pela recente Resolução Homologatória nº 3.173, de 14 de fevereiro de 2023[4], nos termos de seu art. 2º[5].

Por meio desta nova resolução, o Diretor Geral da Agência Nacional de Energia Elétrica ("ANEEL") homologou a nova Convenção Arbitral da Câmara de Comercialização de Energia Elétrica ("nova Convenção Arbitral da CCEE"), trazendo significativas alterações em relação à redação anterior, destacando-se, dentre elas, a possibilidade de os agentes integrantes da CCEE escolherem a instituição arbitral responsável pela administração de eventual procedimento arbitral.

Neste contexto, frente ao crescimento das disputas no setor de energia elétricos e aos novos desafios a serem enfrentados, este artigo tem como propósito abordar os principais pontos a serem observados no momento da escolha da escolha da instituição arbitral pelos agentes integrantes da CCEE.

2. Pluralidade de instituições arbitrais

Limitando a autonomia da vontade das partes, princípio basilar na arbitragem, a antiga Convenção Arbitral da CCEE previa que todos os conflitos entre os seus agentes deveriam ser resolvidos por meio de procedimento arbitral a ser instaurado e administrado exclusivamente pela Câmara FGV de Mediação e Arbitragem.

[3] Art. 4º, §5º, da Lei nº 10.848: *"As regras para a resolução das eventuais divergências entre os agentes integrantes da CCEE serão estabelecidas na convenção de comercialização e em seu estatuto social, que deverão tratar do mecanismo e da convenção de arbitragem, nos termos da Lei nº 9.307, de 23 de setembro de 1996"*.

[4] Disponível em https://www.ccee.org.br/arbitragem, acesso em 22.05.2023.

[5] Art. 2º da Resolução Homologatória nº 3.173/2023: "*Revogar a Resolução Homologatória nº 531, de 7 de agosto de 2007*".

Com louvável avanço e visando se adequar as melhores práticas da arbitragem, a nova Convenção Arbitral da CCEE incrementou a autonomia de vontade aos seus agentes integrantes, na medida em que, nos termos de sua Cláusula 2ª, seus agentes agora possuem a liberdade de escolher a instituição arbitral mais adequada para administrar eventual procedimento arbitral[6].

Contudo, essa liberdade de escolha não é ilimitada. A CCEE limitou tal escolha às instituições arbitrais que tenham sido homologadas e credenciadas, mediante o preenchimento cumulativo de requisitos rigidamente previstos no item 2 do "Procedimento de Arbitragem – Módulo 1"[7], aprovado pelo Conselho de Administração da CCEE, em 12 de abril de 2022. Assim, a instituição arbitral deve:

(i) estar em funcionamento regular há pelo menos 3 (três) anos, seja no Brasil ou no exterior;
(ii) ser reconhecida como idônea, competente e experiente na condução de procedimentos arbitrais;
(iii) possuir regulamento próprio, disponível no idioma português;
(iv) comprometer-se a administrar procedimento arbitrais no Brasil, no idioma português;
(v) responsabilizar-se pela designação de espaço e agenda disponíveis para a realização de audiências e outros atos na sede da arbitragem ou em outras localidades;
(vi) comprometer-se a disponibilizar banco de jurisprudência, conforme orientações pré-estabelecidas pela CCEE;
(vii) responsabilizar-se pelo atendimento de todos os dispositivos e prazos previstos na Convenção Arbitral, Convenção de Comercialização e regulamentos aplicáveis à matéria e à atuação da Câmara Arbitral, além de prever a possibilidade de instituição

[6] Cláusula 2º da nova Convenção Arbitral da CCE: "*Conforme resultado da 68ª Assembleia Geral Extraordinária, qualquer conflito arbitrável, nos termos do Artigo 44 da Convenção de Comercialização deve ser dirimido por arbitragem a ser regulamentada e administrada por uma das câmaras de arbitragem homologadas pela CCEE segundo critérios por esta estabelecidos*".

[7] Procedimento de Arbitragem – Módulo 1, disponível em https://www.ccee.org.br/arbitragem, acesso em 22.05.2023.

de processo de mediação no âmbito privado e de forma prévia ao procedimento arbitral;

(viii) comprometer-se a divulgar as informações previstas na Convenção Arbitral aos árbitros atuais ou que venham a se incorporar à instituição arbitral e garantir, por meio de menção expressa na minuta padrão do termo de arbitragem, a sua observância;

(ix) responsabilizar-se em avaliar e receber as garantias financeiras eventualmente apresentadas pelas partes quando determinadas pelo Tribunal Arbitral no curso de cada procedimento decorrente da Convenção Arbitral;

(x) comprometer-se a manter lista atualizada de árbitros tecnicamente qualificados e conhecedores do setor elétrico brasileiro para dirimir os conflitos decorrentes da Convenção Arbitral;

(xi) comprometer-se a reembolsar a CCEE com despesas suportadas, tais como transporte, viagem e alimentação, quando por solicitação da Câmara Arbitral a CCEE auxiliar na promoção de treinamento para os seus árbitros;

(xii) responsabilizar-se por enviar trimestralmente, ou em prazo menor quando requerido pela CCEE, Relatório Gerencial e confidencial sobre procedimentos arbitrais geridos pela respectiva instituição arbitral, conforme critérios pré-estabelecidos pela CCEE; e

(xiii) comprometer-se com o fornecimento de atendimento eficiente e especializado à CCEE e aos signatários da Convenção Arbitral.

Tais requisitos foram estabelecidos pela CCEE em cristalina tentativa de garantir maior higidez e segurança jurídica aos procedimentos arbitrais do setor de energia elétrica, mediante o controle de qualidade técnica e *know-how* das instituições arbitrais que poderão ser escolhidas pelos seus agentes.

Até o momento, segundo as informações disponíveis no site da CCEE[8], existem 7 instituições arbitrais homologadas e aptas a administrarem procedimentos arbitrais nos termos da nova Convenção Arbitral da CCEE, dentre elas:

[8] Disponível em https://www.ccee.org.br/arbitragem, acesso 22.05.2023.

(i) a Câmara FGV de Mediação e Arbitragem;
(ii) a Câmara de Mediação e Arbitragem Empresarial – Brasil (CAMARB);
(iii) o Centro Brasileiro de Mediação e Arbitragem (CBMA);
(iv) a Câmara de Conciliação, Mediação e Arbitragem CIESP-FIESP;
(v) o Centro de Arbitragem e Mediação da Câmara de Comércio Brasil-Canadá (CAM-CCBC);
(vi) o Conselho Arbitral do Estado de São Paulo (CAESP); e
(vii) a Secretaria Internacional da Corte de Arbitragem (ICC Brasil).

Cumpre esclarecer que tais instituições arbitrais, apesar de terem sido homologadas, poderão ser descredenciadas pelo Conselho de Administração da CCEE nas hipóteses de notório descumprimento de um ou todos os requisitos cumulativos listados para sua homologação ou mediante provocação dos agentes ou da própria câmara arbitral credenciada.

Seja qual for o motivo do eventual descredenciamento das instituições arbitrais, cumpre esclarecer que, por uma questão de higidez, nada obstará o andamento de procedimentos arbitrais instaurados em momento anterior ao descredenciamento[9].

Importante mencionar ainda que, nos termos do Cláusula 2ª, parágrafos primeiro e segundo da nova Convenção Arbitral da CCEE[10], as partes possuem a liberdade de escolher a câmara arbitral que será responsável por administrar o procedimento arbitral no momento da celebração do contrato de comercialização de energia elétrica, nos conflitos em que a CCEE não está envolvida.

[9] Procedimento de Arbitragem – Módulo 1, item 21: "*Caso já formalmente escolhida a Câmara Arbitral pelos agentes, dentre as credenciadas pela CCEE, o descredenciamento superveniente não obsta a utilização da Câmara escolhida e não afeta o atendimento aos procedimentos arbitrais já instaurados, inclusive com observância, pela Câmara, das convenções e regulamentos aplicáveis*".

[10] Cláusula 2ª da nova Convenção Arbitral da CCEE: "Parágrafo 1º. *Para os conflitos previstos no Artigo 44, I e III da Convenção de Comercialização, a câmara de arbitragem será aquela, dentre o rol de câmaras homologadas pela CCEE, eleita pelas partes no competente instrumento contratual. Parágrafo 2º. Para os conflitos previstos no Artigo 44, II da Convenção de Comercialização, caberá à parte interessada em iniciar a arbitragem escolher, dentre o rol homologado pela CCEE, a câmara de arbitragem que regulamentará e administrará o procedimento, que passará a ser a câmara competente para regulamentar e administrar todas as disputas arbitrais referentes à mesma relação contratual*".

Por outro lado, nos conflitos em que a CCEE estiver envolvida, a parte que instaurar o procedimento arbitral é que escolherá, dentre as câmaras arbitrais homologadas, a que será responsável pela administração do procedimento arbitral.

Pode-se notar, nesse contexto de inovações brevemente abordados, que a nova Convenção de Arbitragem da CCEE concede aos seus agentes integrantes a liberdade, mesmo que limitada, de escolha da instituição arbitral responsável para administração de eventual disputa.

3. Critérios relevantes na escolha de intituições arbitrais

Diante das considerações iniciais realizadas, apresenta-se, nos subtópicos que se seguem, breves e não exaustivos comentários acerca das principais questões que devem ser observados pelos agentes do mercado no momento da escolha da instituição arbitral para administrar determinado conflito.

3.1. Regulamento de arbitragem

Um dos principais pontos de atenção que deve ser levado em consideração pelos agentes integrantes da CCEE é, sem dúvida, o regulamento de arbitragem da instituição arbitral a ser escolhida.

Isso porque, ao optarem por determinada instituição arbitral, os agentes incorporam o seu respectivo regulamento de arbitragem à nova Convenção Arbitral da CCEE[11], o que se revela de suma importância na medida em que tais regulamentos de arbitragem definem, dentre outras questões, as principais regras procedimentais a serem observadas ao longo de todo o procedimento arbitral.

E tais regras são, à toda evidência, relevantes na medida em que, *a priori* e salvo disposição acordado em contrário, estabelecem os requisitos para instauração de um procedimento arbitral, a forma de constituição do tribunal arbitral, as regras para pagamento dos custos e despesas da arbitragem, as formas de integração de eventuais partes adicionais, cada vez mais comum em procedimentos do setor de energia elétrica, as diretrizes

[11] *"Em substância, as partes, ao invés de preocuparem-se em elaborar regras procedimentais para controvérsias futuras ou atuais, reportam-se ao regulamento de um determinado órgão arbitral, incorporando tais regras à convenção arbitral"* (CARMONA, Carlos Alberto. Arbitragem e Processo. Um Comentário à Lei nº 9.307/96. Editora Atlas, 3ª Edição, 2009, p. 290).

para consolidação de procedimentos arbitrais paralelos, os prazos a serem cumpridos, dentro diversas outras questões de suma relevância.

Pode-se dizer que o regulamento de arbitragem é o roteiro a ser seguido pelas partes ao longo do procedimento arbitral, ao mesmo tempo que serve de âncora e alicerce da segurança jurídica, garantindo um procedimento seja legal e eficiente, sempre observando o devido processo legal.

Mas não é só. É de suma importância que os regulamentos de arbitragem estejam alinhados e atualizados com a melhor técnica da arbitragem nacional e internacional, para atender às necessidades de seus usuários, que surgem com ao longo do tempo.

Cumpre ressaltar, neste particular, a pesquisa realizada pelo Comitê Brasileiro de Arbitragem ("CBAr"), que demostrou, estatisticamente, que a qualidade do regulamento de arbitragem é considerada como um dos critérios mais relevantes no momento da escolha da instituição arbitral[12]. Diante destes dados, é possível inferir que a satisfação dos usuários da arbitragem está diretamente relacionada às particularidades dos regulamentos elaborados pelas instituições arbitrais, os quais estão sob constante análise por seu corpo técnico, para melhor atendimento às práticas de mercado.

Deste modo, essencial que se observem as regras dispostas em cada um dos regulamentos de arbitragens antes de se escolher por determinada instituição arbitral. O regramento, a partir de sua escolha, é incorporado à nova Convenção Arbitral da CCEE, sendo observado do início ao fim procedimento arbitral, salvo disposição acordada em contrário pelos agentes envolvidos.

3.2. *Know-How* na administração de procedimentos e infraestrutura para realização de audiência e reuniões

As instituições arbitrais credenciadas e homologadas pela CCEE possuem o *know-how* na administração de métodos adequados de resolução de disputa, dentre os quais a arbitragem é um deles. A expertise das instituições arbitrais é, dessa forma, de extrema relevância, seja para garantir a observância dos preceitos do devido processo legal, seja para assegurar que o processo ocorra de maneira eficiente e célere.

[12] Ver Arbitragem no Brasil. Pesquisa CBAr-Ipsos, 2021, p. 54. Disponível em https://cbar.org.br/site/wp-content/uploads/2021/09/pesquisa-cbar-ipsos-2021-arbitragem-no-brasil.pdf.

E neste sentido, é recomendável optar por instituições arbitrais que ofertem aos seus usuários o serviço com a atuação de secretários gerais, adjuntos, coordenadores, case managers, com o *know-how* específico na matéria dos procedimentos que administram, o que aumenta a probabilidade de o procedimento arbitral fluir com a eficiência necessária e que eventuais questões administrativas e/ou financeiras que surjam ao longo do procedimento sejam rapidamente resolvidas[13].

Tais profissionais contribuem, também, com a facilitação da comunicação entre as partes, advogados e árbitros, garantindo a ampla e completa informação acerca das disposições do regulamento de arbitragem, das custas e despesas da arbitragem, dos procedimentos corretos e pertinentes a serem adotados em determinadas situações.

No âmbito de tais atividades, destaca-se o gerenciamento financeiro do procedimento arbitral, por meio do qual se faz a cobrança e acompanhamento do pagamento da taxa de administração, honorários dos árbitros e peritos, eventuais despesas com a realização de audiências presenciais, dentre outros.

Além disso, deve-se ter em mente que é bastante comum a ocorrência de audiências em procedimentos arbitrais, de modo que a disponibilização, pela instituição arbitral, de infraestrutura é ponto relevante para evitar o dispêndio de valores além do previsto na contratação de locais específicos para a sua realização. Note-se que, em tempos pós pandemia, não se fala mais somente de audiências presenciais, mas também de audiência virtuais, com requisitos e tecnologia própria, sendo imprescindível que as intuições arbitrais estejam preparadas para ambas.

Neste sentido, de modo geral é recomendável optar por instituições arbitrais que, além do *case management*, disponibilizem a infraestrutura necessária para a realização de audiências e reuniões, evitando, com isso, gastos não previstos no regulamento de arbitragem e na tabela de despesas da respectiva instituição arbitral.

[13] *"[a]nother advantage of institucional arbitration is that most arbitral institutions provide specialist staff to administer the arbitration. They will ensure that the arbitral tribunal is appointed, that advance payments are made in respect of the fees and expenses of the arbitrators, that time limits are kept in mind, and generally that the arbitration is run as smoothly as possible".* (REDFERN and HUNTER on International Arbitration. Oxford University, Sixth Edition, 2015, p. 45)

3.3. Segurança jurídica, transparência e previsibilidade de custos

As instituições arbitrais funcionam como "guardiões" de procedimentos, proporcionando o acesso à segurança jurídica e legitimidade do instituto, promovendo confiança às partes, aos advogados e aos árbitros.

Neste sentido, é importante buscar a instituição arbitral que faça ampla divulgação dos serviços prestados, assegurando a transparência e o amplo conhecimento de suas atividades institucionais a todos os envolvidos no procedimento arbitral.

Ponto de extrema relevância, igualmente, é que a instituição arbitral disponibilize uma previsibilidade de custos a serem incorridos no procedimento arbitral, tais como os administrativos, honorários de árbitros, fundo de despesas, dentre outros que eventualmente possam ocorrer.

Com essas informações, os agentes poderão escolher, à luz da complexidade e do valor de eventual disputa, a instituição arbitral que possibilite o melhor custo-benefício para a administração de determinado litígio.

Acrescente-se ponto a ser examinado antes da escolha da instituição arbitral. Algumas, mas em breve, acredita-se, todas, instituições arbitrais vêm trazendo para administração de seus procedimentos, regras inovadoras tais como arbitragem expedita, árbitro de emergência, arbitragem societária etc., que merecem atenção especial, sempre pensando no caso concreto que se pretende ver decidido por arbitragem.

3.4. Lista de árbitros

As instituições arbitrais, normalmente, disponibilizam uma lista contendo o corpo de árbitros especializados para possíveis indicações pelas partes. Tais listas são elaboradas com a devida cautela, após um processo de avaliação interna acerca das experiências profissionais e acadêmicas dos árbitros, o que promove, mesmo que indiretamente, o controle de qualidade das decisões que serão proferidas no âmbito da arbitragem institucional.

Neste sentido, é se extrema importância que os agentes analisem o corpo de árbitros de cada uma das instituições arbitrais credenciadas e homologadas pela CCEE, para verificar se os membros que dela constam possuem a expertise que se deseja para o julgamento de disputas no setor de energia.

Não obstante, quase sempre, poder haver a indicação de árbitros não listados pela instituição, o fato de haver conhecimento prévio do corpo de árbitro poderá ser essencial, como no caso de um ou ambas as partes deixarem de fazer a indicação ou quando os árbitros indicados não chegarem a consenso sobre a presidência do tribunal arbitral.

3.5. Disponibilização de banco de jurisprudência

Nos termos do art. 16º da nova Convenção Arbitral da CCEE[14], as instituições arbitrais homologadas pela CCEE comprometem-se a disponibilizar, no prazo de até 15 (quinze) dias após a disponibilização da sentença arbitral final às Partes, ementário, que deverá conter (i) o número da sentença arbitral; (ii) o tema central da sentença arbitral, com palavras-chave; (iii) a síntese do dispositivo da sentença arbitral, devendo ser mencionado a norma jurídica que fundamentou a decisão; e (iv) a data da prolação da decisão.

Nesta medida, oportuno se faz analisar se tais ementários estão sendo publicados de forma clara o suficiente antes de optar por determinada instituição arbitral, visando observar o teor das decisões arbitrais que estão sendo proferidas em determinada instituição arbitral.

Assim, é certo que o conhecimento do ementário das decisões proferidas no âmbito da arbitragem é desejável. Afinal, são várias as contribuições doutrinarias que tais decisões, ainda mais diante da complexidade das demandas que são usualmente resolvidas pela arbitragem, podem trazer para a sempre pretendida evolução das discussões no setor de energia.

3.6. Interação entre a CCEE e as instituições arbitrais

Dentre os requisitos para credenciamento de instituições arbitrais, a CCEE procurou incluir regras para promover a inteiração direta com as instituições arbitrais. Entre elas, encontra-se a previsão de que as instituições arbitrais se responsabilizam por avaliar e receber garantias financeiras eventualmente determinadas pelo tribunal arbitral, se comprometem em reembolsar a CCEE com eventuais despesas suportadas para treinamento de árbitros, se responsabilizam por enviar à CCEE, trimestralmente ou sempre que requerido, Relatório Gerencial e confidencial sobre os

[14] Cláusula 16 da nova Convenção Arbitral da CCEE: "*As Câmaras de Arbitragem homologadas deverão, no prazo de até 15 (quinze) dias após a data na qual forem disponibilizadas às Partes a decisão arbitral definitiva, disponibilizar em seus respectivos sítios eletrônicos o ementário de todas as sentenças proferidas em decorrência desta Convenção*".

procedimentos arbitrais administrado e se com comprometem a fornecer atendimento eficiente e especializado à CCEE e aos signatários da Convenção Arbitral.

Tais requisitos, à toda evidência, buscam promover uma efetiva parceria entre a CCEE e as instituições arbitrais credenciadas, sendo certo que é instrumento também útil para o controle de qualidade dos serviços prestados e o gerenciamento das informações acerca das disputas que envolvem setor de energia elétrica.

Conclusões

Visando se adequar as melhores práticas da arbitragem, a nova Convenção Arbitral da CCEE possibilitou aos seus agentes a liberdade de escolha da instituição arbitral responsável por administrar eventuais disputas no setor de energia.

À luz desta alteração e frente ao crescimento das disputas no setor de energia, é recomendável que alguns aspectos sejam levados em consideração no momento da escolha da instituição arbitral.

Dentre os aspectos, destaca-se a necessidade de se observar o regulamento de arbitragem das instituições arbitrais homologadas, que será incorporado a própria Convenção de Arbitragem da CCEE, naquilo que não lhe for contrário, além da previsibilidade dos custos e despesas, existência de infraestrutura necessária para a realização de audiências, lista de árbitros que tenham expertise no setor de energia para julgamento da disputa, análise dos ementários das sentenças arbitrais, dentre outros.

Não há dúvida que, quando se analisa esses principais aspectos, é possível aos agentes integrantes da CCEE fazer uma escolha estratégica de qual a melhor instituição arbitral para administrar determinado conflito, à luz do caso concreto.

O tempo dirá se alguma das instituições credenciadas ou a ser credenciada receberá a preferência dos agentes da CCEE. Por enquanto, é certo que a forma escolhida pela CCEE, credenciamento prévio de instituições arbitrais, se mostra relevante, para não dizer essencial, à segurança jurídica na utilização da arbitragem para solução das disputas no âmbito da nova Convenção Arbitral da CCEE.

2. PROJECT MANAGEMENT EM ARBITRAGEM

JOAQUIM DE PAIVA MUNIZ

Tempo é dinheiro

Muitos usuários de arbitragem, particularmente as partes e seus advogados, têm demonstrado preocupação com o fato de que o procedimento haver se tornado mais caro e lento do que poderia ser.[1] Várias instituições arbitrais estão tentando resolver esses problemas. Exemplo marcante é a Corte Internacional de Arbitragem da Câmara de Comércio Internacional, ao adotar medidas concretas como a implementação de procedimentos expeditos para casos envolvendo valores menores.[2]

Trata-se de passos na direção certa; mas não bastarão, se os árbitros não mudarem sua mentalidade e abordagem sobre o procedimento arbitral. Há farto debate sobre questões processuais, como a integração de partes adicionais e a consolidação de procedimentos paralelos, mas pouco sobre questões mais práticas, como eficiência e rapidez. Para os usuários, pode parecer que os profissionais da arbitragem conduzem a arbitragem como quem quer "construir uma catedral", sem considerar adequadamente a utilidade e o custo de sua obra. A discussão jurídica abstrata parece descolada das preocupações do cliente.

Ninguém encontrará soluções sobre como estruturar procedimentos arbitrais mais rápidos e baratos apelando apenas para teorias jurídicas.

[1] Por exemplo, no Inquérito Internacional de Arbitragem de 2015 da Universidade de Queen Mary de Londres e White and Case, 68% dos inquiridos consideraram o custo e 36% dos inquiridos consideraram a falta de problemas de velocidade na arbitragem internacional. Pesquisa disponível em http://www.arbitration.qmul.ac.uk/docs/164761.pdf, em 27 de julho de 2017.

[2] Artigo 30 das Regras de Arbitragem da CCI de 2022.

Precisa-se de mais *project management* e menos processo civil. Cabe aqui um esclarecimento: não se está aqui menosprezando a relevância do processo civil. O ponto é diverso; em uma jurisdição na qual partes e, em seu silêncio, os árbitros detêm imensa flexibilidade na organização do procedimento, destaca-se o fato de se voltar quase sempre, atavicamente, para o bom e velho processo civil, sem se considerar outras soluções. A flexibilidade procedimental aparece mais no discurso do que na prática.

Vale a pena olhar fora da caixa e usar as ferramentas de outras áreas que também sofrem com pressão de tempo e custo, na busca dos melhores resultados. A esse respeito, pode-se recorrer ao *project management*, termo traduzido aqui como gerenciamento de projeto e definido como a "aplicação de conhecimentos, habilidades, ferramentas e técnica para projetar atividades para atender aos requisitos do projeto."[3]

Pode soar incomum para um advogado a referência a uma arbitragem como um "projeto". No entanto, para fins de gestão de projetos, qualquer "esforço temporário empreendido para criar um produto único, serviço ou resultado" corresponde, de fato, a um projeto[4]. A arbitragem encaixa-se confortavelmente nessa definição.

Os pilares do bom gerenciamento de projetos estão na garantia de tempo, custo e qualidade.

Um gerente de projeto deve lidar com vários aspectos, conhecidos como "restrição tripla", incluindo não apenas tempo, custo e qualidade, mas também escopo, risco e satisfação do cliente[5]. Esses aspectos representam, coincidentemente, os principais interesses dos usuários – que podem, melhor dizendo, devem ser tratados como clientes, pois se está diante de prestação de serviço.

E o que os usuários querem? Um mecanismo de excelência de resolução de litígios expedito e econômico –ou, pelo menos, um procedimento de qualidade razoável, sem atrasos, custos exorbitantes nem surpresas. Para atingir esses objetivos, o árbitro deve atuar como gerente de projeto, e a instituição, se houver, deve desempenhar o papel do escritório de

[3] 2008 Project Management Institute. **A Guide to the Project Management Body of Knowledge**, Newton Squere: Project Management Institute, 4ª ed, p. 6.

[4] 2008 Project Management Institute., supra 3, p. 5.

[5] MULCAHY, Rita. **PM Crash Course**, St. Paul: RMC Publications, p. 15.

gerenciamento[6]. O gerenciamento de projetos compreende 5 etapas: início, planejamento, execução, monitoramento/ controle e fechamento[7]. O planejamento consciente seguido de monitoramento e controle constantes durante a execução visa a garantir o fechamento no prazo e dentro do custo estimado. Isso tem tudo a ver com a arbitragem. Quanto melhor o planejamento, mais rápido e eficiente será o procedimento arbitral, permitindo que se cobra honorários e taxas mais baratas, sem reduzir a qualidade da decisão (pelo contrário, provavelmente a aumentando).

O gerenciamento de projetos aborda, portanto, alguns pontos cruciais que necessitam de melhoria na arbitragem, nomeadamente o custo e o tempo. Assim, os árbitros e as instituições devem pensar fora da caixa legal e adotar soluções de *project management*. Este artigo tem como objetivo apresentar três ferramentas disponíveis que poderiam fomentar a eficiência na arbitragem. Esses são passos tímidos, mas que poderiam trazer resultados significativos.

Em primeiro lugar, examinarei a aplicação de princípios de Lean em processos arbitrais. Em seguida, analisarei a relevância da definição de escopo claro em arbitragem. Por último, comentarei como os cronogramas detalhados de etapas na arbitragem, atividade por atividade até o final do projeto, poderiam melhorar o custo e a qualidade.

1. Princípios de Lean na arbitragem

Uma das ferramentas de gestão mais populares são os princípios "Lean", consagrados na obra do professor James Womack, especialmente "Lean Thinking"[8]. Nos princípios do Lean, um fluxo de etapas sequenciais e paralelas fornecem o maior valor quando executadas na ordem correta, no momento certo, com o menor desperdício[9]. Isso envolve a eliminação de etapas ociosas como períodos de espera, atividades inúteis, planejamento

[6] GIARETTA, Ben. **Project Management in International Arbitration. McGill Journal of Dispute Resolution,** vol. 3 (2016-2017), 66, p. 74.

[7] 2008 Project Management Institute., supra 3, p. 6.

[8] WOMACK, James P. and JONES, Daniel T. **Lean Thinking**, Nova Iorque: Simon& Schuster, 1996.

[9] VERZUH, Eric. **The Fast Forward MBA in Project Management**, Hoboken (EUA): John Wiley & Sons, 2008.

excessivo, microgestão e relatórios burocráticos[10]. As redundâncias devem ser evitadas.

Mesmo tendo sido formulado para atividades fabris e comerciais, interessante notar o quanto o Lean alinha-se ao processo jurisdicional, inclusive à arbitragem. Afinal, o propósito do direito adjetivo reside em estabelecer regras e procedimentos melhores, que permitam a correta aplicação do direito material e a concretização da justiça. Não obstante, muitas vezes o direito processual é tratado como um fim em si mesmo e os operadores de direito se esquecem de seu objetivo.

Embora o procedimento arbitral seja flexível, na maioria das vezes os árbitros o conduzem no "piloto automático", sem se preocupar com redundâncias. O resultado é muita repetição na fase postulatória, na produção documental, nos testemunhos e na prova pericial, que poderiam ser organizados uma melhor ordem para impedir atividades desnecessárias. Há de se perquirir qual a melhor organização, eliminando redundâncias, para acelerar o processo sem perder qualidade?

Tome-se, como exemplo, o início da fase postulatória da arbitragem. As regras arbitrais geralmente determinam que o requerimento de arbitragem deve conter apenas um resumo da causa de pedir e dos pedidos[11], ao passo que a resposta deve apresentar um resumo das defesas[12]. Posteriormente, as partes apresentarão novas petições, incluindo alegações iniciais, defesa, réplica e tréplica. Dependendo do caso e considerando a possibilidade de petições pós-audiência e alegações finais, cada parte acabará por apresentar pelo menos um punhado de petições longas sobre o mérito. Isso implica desperdício e redundância, tornando o procedimento arbitral mais longo e caro. Isso poderia ser racionalizado, tanto com relação à fase postulatória, quanto à fase probatória.

No tocante à fase postulatória (i), existem pelo menos duas maneiras de lidar melhor com essa questão, opostas entre si. A primeira seria prever que os requerentes apresentem uma descrição completa de suas causas de pedir e pedidos no requerimento de arbitragem, e que os requeridos descortinem todos os seus argumentos de defesa em sua resposta. Permitir-se-ia apenas mais uma rodada de manifestações (não incluindo

[10] VERZUH, Eric., supra 10, p. 411.

[11] Confira-se, por exemplo, art. 4 (3) das Regras de Arbitragem da CCI de 2022.

[12] Confira-se, por exemplo, art. 5 (1) das Regras de Arbitragem da CCI de 2022.

alegações finais). Assim, cada parte se manifestaria por escrito só duas ou três vezes sobre o mérito.

A segunda opção vai na direção oposta, mas teria efeitos ainda mais radicais: requerimento de arbitragem muito simples, talvez até mesmo como um formulário padrão curto a ser preenchido em algumas linhas. Após a instituição da arbitragem, as partes apresentariam apenas uma rodada de manifestações escritas. As réplicas e tréplicas seriam verbais, em audiência, sobre temas pré-determinados pelo tribunal arbitral. A exceção seria no caso de existir reconvenção, ou se houver necessidade de comentar documento apresentado, quando seria permitida uma segunda rodada de manifestações escritas.

Qualquer uma dessas opções seriam mais eficientes do que o costume atual de, no mínimo, meia dúzia de manifestações escritas ao longo do procedimento. Custa a crer que não se possa falar em três petições aquilo que hoje se aborda em muito mais manifestações. O procedimento arbitral está se tornando um moto-contínuo; quanto mais se escreve, mais se tem a escrever, em uma "corrida ao fundo do poço". Para piorar, as partes muitas vezes adotam a estratégia de reter informações até o último momento possível.

A dialética mostra-se uma ferramenta essencial para se lograr justiça, mas deve ser corretamente utilizada. Um limite razoável ao número de petições diminuiria custos e tempo, sem afetar o direito à ampla defesa e ao contraditório.

Quanto à prova documental (ii), o ponto de partida seria fixar um prazo rigoroso para as partes apresentarem documentos em que o seu caso se baseará, sob pena de preclusão. As arbitragens podem tornar-se anárquicas se os árbitros permitirem que as partes venham com documentos relevantes em uma etapa tardia, reabrindo assim questões ou desencadeando novos debates. O árbitro deve estar no assento dos motoristas para decidir o momento certo para a produção do documento.

Nesse sentido, recomenda-se que as partes juntem os seus documentos que fundamentam suas alegações na primeira manifestação detalhando seus pleitos e/ou defesas. Documentos adicionais só devem ser admitidos para rebater os da contraparte, salvo descoberta de documento efetivamente novo. Não basta alegar; tem que provar. Não é nada eficiente certas práticas de apresentar rodadas de arrazoados sem qualquer documento, para acostar aos autos a prova documental apenas na última manifestação. A arbitragem não pode premiar comportamentos oportunistas.

Pedidos de documentos da contraparte e de terceiros também deverão ser formulados juntos com a primeira manifestação detalhada das partes e, se possível, a fase postulatória não deverá ser encerrada antes de tais documentos serem produzidos, para que as partes possam comentá-los. Dessa forma, não se corre o risco de surgir documento relevante posteriormente, que demande manifestação das partes, o que seria ineficiente. Além disso, os pedidos de documentos devem ser restritos, evitando-se "*fishing expeditions*".

Quanto o à prova testemunhal (iii), as partes narram fatos durante a fase postulatória, para posterior confirmação por testemunho em audiência. Mas as testemunhas quase nunca contam a história exatamente como a parte descreveu nas peças escritas. O resultado é que a narrativa das partes sofre ajustes após o depoimento das testemunhas. Seria, portanto, mais eficiente exigir que as partes apresentem testemunhos escritos junto com sua primeira manifestação detalhada, assegurando-se o direito da contraparte de realizar *cross-examination* de tais testemunhas em audiência. Dessa maneira, as petições ficariam mais alinhadas com a prova testemunhal.

Alguns criticam os testemunhos escritos, pela possibilidade de manipulação pelo advogado da parte. Ora, não se pode presumir que um depoente vá prestar falso testemunho, considerando ser cediço mesmo para leigos a consequência desse ato. Além disso, um bom advogado consegue desmontar um testemunho impreciso durante a inquirição cruzada.

As declarações escritas de testemunha possuem duas vantagens. Em primeiro lugar, ela permite que o advogado se prepare melhor para *cross-examination*. Quando não se sabe bem o que o depoente falará, fica muito difícil, no improviso, rebater com a devida profundidade. Além disso, a declaração escrita substitui a inquirição direta, tornando a audiência mais curta e menos cansativa.

Outra crítica é que se perde muito tempo com declarações escritas após a especificação de provas. Por conseguinte, reitera-se a recomendação de que tais declarações sejam apresentadas durante a fase postulatória, junto com as manifestações das partes, para posterior inquirição cruzada em audiência. Ressalte-se, ademais, que os árbitros deverão delimitar, antes da audiência, os pontos que poderão ser objeto da *cross-examination*.

Isso porque de nada adianta uma inquirição cruzada sobre tudo o que a testemunha declarou, considerando que apenas determinados pontos influenciarão a resolução da lide.

Por fim, sempre que a disputa envolve questões técnicas, o árbitro provavelmente precisará de prova pericial (iv), seja de perito imparcial do juízo, seja de testemunhas especializadas e/ou pareceres técnicos que as partes podem trazer. Mais uma vez, recomenda-se que as partes apresentem eventuais pareceres técnicos junto com suas manifestações escritas, na fase postulatória. Assim, os árbitros poderão analisar a opinião dos especialistas em um momento inicial, verificar quais são as controvérsias técnicas e restringir o escopo do debate, para que mais opiniões e/ou depoimentos em audiência cinjam-se diretamente aos pontos controversos. Para tanto, ao fim da fase postulatória cabe aos árbitros proferir o bom e velho despacho saneador, demarcando eventual prova técnica complementar, que poderá ser produzida por perito do juízo e/ou pelos *experts* das partes.

Por sinal, a prova pericial muitas vezes fica à deriva por falta de orientação dos árbitros sobre o que a parte deverá cumprir de forma a satisfazer com seu ônus probatório. Por exemplo, algumas vezes uma parte apresentando lançamento contábil como prova de dano e a outra parte criticando que se deveria produzir também o documento de suporte (eg. faturas). Seria mais eficiente se os árbitros provessem alguma orientação prévia, em vez de incentivar uma dialética a nível "micro", na qual cada lado possui imensa latitude para sua produção probatória, ensejando intensas críticas, para só ao fim o tribunal decidir o que seria adequado. Não adianta dar o direito à parte de fazer, se ela não está certa se irá satisfazer.

A experiência mostra que a prova pericial é a fase que mais comumente a arbitragem foge dos trilhos, com atrasos e aumento de custos. Diante disso, cumpre aos árbitros fixar prazos rigorosos para eventual prova pericial complementar.

Em suma, os princípios de Lean podem ensinar à arbitragem como remover redundâncias, especialmente entre a fase postulatória e a fase instrutória. Deve-se instar as partes a produzir o máximo de prova durante suas manifestações iniciais, para que a prova suplementar seja a mais precisa possível. Para esse fim, os árbitros devem proferir decisão muito fundamentada e minuciosa sobre o objeto e objetivo da prova complementar – o que não representa novidade processual, pois há muito se recomenda ao julgador a prolação de cuidadoso despacho saneador.

2. Definição de escopo

O escopo é uma das "restrições triplas" do gerenciamento de projetos. Chega a ser intuitivo que ele afete diretamente a eficiência, uma vez que, se as partes não sabem o escopo da arbitragem, qualquer estimativa de custo e duração não passará de palpite ou *wishful thinking*.

E as mudanças no escopo desencadeiam atrasos e custos adicionais. Por exemplo, quando um requerente inclui um novo pedido após a defesa do requerido, este precisará de prazo adicional para resposta. E o debate sobre este novo ponto pode render mais discussão.

Não obstante, é usual que as regras arbitrais permitam às partes definirem os seus pedidos apenas no termo de arbitragem, ou mesmo depois, se os árbitros assim as autorizarem[14].

A existência de Termo de Arbitragem com resumo das causas de pedir e pedidos não é, por si só, negativa. O principal problema reside no fato de que os árbitros tendem a permitir que o Termo de Arbitragem seja vago. Consequentemente, as alegações das partes podem passar por uma metamorfose durante o processo. Requerente aduz A, Requerido responde B, então o Requerente replica C e, ao final, o Requerido rebate com D, argumento totalmente distinto do A. Este ziguezague retórico afeta negativamente a eficiência do procedimento. Arbitragem não pode ser como um jogo de pôquer, no qual os jogadores estrategicamente seguram suas cartas.

Os problemas de uma arbitragem com objeto mal delimitado vão além de tempo e custos, pois podem ocasionar questões de qualidade e elevar riscos. Por exemplo, a falta de clareza quanto ao escopo pode levar a uma sentença *citra, ultra* ou *extra petita*. Outro risco é a de violação de contraditório, com decisões fundadas em argumentos não debatidos a fundo pelas partes.

A solução está em fazer um melhor uso dos Termos de Arbitragem, para obrigar as partes a resumirem claramente neles a suas causas de pedir e fixarem detalhadamente os pedidos. O painel deve adotar política de "tolerância zero" para causas de pedir vagas e pedidos mal formulados. Além disso, os árbitros só devem autorizar novos pedidos em circunstâncias excepcionais. Mesmo a apresentação de novos argumentos não pode ser incentivada. O árbitro pode considerar, quando da atribuição da responsabilidade por custos na sentença arbitral, a contribuição de cada parte para o tempo e os custos do processo devido à sua conduta[13], mesmo com relação à vencedora.

O escopo da audiência mostra-se outrossim relevante. Os árbitros devem realizar conferência telefônica prévia com as partes para minudenciar a audiência. Mas não se trata aqui só de procedimento. Nesse exercício da conferência, cumpre aos árbitros demarcarem quais são as questões controvertidas e qual é o ônus da prova que cada parte deverá satisfazer para lograr sucesso, bem como os pontos que os julgadores desejam ver abordados nas alegações orais. Após a conferência, tudo isso deverá estar refletido em uma ordem processual.

Os depoimentos fáticos e técnicos também deverão ser delimitados, para evitar o desperdício de tempo. Os árbitros devem exercer uma mão forte para excluir depoimentos desnecessários. Vê-se hoje uma "corrida maluca", com cada uma das partes competindo para trazer mais testemunhas, experts e pareceristas, mesmo com questionável valor agregado. O resultado final são gastos elevados e perda de tempo, com a audiência demorando muito mais do que deveria. Uma evidência disso é o fato de que as partes dispensam na última hora boa parte dos depoimentos. Os árbitros são parcialmente responsáveis por isso, quando não definem o escopo da audiência. Os advogados e os árbitros acabam atuando nos papéis de Alice e do Gato, mas quem paga o ingresso desse drama é a parte.

Caso os árbitros desejem esclarecimentos sobre temas específicos após a audiência, devem ser precisos sobre a definição das questões, podendo limitar o número de páginas.

O termo de arbitragem também pode desempenhar o papel de outra ferramenta de gestão de projetos, denominado "plano de comunicação", que (i) identifica as partes interessadas, bem como (ii) estabelece claramente como as comunicações serão feitas e as informações serão distribuídas. Um plano de comunicação eficiente deve prever como gerenciar as expectativas das partes e dos advogados, bem como relatar o *status* do trabalho dos árbitros. Um plano de comunicação bem feito prevê, entre outros elementos: (i) forma e nível de comunicação de cada tipo de informação; (ii) prazo para as comunicações; (iii) pessoa responsável por

[13] Por favor, veja, por exemplo, art. 23 (4) das Regras de Arbitragem da CCI de 2017.

cada comunicação; (iv) quem receberá cada informação; (v) métodos e tecnologias utilizados para transmitir informações; (vi) recursos dedicados às atividades de comunicação; (vii) glossário de termos definidos; e (viii) restrições de comunicação[14].

Salta aos olhos o paralelo entre um plano de comunicação e um termo de arbitragem, uma vez que este estabelece como e quando cada parte apresentará suas respectivas manifestações e como e quando os árbitros e as instituições arbitrais contatarão as partes. Não se pode menosprezar a importância de detalhar o procedimento de comunicação para a boa execução do escopo. Um passo relevante para a eficiência seria migrar da comunicação em papel para a comunicação totalmente eletrônica. Esperar dias para receber vias impressas significa atrasar o procedimento pelo mesmo número de dias. Após a pandemia do COVID-19, esta a tendência veio para ficar.

Além disso, os árbitros devem estar mais atentos ao tempo de resposta. Devem reconhecer imediatamente o recebimento das mensagens das partes e devem informar oportunamente o que estão fazendo. Por exemplo, se os árbitros estão elaborando as sentenças, eles devem informar o mais rapidamente possível quando esperam terminá-la. Se os árbitros vão demorar para decidir sobre uma questão sensível, eles devem deixar as partes saberem quanto tempo será.

Em outras palavras, as partes demandam previsibilidade, o que também pode ser alcançado por cronogramas detalhados.

3. Disponibilidade de árbitros e WBS

O tempo é da essência no trabalho jurídico. Às vezes o procedimento arbitral demora devido à indisponibilidade do árbitro. Isso significa que o gerenciamento é defeituoso das fases de início e planejamento. Embora diversas instituições arbitrais, como a Corte Internacional de Arbitragem da CCI, exijam que os árbitros divulguem sua disponibilidade, na realidade, as partes tendem a não impugnar os árbitros por essa razão, para não ferir suscetibilidades. As instituições arbitrais devem ser mais rigorosas sobre disponibilidade e negar sua confirmação, de ofício ou a pedido da parte, se o árbitro parece estar demasiadamente ocupado para dedicar tempo suficiente ao caso.

[14] 2008 Project Management Institute., supra 3, p. 257.

Mas a questão de tempo não se limita à disponibilidade do árbitro. A ausência de cronograma rígido também gera problemas. No gerenciamento de projetos, uma ferramenta chave para medir o tempo é a "Estrutura Analítica do Projeto – WBS", que decompõe o trabalho a ser executado pela equipe para realizar os objetivos do projeto, com nível descendente até chegar passo a passo[15]. O WBS organiza e define o escopo total do projeto o dividindo para o nível de cada atividade, que é denominado "pacote de trabalho". Cada pacote de trabalho pode ser agendado, ter custo e tempo estimados, monitorados e controlados[16]. Trata-se, portanto, de uma valiosa ferramenta de gerenciamento de projetos para planejamento, monitoramento e controle da execução.

Certas regras de arbitragem exigem que os árbitros organizem os cronogramas processuais com o prazo para as principais etapas relacionadas ao procedimento arbitral[17]. No entanto, geralmente apenas as principais atividades são contempladas e até um certo ponto (normalmente especificação de provas), em vez de se definir desde logo todo o caminho até a prolação da sentença. Esta não é a melhor prática de gerenciamento de projetos. Para permitir o agendamento de tempo adequado, monitoramento e controle, o nível de detalhe deve descer a cada pacote de trabalho, ou seja, a cada atividade, com a data esperada e parte responsável.

Logicamente, a realidade é mais imprevisível e novas atividades podem surgir, assim como a necessidade de mais provas técnicas ou esclarecimento de um ponto relevante. Cada vez que uma nova ação deve ser tomada, os árbitros devem atualizar o WBS, informando às partes, com as novas ações, prazos e partes responsáveis. Como tal, haverá monitoramento e controle constantes de cada etapa da arbitragem.

Por um lado, na gestão de projetos, cumprir a data prevista corresponde a um sinal de sucesso. Por outro lado, em processos arbitrais, os árbitros raramente são recompensados ou punidos pelo seu *timing*. Isso está mudando e algumas instituições, como o Corte Internacional de Arbitragem da CCI está reduzindo os honorários de árbitros que atrasam suas decisões. As instituições também devem considerar o outro lado da moeda, de modo a aumentar os honorários de árbitros mais rápidos.

15 2008 Project Management Institute., supra 3, p. 116.

16 2008 Project Management Institute., supra 3, idem.

17 Confira-se, por exemplo, art. 24 (2) das Regras de Arbitragem da CCI de 2022.

Consequentemente, os honorários estariam alinhados com a velocidade do caso.

Reitera-se, ademais, a recomendação de que as instituições arbitrais acompanhem e divulguem ao público a duração média das arbitragens nas quais cada árbitro assume. Como tal, as partes poderiam considerar a pro-atividade dos árbitros, ao escolher o painel.

Conclusões: menos processo e mais *project management*

Em suma, a adoção de princípios Lean e ferramentas de *project management*, como controle de escopo e WBS, são mais do que bem-vindos na arbitragem, para reduzir custos e tornar a duração e o resultado mais previsíveis. Na arbitragem brasileira, imperam as discussões processuais e, infelizmente, não se olha o suficiente para soluções fora do âmbito jurídico.

No exterior, esse debate está mais avançado. Por exemplo, o Dr. Jörg Risse, sócio da Baker & McKenzie em Frankfurt, apresentou propostas "drásticas" para economizar tempo e custos em processos arbitrais, como alocação explícita de percentagem do reembolso de custos com base na conduta das partes, bem como prêmios e deduções dos honorários dos árbitros de acordo com sua velocidade[18]. Embora não vá tão longe, eu gostaria de encerrar este artigo com propostas de medidas práticas que poderiam tornar o processo arbitral mais rápido, barato e previsível:

a) o requerimento de arbitragem deve ser o mais simples possível. As instituições podiam adotar formulários padrão com poucas páginas para que o requerente preenchesse, se possível até online;
b) antes de serem confirmados, os árbitros devem divulgar quantos casos têm e quando estarão disponíveis para uma audiência – como as regras de arbitragem da CCI exigem. A instituição arbitral deve ser rigorosa e negar a confirmação, se o árbitro estiver ocupado;
c) as partes devem ser obrigadas a descrever em detalhes a sua causa de pedir e pedidos no Termo de Arbitragem ou, pelo menos, antes de ordem processual "imperial", que organize o procedimento;

[18] RISSE, Jörg. **Ten Drastic Proposals for Saving Time and Costs in Arbitral Proceedings, Arbitr Int** (2013) 29 (3): 453-466.

d) o termo de arbitragem ou a ordem processual imperial deve conter uma explicação pormenorizada dos pontos controversos a serem resolvidos na arbitragem;
e) após a assinatura do termo de arbitragem ou a emissão da ordem processual imperial, os árbitros só devem autorizar novos pedidos em circunstâncias especiais;
f) o termo de arbitragem ou a ordem processual imperial deve conter um cronograma detalhado com cada um dos próximos passos do procedimento, incluindo não só a fase postulatória, mas também a data da audiência, se houver, e a data prevista para a prolação da sentença. O cronograma deve estar no formato de WBS;
g) qualquer alteração de data prevista do cronograma deve resultar na emissão de novo cronograma, com datas revisadas para todo e qualquer evento;
h) a primeira manifestação de cada parte após o termo de arbitragem deverá ser acompanhada por todos os elementos de prova em que as partes desejam se basear, incluindo (i) todos os documentos; (ii) declaração escrita de testemunhas de fato; e (iii) qualquer parecer de *expert*;
i) qualquer pedido de produção de documentos na posse da contraparte ou de terceiros deve ser formulado o mais cedo possível, e.g., junto com a primeira manifestação da parte após o termo de arbitragem ou ordem processual imperial. Eventuais pedidos de documentos devem ser restritos;
j) após a primeira manifestação das partes depois do termo de arbitragem ou ordem processual imperial, as partes devem ser impedidas de apresentar documentos adicionais, salvo para rebater documento novo apresentado por contraparte ou em circunstância excepcional;
k) após o termo de arbitragem ou a ordem processual imperial, cada parte deve ser autorizada a apresentar apenas uma manifestação, salvo nas hipóteses abaixo.

   k.1) se houver pedido contraposto, as partes devem ser autorizadas também a apresentar defesas aos pedidos reconvencionais. Se possível, as alegações iniciais e a reconvenção deverão ser simultâneas, assim como das respectivas defesas;

k.2) Se houver produção de documento relevante na primeira manifestação escrita por uma parte, a contraparte poderá ser autorizada a apresentar uma segunda manifestação escrita.

l) Os árbitros devem incentivar que quaisquer manifestações adicionais sejam feitas oralmente, na audiência;
m) os árbitros devem realizar uma teleconferência antes da audiência para discutir o procedimento, bem como o escopo das sustentações orais e depoimentos de testemunhas técnicas e fáticas;
n) nessa teleconferência, os árbitros e as partes devem discutir os pontos que já foram comprovados e os pontos que cada parte ainda precisa provar para satisfazer seu respectivo ônus;
o) após a teleconferência, os árbitros devem emitir uma ordem processual explicando o procedimento para a audiência e os pontos a serem tratados sustentações orais e depoimentos de testemunhas técnicas e fáticas. Preferencialmente, essa ordem processual deve se assemelhar a um despacho saneador em processo civil;
p) se, após a audiência, os árbitros concluírem que desejam mais provas, como a nomeação de um perito do juízo, devem delimitar precisamente o alcance de tais provas adicionais e impor prazos estritos para as próximas etapas. Eventual novo cronograma deve então ser revisado pelos árbitros e distribuído às partes;
q) as alegações finais devem ter um resumo da posição de cada parte sobre as questões-chave, conforme indicado pelo painel arbitral, devendo listar em uma tabela (que faça referência aos autos) cada prova na qual a parte baseia sua posição acerca das questões-chave;
r) os árbitros devem ser incentivados a decidir o quanto antes (de preferência previamente à sentença final) questões mais fáceis, bem como pedidos frívolos ou manifestamente improcedentes, de modo que as partes não percam tempo fazendo argumentos e produzindo provas com relação a eles;
s) a decisão arbitral deve considerar, na decisão sobre a responsabilidade pelos custos da arbitragem, em que medida cada parte contribuiu com o aumento das despesas e a duração do procedimento; e
t) aos honorários finais do árbitro devem levar considerar se eles cumpriram o prazo previsto no termo de arbitragem, com redução em caso de atraso.

Não por acaso, nos últimos tempos as câmaras arbitrais mais renomadas tentam ampliar a adoção de regras de "arbitragem expedita", com procedimento simplificado, custas menores e prazo curto para prolação de sentença arbitral, nas quais às vezes os árbitros tomam algumas das medidas acima sugeridas. Só que isso ocorre por necessidade, não como método. Há o risco de se criar uma clivagem entre as "arbitragens expeditas" e as "arbitragens caras e lentas", quando todos os procedimentos deveriam ser conduzidos de forma mais célere e econômica possível. Melhor seria que houvesse um compromisso global dos árbitros, das instituições e inclusive dos advogados (cuja responsabilidade por atrasos não pode ser relevada) para que todo o procedimento arbitral seja conduzido com a maior eficiência possível.

Referências

GIARETTA, Ben. **Project Management in International Arbitration. McGill Journal of Dispute Resolution,** vol. 3 (2016-2017), p. 66-85.

MULCAHY, Rita. **PM Crash Course**, St. Paul (EUA): RMC Publications, 2006.

2008 Project Management Institute. **A Guide to the Project Management Body of Knowledge**, Newton Squere: Project Management Institute, 4ª ed.

RISSE, Jörg. **Ten Drastic Proposals for Saving Time and Costs in Arbitral Proceedings, Arbitr Int** (2013) 29 (3).

VERZUH, Eric. **The Fast Forward MBA in Project Management**, Hoboken (EUA): John Wiley & Sons, 2008.

WOMACK, James P. and JONES, Daniel T. **Lean Thinking**, Nova Iorque: Simon & Schuster, 1996.

3. A ARBITRAGEM E O PL 3293/2021: UMA ABORDAGEM À LUZ DA ANÁLISE ECONÔMICA DO DIREITO

Lívia Senne Badaró Mubarak

Moises Rogério Rezende da Silva

Introdução

Nem toda destruição é criativa. Algumas apenas destroem mesmo. Isso não significa dizer, por óbvio, que Schumpeter estava equivocado ao cunhar o conceito de "destruição criadora". O que se está a dizer, sob o enfoque aqui pretendido, é que embora existam destruições criativas, de igual modo existem criações com potencial destrutivo.

É como se vê, com todo respeito, o Projeto de Lei nº 3293/2021, que busca alterar a atual Lei de Arbitragem – "LARB" (Lei nº 9.307/96). Embora parte das justificativas que o acompanham sejam, ao menos em tese, minimamente coerentes, as alterações pretendidas sinalizam preocupante desarmonia com o fim supostamente pretendido (*i.e.*, aprimoramento do instituto da Arbitragem).

E nesse aspecto, inevitável analisar a celeuma sob as lentes da Análise Econômica do Direito (AED)[1]. Isso porque, aqui, revela-se como instrumento hábil para irmos além da reflexão lógico-analítica, aproximando-nos, desde já, dos efeitos práticos (reflexão empírica) que o

[1] A propósito, Luciano Benetti Timm bem observa que as normas jurídicas são verdadeiros mecanismos de "preço" das condutas, de modo que o agente racional naturalmente escalona preferências e avalia a conduta que lhe será menos custosa. E sob essa perspectiva, a AED é método que leva em "conta as possíveis consequências dos atos decisórios ao se ponderar atos com relevância jurídica" (TIMM, Luciano Benetti Timm. **Artigos e Ensaios do Direito e Economia.** 2ª ed. Rio de Janeiro: Lumen Juris, 2019. Pág. 5).

PL trará ao procedimento arbitral e, ainda mais, à própria confiabilidade do "microssistema arbitral brasileiro."

1. O "diferencial competitivo" da arbitragem

Se a Arbitragem se destaca como um dos principais meios "adequados" de resolução de conflitos[2], e se, sob a perspectiva econômica, consiste em uma prestação de serviços jurídicos – cujo objetivo é a pacificação social através da oferta de uma solução adjudicada – que concorre com outros de mesma natureza (*v.g*, o próprio Poder Judiciário), é de se concluir que seu destaque neste peculiar mercado da "pacificação social" decorre da existência de diferenciais competitivos.

O primeiro deles, e talvez um dos mais importantes, é o prestígio à autonomia da vontade, derivada do direito fundamental à liberdade. É com base nela que as partes podem, por exemplo, (i) optar pelo uso da arbitragem, via cláusula compromissória; (ii) escolher o(s) árbitro(s); (iii) flexibilizar e ajustar o iter processual; (iv) optar pela confidencialidade do procedimento; (v) delimitar a matéria controvertida.

O segundo diferencial é a confidencialidade. E veja, neste particular, que ela não decorre de Lei, e sim da vontade das partes. Assim tanto é, que a Lei, ao tratar da confidencialidade, o faz apenas para reforçar que, prevista no Termo de Arbitragem, deverá ser respeitada (vide art. 189, IV do CPC/15 e art. 22-C da LARB).

Não obstante o processamento confidencial da arbitragem não seja algo mandatório, a prática nos outorga autoridade para dizer que, salvo arbitragens com a administração pública, todas as demais, em sua esmagadora maioria – para não dizer todas – são confidenciais. Determinadas discussões, se levadas à público, têm o potencial de desestabilizar o mercado e, pior ainda, a própria Ordem Econômica. Por isso a preferência do empresariado em endereçar discussões estratégicas, sensíveis ao mercado – seja ele concorrencial, consumidor ou de crédito – à arbitragem.

O terceiro, consiste na possibilidade de indicação do corpo de árbitros – ou árbitro único, se o caso – que julgará a controvérsia. Tal faculdade, derivada da autonomia da vontade, assegura aos litigantes a adjudicação de

[2] E aqui se anota a preferência dos escritores pela expressão "adequados" em lugar de "alternativos", pois, se "alternativa" a arbitragem, significaria ter ela caráter residual ou subsidiário frente à Jurisdição Estatal; no que não se acredita.

uma solução à altura da complexidade da discussão, o que naturalmente traz menor insatisfação entre as partes e maior segurança ao mercado.

Isso não significa, de modo algum, que o Judiciário também não o tenha condições de fazer. O que se busca dizer, apenas, é que determinadas discussões, de tão técnicas e vultosas que são, demandam uma análise de profissionais altamente qualificados na matéria. Exemplo disso são as discussões envolvendo transporte marítimo, construção de parques eólicos ou licenciamento de *softwares*.

O quarto diferencial a ser destacado, sem pretensão de esgotá-los, é a celeridade. Bem se sabe que o Poder Judiciário, não por ineficiência, mas sim abarrotamento fruto de uma cultura de litígio e secundarização do "sistema multiportas", naturalmente encontra dificuldades em julgar, com celeridade, todas as demandas que lhe são apresentadas dia após dia (literalmente). Exigir celeridade do Estado-Juiz, que julga em média seis casos por dia útil no ano[3], seria de uma desonestidade ímpar, para dizer o mínimo.

Por isso, no âmbito da arbitragem, pelo menor volume de procedimentos, a possibilidade de designação de árbitros – que remunerados caso a caso, e atuando em muito menos processos do que o Estado-Juiz, conseguem reservar maior atenção e profundidade às nuances da controvérsia – e a flexibilidade do procedimento – que permite até mesmo a estruturação de cronogramas com datas para apresentação de manifestações e da própria sentença – é de se esperar que a solução venha com maior rapidez.

Logo, se "tempo é dinheiro", a célere resolução do conflito representa, ao fim e ao cabo, redução dos custos de transação. E aqui, cabe observar que tal celeridade é catalisada pela regra da irrecorribilidade da sentença arbitral, tal como ressoa o art. 18 da LARB. Se não sujeita a recurso, discussões típicas do Judiciário, como "abuso do direito de recorrer" e recurso "manifestamente protelatório", que contribuem sobremaneira para eternização dos processos, não ganham tração no ambiente arbitral.

A atual LARB, da maneira como posta, bem expressa tais diferenciais competitivos. E não poderia ser diferente, uma vez que o microssistema

[3] MELO, Jeferson e BANDEIRA, Regina. CNJ. **Justiça em Números 2022: Judiciário julgou 26,9 milhões de processos em 2021.** Disponível em: https://www.cnj.jus.br/justica-em-numeros-2022-judiciario-julgou-269-milhoes-de-processos-em-2021/ Acesso em: 26/05/2023.

arbitral brasileiro, como destaca Peter C. Sester, se inspirou na Lei Modelo da UNCITRAL[4], a qual teve dupla influência: direta, orientando o grupo de trabalho responsável pela elaboração do texto da Lei; e indireta, "através da Lei de Arbitragem Espanhola de 1988, que também serviu como fonte de inspiração"[5].

A propósito, em Nota Explicativa à Lei Modelo, o Secretariado da UNCITRAL bem destaca que a aludida Lei, como o próprio nome já diz, é um "modelo" que foi escolhido como veículo de harmonização e de modernização sobre as leis de arbitragem em todo o mundo. No entanto, para que tal harmonização fosse viável, recomendou-se aos Estados:

> [...] alterar a Lei Modelo **o menos possível** quando a incorporarem aos seus sistemas jurídicos. Espera-se também que haja uma tentativa de **não se desviarem do texto** adotado pela UNCITRAL, de forma a aumentar a visibilidade da harmonização e assim intensificar a confiança de partes estrangeiras, os principais usuários da arbitragem internacional, na segurança da lei arbitral no Estado que a adotou.[6] (g.n)

O problema é que o PL 3293, sob o argumento de aprimoramento do instituto, propõe alterações que muito se distanciam da Lei Modelo, devastando atributos básicos da arbitragem (*v.g.*, autonomia na indicação de árbitros e confidencialidade) e, por consectário, descolando a prática arbitral brasileira daquela encontrada em todos os demais países, o que gera insegurança e incerteza quanto à arbitragem desenvolvida em solo brasílico.

Sob a perspectiva econômica, a concorrência na prestação dos serviços jurídicos não se limita ao ambiente doméstico (*i.e.*, entre Judiciário e instituições arbitrais, por exemplo). É preciso lembrar da concorrência a nível internacional que existe entre as câmaras arbitrais, de sorte que alterações

[4] Comissão das Nações Unidas para o Direito Comercial Internacional, órgão subsidiário da Assembleia Geral que, dentre outras funções, prepara textos legislativos para que os Estados os utilizem na modernização do direito do comércio internacional.

[5] SESTER, Peter. C. **Comentários à Lei de Arbitragem e à Legislação Extravagante.** São Paulo: Quartier Latin, 2020. Pág. 40/41.

[6] UNCITRAL. **Lei Modelo da UNCITRAL Sobre a Arbitragem Comercial Internacional**, 2006.

tais como as propostas pelo PL, têm a real capacidade de arrefecer – se não sepultar – o mercado de arbitragem brasileiro.

Se às partes é dado o direito de escolherem as Leis aplicáveis e a sede da arbitragem, nada impedirá que mais e mais prefiram arbitragens conduzidas fora do Brasil. É o que se deve ter na equação.

2. Os riscos inerentes às alterações propostas

Após enobrecer a eficiência da arbitragem e a posição de destaque que ela tem alçado, a justificação do PL avança para o primeiro suposto problema: a concentração de dezenas de casos nas mãos de um único árbitro, fato que, no seu entender, contribui para morosidade dos procedimentos e aumento do número de ações anulatórias. A solução seria limitar, à quantidade de dez, os casos que o árbitro poderia atuar simultaneamente (vide o §8º, proposto a integrar o art. 13 da LARB).

O problema, aqui, é que não são apresentados quaisquer dados objetivos capazes de confirmar que, de fato, a quantidade de casos em que um árbitro atua é causa de lentidão do(s) procedimento(s) arbitral(is). Mais que isso, sequer são apresentados dados acerca da suposta morosidade alegada e do suposto aumento no ajuizamento de ações anulatórias de sentença arbitral em razão do número de casos em que um árbitro atua.

Sob as lentes da autonomia da vontade, limitar a atuação do árbitro com base em patrâmetro quantitativo significa, em última análise, limitar o próprio direito das partes de indicarem os árbitros que entendam qualificados para julgar a controvérsia. Se o árbitro a ser indicado é a maior autoridade no tema a ser discutido, mas já está ele comprometido em outros dez casos, as partes estariam legalmente impedidas de indicá-lo.

Sob a perspectiva da AED, sendo o Direito, à exemplo da Economia, verdadeiro indutor de comportamentos, a limitação quantitativa imposta aos árbitros desincentivaria os mais qualificados a atuarem como tal. Repelindo-se os mais qualificados, a qualidade das sentenças arbitrais seria naturalmente degradada. E se presente o risco de tal degradação, o mercado, antes confiante na solução proposta pela arbitragem, passaria a olhá-la com desconfiança.

Fato é que a disponibilidade do árbitro deve ser avaliada pelas partes quando da inquirição do profissional para composição do tribunal arbitral. Cabe aos litigantes aferir, e não à Lei supor, se a quantidade de casos que aquele árbitro atua afetará, de algum modo, a eficiência e qualidade de seu julgamento.

Na mesma toada, representa severo desincentivo prever que não poderá haver identidade, parcial ou total, entre árbitros componentes de dois tribunais arbitrais em funcionamento (vide o §9º, proposto a integrar o art. 13 da LARB), bem assim a vedação à atuação de membros da diretoria da respectiva instituição arbitral como árbitros. Mais que desincentivo, não há racional que justifique as vedações propostas. Cabe às partes, e tão somente a elas, avaliarem se a identidade de corpo de árbitros ou sua composição por membros da diretoria da câmara arbitral afeta, ou não, sua confiança no(s) julgador(es) indicado(s).

Indo além, revela-se preocupante a sensível alteração proposta ao §1º do art. 14 da LARB. Segundo o PL, o dever de revelação do árbitro não mais envolveria apenas fatos que denotassem dúvida "justificada", mas sim qualquer fato que levantasse dúvida "mínima". A propósito, discussão semelhante sobre o dever de revelação foi levantada na inadequada ADPF 1050, intentada contra trechos da LARB, cuja constitucionalidade, diga-se de passagem, já fora proclamada pelo STF (vide SEC 5206).

A Lei atual, ao estabelecer que a dúvida apta a levantar questionamentos acerca da imparcialidade e independência do árbitro é aquela "justificada", impõe ao suscitante a responsabilidade de argumentar com inteligência as razões pelas quais aquele evento/fato deveria ser levado em conta. Por outro lado, ao se propor que a imparcialidade ou independência poderá ser colocada em xeque por qualquer dúvida, por "mínima" que seja, abre-se margem a discussões irresponsáveis, frutos da mera aventura jurídica e espúria pretensão de remontar o procedimento arbitral à desordem. Um prato cheio aos litigantes de má-fé.

O objetivo maior almejado pelo PL, que é aprimorar o instituto e reduzir a quantidade de ações anulatórias vazias, seria subvertido. O efeito seria contrário, pois, ao substituir um conceito mais fechado (*i.e.*, "justificada") por um mais elástico (*i.e.*, "mínima"), daria azo à multiplicação de ações anulatórias baseadas em suposta parcialidade e/ou dependência dos árbitros. Qualquer situação, por mais infantil e infundada que fosse, seria tratada como dúvida "mínima".

Frise-se, neste particular, que a comunidade arbitral internacional já cuidou de criar parâmetros para pacificar a intrincada questão do dever de revelação e conflito de interesses. Tais parâmetros foram materializados nas "Diretrizes da IBA sobre Conflitos de Interesses em Arbitragem Internacional", cujo grupo de trabalho, ao introduzi-las, destacou:

> 3. É do interesse de todos na comunidade arbitral internacional evitar que os processos arbitrais sejam prejudicados por impugnações infundadas de árbitros e que a legitimidade do processo não seja afetada pela incerteza e falta de uniformidade na aplicação dos critérios de revelação, objeção e impugnação[7].

De mais a mais, além das proposições de limitação de atuação dos árbitros e alargamento do dever de revelação, não há como passar despercebida a pretensão de relativização da tão cara confidencialidade, atributo que, como visto, funciona como verdadeiro diferencial competitivo da arbitragem com relação aos outros métodos de resolução de conflitos.

Segundo proposto no PL, a ação anulatória de sentença arbitral deveria tramitar sob o rito do procedimento comum e obrigatoriamente em caráter público (vide alteração proposta no §1º do art. 33 da LARB).

A este respeito, o primeiro problema que se destaca, e que foi bem abordado pela Nota Técnica do CIArb Brasil Sobre o Projeto de Lei nº 3293/2021, coordenada por Ricardo Aprigliano[8], reside no fato de que processamento de ações em segredo de justiça é matéria afeta à Lei Processual (*i.e.*, Lei 13.105/15) e não à Lei específica destinada à regulação do microssistema arbitral.

O segundo problema, é que o próprio Legislador, quando da elaboração do CPC/15, cuidou de prestigiar a confidencialidade em seu art. 189, inciso V, ao estabelecer que, não obstante os atos sejam preferencialmente públicos, tal publicidade deverá ceder diante da confidencialidade prevista em termo arbitral. Se assim estabeleceu o Legislador, é porque vislumbrou a importância não só processual, mas também econômica de se protegê-la.

[7] IBA – International Bar Association. **Diretrizes da IBA sobre Conflitos de Interesses em Arbitragem Internacional.** 2014. Disponível em: https://www.ibanet.org/MediaHandler?id=EB37DA96-F98E-4746-A019-61841CE4054C Acesso em: 26/05/2023.

[8] APRIGLIANO, Ricardo (coord.). **Nota Técnica do CIArb sobre o Projeto de Lei nº 3293/2021.** Disponível em: https://ciarb-brazil.org/nota-tecnica-pl-3293-2021/#:~:text=Nota%20T%C3%A9cnica%20do%20CIArb%20Brasil,uso%20da%20arbitragem%20no%20pa%C3%ADs. Acesso em: 29/05/2023.

Aliás, mais uma vez nos socorrendo das ponderações feitas pela CIArb, se concretizada a alteração proposta, fato é que o art. 189, V do CPC/15, tornar-se-ia em verdadeira letra morta. Isso porque, ao litigante de má-fé, para dar indevida publicidade àquilo que deveria ser tratado como confidencial, bastaria ajuizar ação anulatória, por mais infundada que fosse, e, através deste expediente, tornar indevidamente pública a sentença e outros documentos carreados ao procedimento arbitral. Tudo ao arrepio da Lei processual, mas sob a incompatível (e reprovável) proteção da Lei arbitral.

E não bastasse isso, avança o PL propondo a imposição do dever de as instituições arbitrais publicarem as sentenças arbitrais – e valores envolvidos – em seus sítios eletrônicos, a fim de que paulatinamente se construa uma "jurisprudência arbitral".

Com todo respeito, os fins não justificam os meios. Não nos parece razoável, sob o pretexto de harmonização de entendimentos sobre certas matérias, sacrificar a confidencialidade. Embora, neste ponto, se entenda o interesse do Legislador em desestimular a inauguração de arbitragens com base em discussões já pacificadas em casos de semelhante natureza, tal intento não deve ser alcançado aniquilando-se um dos principais diferenciais da arbitragem.

A confidencialidade tem propósito. Ainda mais quando analisada sob a lentes do racional econômico. Bem se sabe que o empresariado lida diariamente com informações sensíveis. Sensíveis a si mesmos, aos concorrentes, ao mercado consumidor e ao próprio mercado de crédito. E sob essa perspectiva, a publicidade no ambiente arbitral não pode ser tornar a regra.

Aliás, estressando o tema às últimas consequências, se previsto algo desta natureza, nada impede que, mais à frente, o Legislador decida aprofundar e criar uma espécie de Incidente de Resolução de Demandas Repetitivas – IRDR à arbitragem, esvaziando seu caráter personalíssimo, técnico e específico, o que, ao fim e ao cabo, abrirá margem à padronização das sentenças arbitrais.

Em última análise, e mais uma vez nos voltando à análise da concorrência no mercado arbitral internacional, tratar a confidencialidade como exceção significaria distanciar a arbitragem brasileira daquela desenvolvida nos demais países. Por consectário, o mercado reagiria e os *players* passariam a sediar suas arbitragens em outros países. Ao fim, o desprestígio e incerteza sobre o qual se assentaria a arbitragem brasileira elevaria sobremaneira os custos de transação das partes, fato que, em última instância, representaria o expurgo do sistema arbitral brasileiro da rede concorrencial do mercado de "pacificação social".

Conclusões

Países de significativa profusão de leis, à exemplo do Brasil, dão margem, via *hard law*, a ameaças concretas a institutos consolidados internacionalmente via *soft law*. Sob o mantra da "eficiência" e "aprimoramento dos institutos", proposições legislativas como a aqui enfrentada, podem criar entraves insuperáveis ao desenvolvimento da arbitragem brasileira, distanciando-a do modelo adotado internacionalmente, e, de consequência, desestimulando seu uso.

O aprimoramento do instituto não advirá do império da Lei, mas sim da autorregulação do mercado de arbitragem. O puro dirigismo estatal, em matéria arbitral, tende a ser nocivo ao microssistema. Se inevitável sua intervenção, que ao menos o faça de maneira indireta, apenas criando condições para que as partes relacionadas (*v.g*, as próprias instituições arbitrais) atuem diretamente na regulação do tema. É o que se convém chamar de *smart regulation*[9].

Referências

APRIGLIANO, Ricardo (coord.). Nota Técnica do CIArb sobre o Projeto de Lei nº 3293/2021. Disponível em: https://ciarb-brazil.org/nota-tecnica-pl-3293-2021/#:~:text=Nota%20T%C3%A9cnica%20do%20CIArb%20Brasil,uso%20da%20arbitragem%20no%20pa%C3%ADs.

BRASIL. **Código de Processo Civil. Lei 13.105, de 16 de março de 2015.** Disponível em: https://www.planalto.gov.br/ccivil_03/_ato2015-2018/2015/lei/l13105.htm Acesso em: 31/05/2023.

[9] Sobre o tema, sintetizam GUNNINGHAM e SINCLAIR: "the preferred role for government under smart regulation is to create que necessary preconditions for second or third parties to assume a greater share of the regulatory burden rather than engaging in direct intervention" (GUNNINGHAM, Neil e SINCLAIR, Darren. "Smart Regulation." In *Regulatory Theory: Foundations and Applications*, edited by PETER DRAHOS, 133–48. ANU Press, 2017. Disponível em: http://www.jstor.org/stable/j.ctt1q1crtm.16. Acesso em: 25/05/2023.)

BRASIL. **Lei nº 9.307, de 23 de setembro de 1996. Dispõe sobre a Arbitragem.** Disponível em: https://www.planalto.gov.br/ccivil_03/leis/l9307.htm Acesso em: 31/05/2023.

BRASil. **Projeto de Lei nº 3.293, de 23 de setembro de 2021. Que altera a Lei nº 9.307 de 23 de setembro de 1996.** Disponível em: https://www.camara.leg.br/propostas-legislativas/2300144 Acesso em: 31/05/2023.

GUNNINGHAM, Neil e SINCLAIR, Darren. "Smart Regulation." In *Regulatory Theory: Foundations and Applications*, edited by PETER DRAHOS, 133–48. ANU Press, 2017. Disponível em: http://www.jstor.org/stable/j.ctt1q1crtm.16. Acesso em:25/05/2023.)

IBA – International Bar Association. **Diretrizes da IBA sobre Conflitos de Interesses em Arbitragem Internacional.** 2014. Disponível em: https://www.ibanet.org/MediaHandler?id=EB37DA96-F98E-4746-A019-61841CE4054C

MELO, Jeferson e BANDEIRA, Regina. CNJ. **Justiça em Números 2022: Judiciário julgou 26,9 milhões de processos em 2021.** Disponível em: https://www.cnj.jus.br/justica-em-numeros-2022-judiciario-julgou-269-milhoes-de-processos-em-2021/

SESTER, Peter. C. **Comentários à Lei de Arbitragem e à Legislação Extravagante.** São Paulo: Quartier Latin, 2020. Pág. 40/41.

TIMM, Luciano Benetti Timm. **Artigos e Ensaios do Direito e Economia.** 2ª ed. Rio de Janeiro: Lumen Juris, 2019

UNCITRAL. **Lei Modelo da UNCITRAL Sobre a Arbitragem Comercial Internacional**, 2006.

4. O IMPACTO DAS CONDUTAS DOS *PLAYERS* DA ARBITRAGEM NA CELERIDADE E EFETIVIDADE DO PROCEDIMENTO: ENSAIO SOBRE TÉCNICAS A SEREM ADOTADAS

SILVIA RODRIGUES PACHIKOSKI[1]

JOSÉ VICTOR PALAZZI ZAKIA[2]

Introdução

É fato que os procedimentos arbitrais, pelo menos para a realidade brasileira, ainda são, em regra, muito mais céleres que os procedimentos conduzidos sob os auspícios dos juízes togados. Como apontou recente pesquisa conduzida junto às instituições arbitrais mais utilizadas no país,

[1] Advogada formada pela Universidade de São Paulo, com quase 30 anos de experiência, sócia de L.O. Baptista Advogados, vice-presidente do CAM-CCBC, vice-presidente da AASP – Associação dos Advogados de São Paulo, coordenadora da Comissão de Assuntos Legislativos do CBAR, membro da Comissão de Juristas para Reforma da Lei de Arbitragem. Tem atuado como árbitra em diversos procedimentos nacionais e internacionais, membro da lista de árbitros das principais câmaras do mercado.

[2] Mestre em Direito Processual pela Universidade de São Paulo (USP). Bacharel em Direito pela Escola de Direito de São Paulo da Fundação Getulio Vargas (FGV DIREITO SP). Coordenador do Grupo de Estudos em Arbitragem da FGV DIREITO SP (GVEArb). Professor convidado do curso de Arbitragem e Mediação da pós-graduação da Universidade Presbiteriana Mackenzie. Professor convidado do curso Stabilization of International Business Transactions: From Contract (Re)Negotiation to Dispute Resolution do Global Law da FGV DIREITO SP. Membro da Comissão de Assuntos Legislativos do CBAR. Advogado na equipe de arbitragem em L.O. Baptista Advogados.

os procedimentos arbitrais tendem a durar, em média, 19 meses[3]. Isso não quer dizer, no entanto, que não existam críticas ao instituto, sobretudo quanto a uma possível perda de celeridade.

Reconhecemos que a expansão da arbitragem e sua franca utilização como método adequado de resolução de disputas, juntamente com a sedimentação de uma *"prática arbitral nacional"*, fizeram com que surgissem modelos procedimentais e, ainda, que tais modelos se replicassem com uma frequência maior do que deveria.

O sucesso na utilização de determinadas técnicas em um caso passa a ser visto como um referencial para a comunidade, o que faz com que surjam não apenas regras institucionais padronizadas, como também diretrizes, *soft laws* e, por vezes, boas práticas não positivadas por nenhuma instituição, mas que são comumente seguidas pela comunidade arbitral – seja pelos árbitros, seja pelas partes.

Se por um lado é fato que a criação e a utilização de modelos procedimentais garantem maior estabilidade e previsibilidade ao instituto, o uso excessivo de regras padronizadas engessa o procedimento arbitral e retira da arbitragem duas de suas principais características, quais sejam a flexibilidade e a celeridade.

As últimas pesquisas empíricas que buscaram colher as impressões dos usuários desse sistema identificaram um problema recorrente: a perda de eficiência dos procedimentos arbitrais em razão da excessiva processualização[4]. Passou-se a considerar que, na prática arbitral, muitas vezes se verifica a adoção de procedimentos padronizados e que respeitam um modelo já institucionalmente testado sem, contudo, adequar-se às particularidades do caso concreto[5], deixando-se de lado o brilho do

[3] LEMES, Selma Ferreira (pesquisadora). Arbitragem em números: pesquisa 2020/2021. Realizada em 2022.

[4] 2021 International Arbitration Survey: Adapting arbitration to a Changing World, p. 13: *"Time and cost are perennially acknowledged as the biggest concerns for arbitration users"*.

[5] 2018 International Arbitration Survey: The Evolution of International Arbitration, p. 26: *"Some respondents and interviewees insist on the practical importance of having an early case management conference; they emphasised the need for both arbitrators and counsel to "get creative" at the outset of a case and tailor the proceedings according to its specific needs, rather than using a standardised template for the initial (and subsequent) procedural orders"*.

instituto que é fazer com que o procedimento seja como um belo terno ou um lindo vestido, feitos sob medida[6].

O presente artigo tem como objetivo convidar os estudiosos e entusiastas da arbitragem a pensarem em alternativas procedimentais como solução a essa crítica ora recorrente ao instituto, colocando em perspectiva os papéis que três agentes desse sistema podem e devem desempenhar para garantir a efetividade do instituto, a saber, árbitros, advogados e peritos.

1. O procedimento arbitral e suas particularidades: um ambiente propício à efetividade da justiça

O problema da procedimentalização não decorre do próprio sistema processual arbitral em si, uma vez que não se trata de questão inerente ao funcionamento fisiológico do procedimento arbitral. Muito pelo contrário, o sistema processual arbitral se beneficia de características (e porque não dizer qualidades) que justamente servem como contrapesos à burocratização do processo. Aqui podemos mencionar três características principais do instituto.

Como já amplamente tratado, tanto pela doutrina especializada como pela jurisprudência, uma das principais características da arbitragem é sua flexibilidade, sobretudo se comparada ao processo judicial.

Um dos traços definidores da arbitragem enquanto método de resolução de disputas mais adequado é precisamente o silêncio eloquente, deixado pelo legislador, no que tange às regras procedimentais. Uma leitura ainda que perfunctória da Lei de Arbitragem já é suficiente para que se conclua que não houve qualquer preocupação em sedimentar regras procedimentais específicas.

Afora os princípios processuais básicos, inerentes a toda e qualquer prestação jurisdicional, são poucos os artigos da Lei de Arbitragem que versam sobre regras procedimentais e, ainda assim, é de se considerar

[6] BÖCKSTIEGEL, Karl-Heinz. Presenting evidence in international arbitration. ICSID Review: Foreign Investment Law Journal, Washington, v. 16, nº 1, 2001, p. 1: "*There are many ways of managing case efficiently, and it is one of the advantages of arbitration over court litigation that arbitral tribunals can shape a tailor made procedure that takes into account the many particularizes of each case [.] Although it is important to clarify the rules of the game as early as possible, it is also important to leave room for flexibility later in the proceedings.*"

que a própria lei confere às partes amplo espaço para exercício de sua autonomia, ou seja, para que regulem, elas próprias o procedimento arbitral do qual farão parte[7]. A dicção do art. 21 da Lei de Arbitragem é bastante didática nesse sentido, ao dispor que a arbitragem *"obedecerá ao procedimento estabelecido pelas partes"*. Aqui podemos citar como exemplos a fixação dos prazos, a forma de apresentação das petições, a ordem da produção de documentos, o idioma do procedimento, dentre tantas outras questões[8].

Por um outro viés, mas alcançando o mesmo fim, podemos afirmar que o sistema processual arbitral também confere aos seus julgadores (*i.e.* os árbitros) amplos poderes instrutórios. Se por um lado os dispositivos na Lei de Arbitragem, que regulam o procedimento arbitral, são escassos, por outro a Lei foi categórica ao equiparar o árbitro ao juiz togado, positivando que o árbitro é juiz de fato e de direito[9]. Pautado nessa máxima, não há dúvidas que os árbitros se beneficiam de poderes não só para julgar o caso, dando uma sentença final e vinculante às partes, mas também para administrar o procedimento de forma eficiente. Aliás, neste ponto, é importante ressaltar que a Lei de Arbitragem impõe aos árbitros o dever de agir com competência e diligência[10].

[7] GUERRERO, Luis Fernando; INGLEZ DE SOUZA, Marcelo Junqueira; PACHIKOSKI, Silvia Rodrigues. Negócio Jurídico Processual e Sistemas de Solução de Disputas: Quem controla o processo, as partes ou o julgador? Escolhas em matéria de provas e fundamentação in Arbitragem e Processo Homenagem ao Professor Carlos Alberto Carmona. São Paulo: Quartier Latin, 2022. p. 657: *"A propósito, em que pese as câmaras arbitrais disponham sobre regramento dos seus procedimentos por meio de seus regulamentos internos, fato é que as partes gozam de ampla liberdade para ajustar o procedimento arbitral às suas vontades, sendo mínimas as hipóteses em que as disposições das Câmaras prevalecem de forma imutável"*.

[8] GUERRERO, Luis Fernando; INGLEZ DE SOUZA, Marcelo Junqueira; PACHIKOSKI, Silvia Rodrigues. Negócio Jurídico Processual e Sistemas de Solução de Disputas: Quem controla o processo, as partes ou o julgador? Escolhas em matéria de provas e fundamentação in Arbitragem e Processo Homenagem ao Professor Carlos Alberto Carmona. São Paulo: Quartier Latin, 2022. p. 646: *"É fato que, em decorrência do princípio da autonomia privada que rege a arbitragem, a questão da prova no âmbito da Lei nº 9.307/96 é reguçada de forma pouco detalhada, no § 2do artigo 21 e no artigo 22, com o intuito de permitir a flexibilidade do procedimento arbitral"*.

[9] Art. 18 O árbitro é juiz de fato e de direito, e a sentença que proferir não fica sujeita a recurso ou a homologação pelo Poder Judiciário.

[10] Art. 13, §6º No desempenho de sua função, o árbitro deverá proceder com imparcialidade, independência, competência, diligência e discrição.

Por fim, a arbitragem caracteriza-se por ser um procedimento no qual impera uma "*modalidade*" de contraditório mais cooperativo. Enquanto no processo judicial o juiz atua de forma inquisitorial (resquícios de nosso modelo processual inspirado na tradição continental europeia, em contraposição ao modelo adversarial típico da tradição do *common law*), no processo arbitral vigora um ideal de que árbitros e partes devem estar em constante diálogo, culminando no que podemos chamar *de "modelo do contraditório participativo"*[11].

Por essas razões defendemos que o sistema processual arbitral mune os seus agentes de meios aptos a garantir uma administração efetiva do procedimento. Surge, portanto, a questão: por qual razão as mais recentes pesquisas identificaram um fenômeno de processualização do sistema?

Podemos inferir que a responsabilidade por tal fenômeno, isto é, a excessiva procedimentalização do instituto, recai sobre os agentes desse sistema processual. É dizer que são os árbitros, advogados, partes, peritos, instituições arbitrais e demais *players* do instituto que permitem que o procedimento arbitral por eles administrado ou conduzido esteja sujeito a tais mazelas.

É por essa razão que consideramos que um resgate dos ideais do processo arbitral é medida necessária. O sistema está pautado em premissas e conta com regras que beneficiam a administração eficiente do procedimento, de modo que compete, portanto, aos seus agentes, utilizar tais regras e conceber mecanismos que atendam a essas premissas, em busca da celeridade e flexibilidade.

Em recente trabalho publicado no Journal of International Arbitration, Christoph Liebscher tratou da abordagem do *teamwork* na arbitragem[12]. O foco do artigo é a atuação dos árbitros nos procedimentos arbitrais, tendo o autor identificado que hoje há um apelo aos árbitros que, nos olhos do doutrinador, pertencem a uma terceira geração de árbitros. Nessa terceira

[11] ZAKIA, José Victor Palazzi. A igualdade na arbitragem: o processo arbitral e o fenômeno repeat player. São Paulo: Almedina, 2021, p. 82: *"Justamente por constituir uma jurisdição autônoma, entendemos que a arbitragem é desvinculada dessas concepções tradicionais do processo. A nosso entender, o fato de a arbitragem possuir uma disciplina jurídica autônoma em relação ao processo estatal permite que, nela, os julgadores atuem de forma mais colaborativa, em um sistema que seja misto entre o adversarial e o inquisitorial"*.

[12] LIEBSCHER, Christoph. Teamwork Approach in Arbitration: A New Perspective. Journal of International Arbitration, v. 37, n. 3, pp. 289-324.

geração, os árbitros devem prezar não só pelo conhecimento do direito material ou de um determinado mercado (como os árbitros da primeira geração), tampouco devem focar apenas no conhecimento tecnocrático do processo arbitral (como os árbitros da segunda geração), mas, sobretudo, devem investir em sua capacidade de gestão do procedimento.

Essa necessidade de garantir uma boa gerência do procedimento arbitral levou o autor a conceber essa ideia de que os árbitros devem atuar, conjuntamente com as partes, como se pertencentes a um mesmo *"time"*, cujo objetivo em comum é a condução de um procedimento arbitral efetivo e eficiente.

As ponderações do autor são bastante interessantes. Ainda que no processo arbitral, por pressuposto, espere-se que as partes estejam em um *"combate"*, almejando uma decisão que vai privilegiar seus interesses em detrimento dos da contraparte, não podemos deixar de considerar que a tese proposta por Liebscher é bastante razoável.

Árbitros, advogados, partes, *experts* e instituições arbitrais, quando não atuando de maneira disruptiva, buscam todos o mesmo fim: um procedimento que equilibra celeridade e contraditório, resultando numa prestação jurisdicional efetiva e adequada. Caso não fosse esse o propósito da grande maioria daqueles que utilizam esse sistema, as críticas a burocratização da arbitragem e a perda de celeridade não seriam cada vez mais recorrentes.

A partir dessas ideias, entendemos que a visão de Liebscher pode ser ainda mais ampliada. Ainda que os árbitros, para muitos, sejam os verdadeiros pivôs do procedimento arbitral, imprimindo velocidade aos atos procedimentais em razão do exercício de seus poderes instrutórios[13], é fato que outros agentes, sobretudo advogados e técnicos, também podem contribuir para garantir um resultado eficiente. É, ao menos, o que se tem visto na prática brasileira.

[13] GUERRERO, Luis Fernando; INGLEZ DE SOUZA, Marcelo Junqueira; PACHIKOSKI, Silvia Rodrigues. Negócio Jurídico Processual e Sistemas de Solução de Disputas: Quem controla o processo, as partes ou o julgador? Escolhas em matéria de provas e fundamentação in Arbitragem e Processo Homenagem ao Professor Carlos Alberto Carmona. São Paulo: Quartier Latin, 2022. p. 648: *"Para a análise da questão, a princípio, deve-se ter em mente que os poderes dos árbitros se equiparam ao do juiz togado, de modo que, tanto no procedimento arbitral como no processo judicial, o destinatário da prova é o julgador. Assim, uma vez que ao julgador cabe a busca pela verdade material, compete a ele a decisão sobre as provas a serem produzidas a fim de encontrá-la".*

Por esta razão, nesse ensaio, buscaremos abordar algumas técnicas procedimentais que podem ser adotadas nos procedimentos arbitrais e que resvalam, ora na interação entre árbitros e advogados, ora na interação dos *experts* com os demais, ou ainda técnicas e posturas que podem ser esperadas individualmente de cada um dos agentes. Sem qualquer pretensão de esgotar o tema, o propósito deste trabalho é ensejar o debate e propor algumas soluções procedimentais ao problema da celeridade.

2. Retorno da reunião para assinatura do termo de arbitragem

Com o passar do tempo, em razão do crescimento da arbitragem enquanto método de resolução de disputas, diversos *"atos processuais"* que antes contavam com alguma liturgia, deixaram de ser observados ou, em outros casos, passaram a ser relativizados. Árbitros experientes e advogados versados na prática arbitral passaram a enxergar, e com certa razão, alguns atos procedimentais como desnecessários e completamente contornáveis ou adaptáveis a uma realidade mais dinâmica.

As restrições impostas à circulação de pessoas, decorrentes da pandemia da COVID-19, também contribuíram para essa modernização e simplificação do procedimento arbitral, de tal sorte, que pudemos verificar uma verdadeira *"virtualização"* da arbitragem. Até 2020, os procedimentos arbitrais, sobretudo aqueles conduzidos e administrados pelas instituições arbitrais sofriam de um grande anacronismo: os protocolos eram feitos em vias físicas, acompanhadas por *pendrives* contendo os documentos, e em número de vias suficientes a todos os envolvidos no caso (o que costuma resultar em seis volumes de manifestações). Em um país no qual vigora o processo digital no Judiciário, a arbitragem se assemelhava a um fóssil vivo.

É evidente que a relativização desses expedientes, trazendo a arbitragem para o século XXI, contribuiu para que o procedimento se tornasse mais dinâmico. Não obstante, na contramão do que parece indicar a prática, não podemos deixar de notar que alguns expedientes de suma importância deixaram de ser cumpridos e, por vezes, os benefícios que traziam à boa administração do procedimento se perderam.

Aqui falamos especificamente das reuniões para assinatura do termo de arbitragem. Na prática arbitral, o termo de arbitragem caracteriza um dos momentos mais sensíveis do procedimento: é na celebração deste instrumento que são fixados os pedidos, delimitados os escopos subjetivo e objetivo do procedimento arbitral, estabelecidas as regras procedimentais, e tantas outras disposições que vinculam, contratualmente, não apenas as partes, mas também os árbitros e a instituição arbitral. É o manual de instruções do procedimento arbitral. Não por outra razão, para a doutrina internacional dá-se o nome a este documento de "*Ata de Missão*", pois é nele estabelecida a verdadeira missão daquele procedimento.

Dada a importância que a celebração deste documento – que configura um legítimo adendo à convenção arbitral, o qual materializa, em termos concretos, os contornos da disputa eventual e incerta anteriormente prevista pela cláusula compromissória – consideramos que o movimento de dispensa dessa reunião contribui para o fenômeno da burocratização e instabilidade a longo prazo.

Pode parecer um contrassenso, pois a dispensa de um ato formal parece militar em favor da celeridade. Mas não é o que se observa na prática.

Em considerando que o processo arbitral está pautado no diálogo mais próximo entre árbitros e partes (e por consequência, entre árbitros e advogados), a reunião para assinatura do termo de arbitragem não deixa de ser o primeiro ponto de contato real e efetivo entre esses *players* do procedimento.

É nesse momento que os árbitros poderão ter suas primeiras impressões, não só sobre questões objetivas atinentes ao caso em si, mas também sobre circunstâncias subjetivas, como por exemplo, o nível de litigiosidade das partes, o quão aguerridos são os advogados, entre outras. Sobretudo, consideramos que os árbitros, quando frente a frente com as partes no momento em que estas debatem as regras procedimentais, terão a capacidade de perceber, com maior acurácia, o quão sensíveis as partes estão em relação a determinadas questões procedimentais.

Ainda com o aumento da participação em arbitragem de partes e advogados que nunca participaram deste método de solução de disputas, esse tipo de reunião passa a ser a oportunidade em que os árbitros podem, de certa forma, também iluminar e esclarecer que certas práticas afeitas ao Judiciário não se coadunam na arbitragem.

O debate ao vivo entre as partes, sujeito ao olhar crítico dos árbitros, é uma experiência enriquecedora para aqueles que buscam entender como aquele procedimento arbitral irá se desenvolver ao longo do tempo. Em outras palavras, a capacidade de perceber problemas que poderão surgir ao longo do procedimento é muito maior quando existe essa comunicação em tempo real entre os agentes do procedimento[14].

Ao adotar um procedimento no qual as partes simplesmente trocam minutas, e os árbitros apenas compatibilizam as divergências e definem as regras finais enviando uma versão final para assinatura, haverá um inegável distanciamento dos árbitros com relação ao caso, especialmente quando advogados inexperientes estão envolvidos. Por mais que este expediente evite a necessidade de compatibilização de agendas para a reunião de assinatura, fato é que se perde, e muito, em termos de conhecimento e aproximação pessoal com a causa e seus agentes. Perde-se um momento didático importante para a gestão do procedimento arbitral.

Não estamos defendendo a necessidade absoluta e imperativa de se realizar uma reunião a qualquer custo, mas apenas que a não-realização desta reunião, ainda que feita virtualmente, como fim em si próprio, pode custar, ao longo do caso, meses ou mesmo anos, em razão de incidentes que, se identificados *a priori*, já teriam sido tratados a contento na primeira oportunidade. Isso sem falar no aprendizado compartilhado dos árbitros com os advogados e partes.

3. Fase pericial: conferência para administração s e o acompanhamento dos trabalhos técnicos

De maneira similar à reunião para assinatura do termo de arbitragem, defendemos que naqueles casos nos quais haverá uma análise pericial ou, pelo menos, a indicação de assistentes técnicos pelas partes, é recomendável que seja conduzida uma reunião no qual estejam presentes árbitros, advogados e *experts*, justamente para balizar a realização dos trabalhos técnicos. É preciso que todos estejam alinhados em relação ao escopo e expectativas sobre a prova técnica.

Nesse tópico, o que defendemos é que uma prática, já existente nas regras de arbitragem da Câmara de Comércio Internacional ("CCI"), seja importada, adaptada, posteriormente incorporada para a eventual fase pericial do procedimento arbitral.

[14] 2021 International Arbitration Survey: Adapting arbitration to a Changing World, p. 13: *"Interviewees explained that, in many instances, early case management conferences are useful for resolving procedural issues early on"*.

O regulamento de arbitragem da CCI estabelece, em seu artigo 24, que juntamente ou logo após a assinatura do termo de arbitragem, os árbitros deverão se reunir com as partes para consultá-las sobre as medidas procedimentais que poderão ser adotadas no procedimento. Tal expediente não é tão comum para a realidade nacional, haja vista que o Regulamento de Arbitragem da CCI segrega em dois momentos a assinatura da Ata de Missão e a realização da conferência para administração do caso; as instituições arbitrais nacionais, a seu turno, não preveem essa segregação, razão pela qual muitas das disposições que usualmente constam na deliberação da conferência para administração do caso acabam constando nos termos de arbitragem.

Independentemente do nome que se dê a esse momento processual, o que se verifica na prática é que, uma vez realizada uma conferência ou reunião para administração do caso, raras as vezes serão conduzidas outras. No nosso entender, a não realização de novas conferências para administração do caso acaba sendo um desperdício de oportunidade, sobretudo quando se fala de uma fase pericial.

A realização de perícias na arbitragem (assim como em qualquer processo) é um ponto de extrema sensibilidade em termos de custo e tempo, que tem impacto direto na celeridade do procedimento, inclusive.

Não é incomum que procedimentos arbitrais se delonguem por vários meses, ou às vezes anos, quando se determina a realização de uma perícia. E isso se dá por uma razão: é integrado ao procedimento arbitral um novo agente, o qual não teve o mesmo tempo que as partes e os árbitros para se habituar às minúcias do caso e que, na esmagadora maioria das vezes, possui uma formação técnica diferente daquela dos advogados e árbitros. As diferenças entre os repertórios técnicos do *expert* e dos juristas (*i.e.* árbitros e advogados) muitas vezes fazem com que a comunicação seja falha e, por vezes, ineficiente.

É evidente que este problema pode ser significativamente diminuído por meio da indicação de *experts* que tenham experiência no mercado da arbitragem, ou mesmo que contem com formação complementar que lhes permita compreender, com maior sensibilidade, as nuances procedimentais do caso.

Não obstante, o trabalho do *expert* não pode ser descolado do trabalho dos árbitros e advogados. E eis a razão da necessidade de uma reunião, ao menos prévia, deste ingressante no procedimento com os demais agentes.

Como vimos anteriormente, o resultado último almejado das partes, árbitros e, também, *experts* é precisamente a materialização de um procedimento célere. E a administração eficiente do procedimento arbitral implica que todos os seus agentes estejam alinhados quanto às expectativas que os demais neles depositam quando do desempenho de suas funções.

Em determinadas situações os peritos, uma vez indicados são deixados desassistidos, tanto pelos árbitros como pelos advogados, os quais apenas esperam que os *experts* forneçam as respostas às questões e dúvidas técnicas que surgiram ao longo do procedimento. Esse distanciamento é, sem sombra de dúvidas, prejudicial à boa administração do procedimento, podendo resultar em perícias incompletas ou excessivamente abrangentes, custosas, demoradas, e muitas vezes, até mesmo desnecessárias ou inconclusivas.

A realização de uma reunião preliminar é um excelente remédio profilático: os árbitros e os advogados podem expor aos *experts* as questões e pontos a serem abordados, delimitando com precisão as premissas da realização do trabalho pericial, estabelecendo também uma agenda para que o trabalho siga à risca as obrigações de apresentação de documentos, quesitos, respostas, complementos, tornando a conclusão factível e próxima. Não é incomum, quando estas reuniões acontecem, que os árbitros já solicitem dos *experts* que providenciam respostas considerando cenários diversos, de forma a acomodar as divergências que possam existir entre as partes quanto a determinadas premissas metodológicas. Igualmente, nessa mesma reunião os peritos podem apresentar, com clareza, sua linha de trabalho, cronograma, metodologia e por vezes até os próprios membros de sua equipe que auxiliarão no desenvolvimento do trabalho, evitando possíveis incidentes no futuro.

Por fim, consideramos também que essas reuniões preliminares à perícia são um importante instrumento para que os árbitros balizem a atuação dos advogados das partes ao longo do desenvolvimento da perícia, evitando que o trabalho pericial esteja sujeito a investidas intempestivas e desnecessárias, bem como manipulações e atitudes protelatórias. Aqui trazemos uma importante consideração: não é incomum que as perícias tomem proporções paquidérmicas em razão do tsunami de quesitos apresentados pelos advogados. Não são raras as vezes nas quais os advogados pedem dos peritos esclarecimentos desnecessários e impertinentes, muitas vezes abordando as próprias questões e premissas jurídicas, como se o perito devesse confirmar os argumentos da parte, e não apurar uma determinada dúvida técnica. O alinhamento com o tribunal arbitral e com as partes evita que o técnico fique refém do excesso de beligerância dos advogados ou mesmo da processualização do procedimento.

Ao se estabelecer as *"regras do jogo"* que dão o *framework* da análise pericial, é inegável que haverá um ganho de efetividade do procedimento e, por consequência, celeridade.

4. A aplicação adequada de multas, penalidades e a alocação das custas em razão do comportamento das partes

Um ponto que chama a atenção nas pesquisas empíricas analisadas para este trabalho é a falta de punição ao comportamento recalcitrante das partes[15]. Uma vez que a celeridade é um dos maiores atributos da arbitragem, seria de se esperar que os comportamentos disruptivos, sobretudo pelas partes que percebem uma iminente derrota, fossem prontamente combatidos. Contudo, não é o que se verifica na prática.

A doutrina especializada é vasta no sentido de reconhecer que parte dos árbitros está sujeita ao fenômeno da *due process paranoia*, isto é, permitem que o procedimento arbitral seja capturado pelas partes excessivamente beligerantes sob o receio de terem a sentença futuramente anulada[16].

A despeito de a *due process paranoia* não ser justificada – o que já foi abordado por diversos doutrinadores – fato é que existe uma relutância

[15] 2018 International Arbitration Survey: The Evolution of International Arbitration, p. 27: *"A number of respondents and interviewees referred to what the 2015 survey called the "due process paranoia" of arbitrators as a probable reason for this continued lack of proactiveness. This phenomenon continues to be a source of concern to many. On a related note, both the 2015 survey and the current survey (Chart 4) found that the "lack of effective sanctions during the arbitral process" is seen as the second worst characteristic of arbitration".*

[16] BAQUEDANO, Luis Felipe Ferreira; ZAKIA, José Victor Palazzi. Due Process Paranoia: Prevenir antes de remediar in Arbitragem e Processo Homenagem ao Professor Carlos Alberto Carmona. São Paulo: Quartier Latin, 2022., p. 129: *"Quando se fala em due process paranoia na arbitragem, fala-se de um fenômeno que atinge sobretudo os árbitros: a paranoia é verificada quando os árbitros, imbuídos da tarefa de administrar o procedimento arbitral, deixam-se levar pelo temor de terem sua sentença arbitral anulada em razão de alegadas violações ao devido processo legal e, por conta disso, deixam de conduzir o procedimento arbitral de forma eficiente. Os árbitros tornam-se reféns das partes, permitindo que estas tomem as rédeas do procedimento arbitral, pois temem que suas decisões sejam posteriormente anuladas."*

em aplicar punições efetivas às partes e advogados que abusam de suas prerrogativas processuais de forma a tumultuar o procedimento.

Aqui, o que defendemos é que os árbitros devem atuar sem receio de aplicar penalidades quando da verificação de comportamentos disruptivos.

A aplicação dessas penas, a nosso ver, pode se dar de duas formas: a mais usual baseada na alocação de custas do procedimento arbitral; a menos usual, por sua vez, consiste na aplicação de multas pecuniárias.

Quanto à alocação de custas, é um imperativo legal, em razão do Artigo 27 da Lei de Arbitragem[17], que a sentença arbitral fixará a responsabilidade pelo pagamento ou reembolso das custas e despesas. Em regra, considerando-se o princípio da causalidade, aquela parte que deu causa ao litígio deve arcar com as custas do procedimento na proporção de sua responsabilidade, assim sendo, a parte sucumbente arcaria com as custas do procedimento, reembolsando assim a parte vencedora.

Ocorre, no entanto, que muitas vezes a divisão da responsabilidade das custas se dá em razão não apenas da regra da sucumbência, mas também considerando-se o comportamento das partes litigantes. Trata-se de uma importante ferramenta no combate às táticas dilatórias e disruptivas, pois impõe-se à parte recalcitrante um ônus adicional.

Contudo, não podemos deixar de observar que, na prática, a parte disruptiva é justamente aquela que sabe não assistir razão e que, portanto, invariavelmente será condenada ao pagamento das custas e despesas da arbitragem.

Eis, portanto, a necessidade, identificada pelos usuários da arbitragem, de que os árbitros apliquem, nos casos levados ao limite, penalidades pecuniárias em razão do comportamento persistentemente negativo, inadequado ou hostil.

Como já tratado anteriormente, os árbitros estão imbuídos de amplos poderes instrutórios, os quais compreendem, também, o poder de gestão do procedimento arbitral. O exercício de tais poderes deve caminhar, lado a lado, com os deveres que são legalmente impostos aos árbitros, entre eles o dever de conduzir de maneira diligente o procedimento.

[17] Art. 27. A sentença arbitral decidirá sobre a responsabilidade das partes acerca das custas e despesas com a arbitragem, bem como sobre verba decorrente de litigância de má-fé, se for o caso, respeitadas as disposições da convenção de arbitragem, se houver.

Por essas razões, mesmo ausente consentimento expresso das partes quanto à possibilidade de aplicação de sanções, não parece haver dúvidas de que ao árbitro é reservado poderes para aplicar sanções em razão do comportamento das partes[18], sobretudo quando a própria Lei de Arbitragem dispõe que, no momento de prolação da sentença, deverão os árbitros dispor acerca de eventual aplicação de multa por litigância de má-fé[19].

A aplicação dessas penalidades, ao nosso ver, deve sempre obedecer a dois critérios: observância ao dever de fundamentação e verificação de um comportamento processualmente reprimível.

Quanto ao primeiro ponto, assim como qualquer decisão, deve o árbitro trazer os motivos e fundamentos que justificam seu provimento. Não basta aos árbitros apenas aplicar uma penalidade, deverá sempre fazer a subsunção do fato à norma, indicando qual o comportamento da parte que mereceu sua reprimenda. Essa fundamentação é, uma vez mais, a materialização do contraditório participativo que deve imperar na arbitragem.

Tal argumentação pode surgir não apenas no momento de aplicação da sanção, mas como forma de advertência prévia, indicando-se à parte que o seu comportamento será objeto de sanção, inclusive. Com isso, evita-se o que se chama na prática de "*decisão surpresa*", garantindo que a parte não seja surpreendida com a aplicação de uma sanção jamais antes aventada.

Por fim, deve-se consignar que tais sanções só poderão ser aplicadas a comportamentos procedimentalmente reprováveis. A premissa parece ser evidente, mas por razões de cautela consideramos que é importante ressaltá-la. No âmbito da arbitragem as partes estão, por pressuposto, em posições antagônicas, de modo que o comportamento aguerrido de parte a parte é, não só comum, como também esperado. Como dizem

[18] CARMONA, Carlos Alberto. Arbitragem e processo: um comentário à Lei nº 9.307/96. São Paulo: Atlas, 3ª edição, p. 375: "*Por cautela extrema, porém, fez o legislador constar do texto comentado a possibilidade de fixação da pena por dolo processual. E tal penalidade – que comporta aplicação oficiosa, independentemente de haver pedido de parte ou autorização na convenção arbitral – atinge tanto o abuso do direito de demandar como o comportamento escuso durante o processo*".

[19] Art. 27. A sentença arbitral decidirá sobre a responsabilidade das partes acerca das custas e despesas com a arbitragem, bem como sobre verba decorrente de litigância de má-fé, se for o caso, respeitadas as disposições da convenção de arbitragem, se houver.

alguns especialistas "*arbitragem é briga*", é um procedimento adversarial e, portanto, não se pode punir a parte, por meio da aplicação de sanções, pelo simples fato de adotar um comportamento litigioso em face de sua contraparte.

O que é passível de punição é, tão somente, a adoção de comportamentos que propositalmente tumultuam ou procrastinam o andamento do procedimento. São aqueles comportamentos que, no limite, podem ser considerados como táticas de guerrilha, mas que, usualmente, consistem em meros abusos de prerrogativas processuais com intuitos deletérios e protelatórios.

Fazemos, por fim, uma ressalva: advogados experientes e habituados ao mundo da arbitragem não deveriam se opor à possibilidade de aplicação de sanções por comportamentos inadequados. Aqueles que constantemente militam em procedimentos arbitrais sabem que hoje há uma grande demanda dos usuários desse sistema para que haja aplicação de sanções às partes tumultuárias. As más práticas precisam ser afastadas e é no bolso que, muitas vezes, a parte percebe a necessidade de se portar adequadamente.

5. O julgamento antecipado da causa e o receio às sentenças parciais

Uma técnica de administração eficiente do procedimento arbitral que merece destaque é a possibilidade de julgamento antecipado da causa (ou ao menos de parte dela), evitando todo o rito procedimental de forma desnecessária.

A doutrina internacional tem se virado para essa questão, buscando trazer para a realidade da arbitragem internacional técnicas usuais na realidade norte-americana, como, por exemplo, o *early disposition*. Em linhas gerais, o *early disposition* consiste no afastamento, por meio de uma decisão, de determinado pedido ou defesa das partes, antes que haja o desenvolvimento da fase instrutória do procedimento[20].

[20] David L. Wallach, 'The Emergence of Early Disposition Procedures in International Arbitration', in William W. Park (ed), Arbitration International, (© The Author(s); Oxford University Press 2021, Volume 37 Issue 4) pp. 835-850: "*For purposes of this article, early disposition procedures refer generally to procedures for the resolution and disposition of claims, defenses or other issues at a preliminary stage before a full merits hearing, without prejudice to what form those procedures may take.*"

Dois são os pontos de sensibilidade para que qualquer técnica análoga seja implementada para as arbitragens brasileiras: a forma da decisão e o caráter de coisa julgada da sentença arbitral.

No que diz respeito à forma da decisão, se os árbitros irão decidir por afastar, de imediato, um pedido de uma das partes, o que estão fazendo é, em verdade, reconhecer a improcedência do pedido. Trata-se, portanto, de decisão de caráter jurisdicional, na medida em que os árbitros farão a subsunção do fato à norma, aplicando de maneira impositiva o direito. E isso, para nossa realidade, só pode ser feito por meio de sentença de mérito – ainda que parcial, na medida em que não resolverá totalmente o litígio[21].

Para fins de um procedimento arbitral, isto quer dizer que a decisão deverá respeitar e obedecer a todos os requisitos impostos pela Lei de Arbitragem, os quais estão dispostos no Artigo 26 da mesma lei[22]. Assim, o que se terá é uma sentença arbitral parcial e, portanto, após sua prolação passará a correr o prazo decadencial para ajuizamento de eventual ação anulatória, nos termos do Artigo 33 da mesma lei[23] sob pena de transitar em julgado a decisão.

Essas circunstâncias fazem com que os árbitros sejam, na prática, refratários a proferir decisões que julguem antecipadamente determinados pleitos das partes. Primeiro, porque para que este expediente seja adotado,

[21] BRAGHETTA, Adriana; PACHIKOSKI, Silvia Rodrigues. As novidades da Lei 13.129/2015 no panorama da arbitragem brasileira in 25 anos da Lei de Arbitragem: história, legislação, doutrina e jurisprudência. São Paulo: Thomson Reuters Brasil, 2021. p. 49: *"No que tange à sentença parcial, embora não houvesse previsão expressa na Lei de Arbitragem Brasileira, a inclusão do §1º no artigo 23 veio consagrar o que já era aceito no sistema brasileiro, permitindo, assim, a bifurcação do procedimento arbitral, por exemplo, para análise de jurisdição, decisão do na debeatur e quantum debeatur em momentos distintos, entre outras."*

[22] Art. 26. São requisitos obrigatórios da sentença arbitral: I – o relatório, que conterá os nomes das partes e um resumo do litígio; II – os fundamentos da decisão, onde serão analisadas as questões de fato e de direito, mencionando-se, expressamente, se os árbitros julgaram por equidade; III – o dispositivo, em que os árbitros resolverão as questões que lhes forem submetidas e estabelecerão o prazo para o cumprimento da decisão, se for o caso; e IV – a data e o lugar em que foi proferida.

Parágrafo único. A sentença arbitral será assinada pelo árbitro ou por todos os árbitros. Caberá ao presidente do tribunal arbitral, na hipótese de um ou alguns dos árbitros não poder ou não querer assinar a sentença, certificar tal fato.

[23] Art. 33. A parte interessada poderá pleitear ao órgão do Poder Judiciário competente a declaração de nulidade da sentença arbitral, nos casos previstos nesta Lei.

é necessário que os árbitros se debrucem sobre o caso desde o seu início, o que requer maior dedicação e, por consequência, maior gasto de tempo e recursos no estudo e preparação do caso para que se conclua estar parcialmente maduro para ser decidido. Segundo, há poucos incentivos para terminar parte do procedimento, indeferindo certos pedidos, ainda mais se a parte sucumbente já houver demonstrado qualquer predisposição a buscar a anulação da sentença arbitral (ou adoção de práticas disruptivas dos próximos passos do procedimento).

Somado a essas circunstâncias, há ainda uma outra preocupação decorrente da natureza de coisa julgada da sentença arbitral. Uma vez que, em sede arbitral, não existe a possibilidade de interposição de recursos, a sentença arbitral que julgar antecipadamente determinada questão fará, automaticamente, coisa julgada. A arbitragem, como dizem os estudiosos do tema, é um procedimento "*one-shot*" e, portanto, o exercício do contraditório tende a ser mais profundo.

É fácil perceber, portanto, que deve haver um viés cognitivo para que árbitros se abstenham de tomar decisões antecipadas sem que seja exaurida a fase instrutória do procedimento. Se por um lado há o receio de que a parte sucumbente tumultue o procedimento ou busque a anulação da sentença arbitral parcial, por outro é igualmente justificável que haja um excesso de zelo com um procedimento que não poderá ser revisitado.

A despeito dessas preocupações, consideramos que o recurso às sentenças parciais, sobretudo aqueles que terminam com ao menos parte do procedimento, seja algo benéfico à administração eficiente do caso. Isto porque não é incomum que árbitros e partes se delonguem em extensas fases instrutórias, com a realização de audiências, apresentação de diversas peças e, por vezes, da própria perícia, para terem o caso julgado com base em alguma premissa jurídica prejudicial à análise das demais questões.

Conclusões: árbitros assertivos, advogados cooperativos e *experts* integrados

Com o presente artigo expusemos como a atuação conjunta e colaborativa dos participantes do procedimento arbitral revela-se imprescindível para salvaguardar o instituto, preservando suas principais características e enaltecendo-as frente às mazelas que assolam o processo civil.

Apesar de arbitragem ser um método heterocompositivo de resolução de disputas, o que pressupõe que existam posições antagônicas entre as partes, a natureza litigiosa do procedimento não precisa contaminar a sua administração. Enquanto é esperado que as partes se digladiem quanto ao mérito do caso, o comportamento coordenado na administração do procedimento deve ser incentivado. Afinal, todos aqueles que participam do procedimento arbitral têm um objetivo em comum no que tange à condução do procedimento: alcançar uma resolução efetiva por meio de um procedimento eficiente, ou seja, que resulte numa boa decisão em tempo adequado e sem desperdícios de recursos.

A atuação integrada e colaborativa dos participantes do processo arbitral, ou seja, árbitros, advogados, peritos entre outros, deveria ser a regra e, para isso, novas técnicas que aproximem esses agentes e facilitem o diálogo devem ser defendidas.

E nesse sentido as partes passam a ter que buscar nos árbitros de sua escolha, além do conhecimento técnico, mais uma característica positiva sobre o profissional, a de serem organizados e bons gestores para que consigam pragmaticamente encaminhar o procedimento arbitral para o seu desfecho rápido, e ao mesmo tempo mantendo todas as garantias de produção de prova e contraditório salvaguardadas.

Referências

BAQUEDANO, Luis Felipe Ferreira; ZAKIA, José Victor Palazzi. **Due Process Paranoia: Prevenir antes de remediar in Arbitragem e Processo Homenagem ao Professor Carlos Alberto Carmona**. São Paulo: Quartier Latin, 2022.

BÖCKSTIEGEL, Karl-Heinz. **Presenting evidence in international arbitration**. ICSID Review: Foreign Investment Law Journal, Washington, v. 16, nº 1, 2001.

BRAGHETTA, Adriana; PACHIKOSKI, Silvia Rodrigues. **As novidades da Lei 13.129/2015 no panorama da arbitragem brasileira in 25 anos da Lei de Arbitragem: história, legislação, doutrina e jurisprudência**. São Paulo: Thomson Reuthers Brasil, 2021.

CARMONA, Carlos Alberto. **Arbitragem e processo: um comentário à Lei nº 9.307/96**. São Paulo: Atlas, 3ª edição, 2009.

GUERRERO, Luis Fernando; INGLEZ DE SOUZA, Marcelo Junqueira; PACHIKOSKI, Silvia Rodrigues. **Negócio Jurídico Processual e Sistemas de Solução de Disputas: Quem controla o processo, as partes ou o julgador? Escolhas em matéria de provas e fundamentação in Arbitragem e Processo Homenagem ao Professor Carlos Alberto Carmona**. São Paulo: Quartier Latin, 2022.

LEMES, Selma. **Arbitragem em números: pesquisa 2020/2021, realizada em 2022.**

LIEBSCHER, Christoph. **Teamwork Approach in Arbitration: A New Perspective.** Journal of International Arbitration, v. 37, n. 3.

Queen Mary, University of London. **2018 International Arbitration Survey: The Evolution of International Arbitration.**

Queen Mary, University of London. **2021 International Arbitration Survey: Adapting Arbitration to A Changing World.**

WALLACH, David L. **The Emergence of Early Disposition Procedures in International Arbitration**. Oxford University Press, 2021.

ZAKIA, José Victor Palazzi. **A igualdade na arbitragem: o processo arbitral e o fenômeno repeat player**. São Paulo: Almedina, 2021.

5. FRANQUIAS E A ARBITRAGEM: UM ESTUDO DE CASO NO CONFLITO DE COMPETÊNCIA Nº 179.987/SP SOB O PRISMA DA ANÁLISE ECONÔMICA DO DIREITO

Luciano Benetti Timm
Leonardo Maciel Benedete

Introdução

Uma vez que se considere os indivíduos racionais, mesmo que limitadamente, temos que admitir que as escolhas são feitas no intuito de maximizar a utilidade pretendida pelo tomador da decisão.

Transportando o espectro de análise para o direito contratual, é preciso reconhecer que a estrutura da relação jurídica e a eleição da jurisdição responsável por dirimir os conflitos decorrentes de determinada relação não são escolhas aleatórias, são feitas visando um *output* específico.

Nesse sentido é que, nas últimas décadas, vimos a arbitragem ascender como um poderoso mecanismo alternativo de resolução jurisdicional de conflitos, amplamente utilizado no Brasil, especialmente em contratos empresariais.

De forma mais recente, estamos assistindo a ascensão de diferentes formas de organização das relações entre prestadores e/ou fornecedores. Não mais presos na dicotomia relação de emprego *versus* empreendedorismo individual, vimos surgirem alternativas que parecem ser mais eficientes, como são os casos das associações, intermediações por plataformas digitais, terceirizações e, com ainda mais destaque, o modelo de franquias.

A franquia permite o empreendedorismo com menores custos de transação, especialmente assimetria informacional acerca da qualidade, o que reduz o risco e a exposição do empreendedor franqueado. Em contrapartida, a Franqueadora precisará exercer algum controle sobre a prestação de serviços ou fornecimento de bens pelo franqueado, para garantir a entrega ao mercado do nível de qualidade esperado daquela franquia – só assim é que o modelo mantém a sua lógica econômica.

Nesse contexto, dentro da modelagem do empreendedorismo via franquia, há uma série de decisões que, como dissemos, são tomadas no intuito de maximizar a utilidade do contrato. É o caso da escolha da forma de jurisdição para a resolução de eventuais disputas, decisão essa que, por vezes, é exatamente o que vai viabilizar (ou inviabilizar) o negócio.

Em razão disso, nos preocupa a posição do Superior Tribunal de Justiça brasileiro, firmada no âmbito do Conflito de Competência nº 179.987/SP, no qual se discute a prevalência da arbitragem ou da justiça do trabalho para conhecer de litígio entre franqueadora e franqueado, quando, na existência de cláusula compromissória no contrato de franquia, há a propositura de reclamação trabalhista pelo franqueado, em detrimento do método originariamente eleito e de procedimento arbitral devidamente inaugurado.

Para tanto, serão feitas breves notas sobre o contrato de franquia e dados do judiciário, além de comentários jurídico-econômicos à decisão de suspensão de procedimento arbitral, em razão de prejudicialidade externa, para a apreciação, pela Justiça do Trabalho, da existência ou não de vínculo, firmada pelo STJ no caso referido.

1. Breves notas sobre a relação de franquia

De acordo com o art. 1º da Lei 13.966/19, franquia é um sistema através do qual um franqueador autoriza um franqueado a usar marcas e outros objetos de propriedade intelectual, para fins de produção ou distribuição de produtos ou serviços, de forma exclusiva ou não exclusiva, mediante remuneração direta ou indireta, "sem caracterizar relação de consumo ou vínculo empregatício em relação ao franqueado ou a seus empregados".

Em que pese a doutrina apresente diferentes conceitos para este modelo[1], uma vez que o contrato é uma roupagem jurídica para uma

[1] LOBO, J. **Contrato de "Franchising"**. Editora Forense, Rio de Janeiro, 1997, p. 26; REDECKER, A. C. **Franquia Empresarial**. Memória Jurídica Editora, São Paulo, 2002, p. 58; SIMÃO FILHO, A. **Franchising – Aspectos Jurídicos e Contratuais**, 2ª ed. Editora Atlas, São Paulo, 1997; TIMM, L. B. **O novo Direito Civil**. Editora livraria do advogado, Porto Alegre, 2008.

operação econômica[2], pretendemos analisar qual é o racional econômico por trás da formatação do sistema de franquia.

Em sua obra "*The Nature of the Firm*", Ronald Coase explica que a "firma" tende a aumentar sua utilidade pela diferença entre receitas e custos[3], assim, escolhas eficientes seriam aquelas que em que as receitas são maiores e os custos de produção (custos no sentido comum do termo), de transação (custos "indiretos", aqueles relacionados aos fatores de dificuldade para a ocorrência de uma transação, como a obtenção de informação) e de oportunidade (custos de não alocar determinados recursos em uma opção alternativa, é aquilo que se "deixa na mesa") menores[4-5].

Nesse contexto, o sistema de franquia, visa aperfeiçoar o tradicional "modelo de mercado", permitindo uma forma de empreender através de modelos já testados e aprovados de marca, produtos e serviços, com menor assimetria informacional[6] entre o consumidor final e o vendedor.

Em mercados com elevados custos de transação, o Contrato de Franquia reduz a assimetria informacional entre os consumidores e os fornecedores e permite que operações ocorram com mais frequência e segurança, em razão da confiança na qualidade e na reputação associada à marca franqueada.

O consumidor sabe que pode confiar na qualidade do produto, no serviço e na marca, independentemente de conhecer ou não o empresário por trás de uma franquia, o que facilita as transações e maximiza o bem-estar através da redução dos custos de transação – custos não derivados da oferta e da procura, e sim vinculados à operacionalização da transação, como obtenção de informação, salvaguardas contratuais e execução compulsória.[7-8]

[2] ROPPO, Enzo. O Contrato. Coimbra: Almedina, 1988.

[3] COASE, R. H. The nature of the firm. **Economic**, n. 4, p. 386-405, 1937.

[4] *Ibidem.*

[5] COASE, Ronald H. The problem of social cost. **The Journal of Law and Economics**. v. 3, p. 1-44, out. 1960.

[6] AKERLOF, George A. The Market for "Lemons": Quality Uncertainty and the Market Mechanism. **The Quarterly Journal of Economics**, v. 84, n. 3, Agosto, 1970, pp. 488-500. Disponível em: < https://doi.org/10.2307/1879431 >. Acessado em 27.05.2023.

[7] COASE, R. H. The nature... cit.

[8] COASE, Ronald H. The problem... cit.

Ou seja, através do investimento em Franquia, o empresário reduz o risco, o custo e a incerteza envolvidas no seu investimento, uma vez que atua sob uma marca e com produtos (i) já conhecidos no mercado; (ii) que já possuem determinada reputação; (iii) adquire, em conjunto com a possibilidade de comercializar os produtos, o *know-how* da marca; e (iv) beneficia-se da reduzida assimetria informacional entre o mercado e o seu empreendimento, atuando com baixas barreiras à entrada.

O franqueador também se beneficia, na medida em que expande investindo não o capital financeiro, e sim outros elementos de sua marca e aumenta a sua notoriedade e a reputação, o que retroalimenta o valor do seu *know-how* e demais elementos tipicamente transferidos aos franqueados quando dos contratos de franquia.

O *franchising* brasileiro parece ser um sucesso, conforme dados da Associação Brasileira de *Franchising*, o faturamento do seguimento acima dos 200 bilhões de reais e crescimento acentuado: 14% apenas em 2022.[9]

Ocorre que, conforme bem destaca Araújo, o contrato de franquia é simbiótico e se, por um lado, o franqueado recebe do franqueador o *know-how* e a utilização de marca, por outro, aquele remunera e se submete à supervisão deste.[10]

Ainda à luz de Araújo, a supervisão do franqueador se destina a evitar problemas como os do "caroneiro", seja quando um fraqueado, sem empregar os esforços, se beneficia dos outputs de outros franqueados que fazem com que a marca da franquia ganhe reputação positiva no mercado, seja dos franqueados de uma forma geral sobre a marca, de forma que essa relação tem muito a ganhar à nível de governança com técnicas de *self-enforcement*, como "quando exista a possibilidade de o <<*franchisor*>> por termo à relação caso não estejam alcançadas certas metas contratuais."[11].

Para que o modelo de franquias funcione, faz-se necessário que exista essa supervisão, um controle de qualidade e a ameaça crível do não contrato, ou se verificará "a multiplicação de abusos oportunistas em

[9] ASSOCIAÇÃO BRASILEIRA DE FRANCHISING. **Mercado de franquias brasileiro supera os R$211 bi e cresce 14,3% em 2022**. 07.03.2023. Disponível em: < https://www.abf.com.br/mercado-de-franquias-brasileiro-supera-os-211-bi-e-cresce-143-em-2022/ >. Acessado em 31.03.2023.

[10] ARAÚJO, Fernando. **Teoria Económica do Contrato**. Lisboa: Almedina, 2007, pp- 998-1008.

[11] *Ibd.*, p. 1006.

detrimento do valor total da cadeia", uma vez que "o maior valor" da franquia é a redução dos custos de transação (de busca e experimentação) dos consumidores ao oferecer para o mercado produto e serviços homogêneos.

Somente com essa ótica é que se compreende "o dano que pode ser causado por um <<*franchisee*>> que unilateralmente resolve fornecer um produto com qualidade, seja inferior, seja mesmo superior, a esse padrão", o que afeta a "homogeneidade" e desregula as "expectativas dos consumidores".

Em razão disso, o contrato de franquia tem um nível de proximidade e de supervisão da atuação do empreendedor franqueado maior do que existe em relações independentes talvez por isso verificamos algumas relações que mal compreendem o modelo, enxergando nessas características uma relação de outra natureza ou aflorando a "intenção paternalista de proteção de uma das partes no contrato", que deve ser freada, haja vista a necessidade de se combater o comportamento oportunista – de boleia ou carona, por exemplo – através dos mecanismos de governança contratual.[12]

Por fim, irretocável a colocação de Araújo:

> "Em suma, o principal erro nesta matéria seria, não o de deixar livre curso a esses arranjos contratuais aparentemente injustos, mas sim confiarmos demasiado na supervisão paternalista para abarcar todos os interesses e captar todas as <<nuances>> que podem insinuar-se no equilíbrio contratual num âmbito <<relacional>>, abrindo oportunidades para a ineficiência."[13]

Ou seja, no modelo de franchising, é imprescindível que, para os contratantes, seja racional e crível a conduta de cumprimento do contrato, do contrário, haverá comportamentos oportunistas de carona que levarão ao colapso do modelo.

Nesse sentido, o mecanismo de resolução de disputas eleito nos contratos de franquia ganha um grande destaque e, em se tratando de mecanismos jurisdicionais, no Brasil, possuímos apenas dois: o Poder Judiciário, estatal, e a arbitragem, privada.

Analisemos o primeiro, para verificar se há sinergia com o modelo de franchising.

[12] *Ibd.*, p. 1010.

[13] *Ibd*

2. Dados do poder judiciário

Apesar dos aspectos sistemáticos destacados acima, muitas são as vozes que criticam "o Judiciário", uma vez que há uma certa pluralidade de decisões, que geral incerteza da resposta judicial e fomentam o ajuizamento de novas ações, agravando a *tragédia da Justiça*.[14]-[15]

Diz-se haver incentivos estruturais para o demandismo brasileiro, uma vez que não é por acaso que o Brasil possui mais de 77,3 milhões de processos ativos em tramitação[16] que levam, em média, 4 anos e 7 meses para sair do acervo da justiça,[17] apesar dos mais de 100 bilhões de reais gastos por ano com a estrutura judicial brasileira.[18]

Dentre os principais incentivos estruturais à litigância, costuma-se citar: (i) decisões que desrespeitam precedentes; (ii) pulverização do custo do processo; (iii) o baixo custo recursal; (iv) embargos de Declaração; (v) baixa aplicação de sanções processuais; (vi) morosidade; (vii) imprevisibilidade da decisão judicial; (viii) baixa especificidade das decisões; (ix) concessão indiscriminada de liminares; e (x) concessão indiscriminada de assistência judiciária gratuita.[19-20-21-22]

[14] GICO JÚNIOR, Ivo Teixeira. A tragédia do Judiciário. **Revista de Direito Administrativo**, Rio de Janeiro, v. 267, p. 163-198, set./dez. 2014, pp. 163-168.

[15] TIMM, Luciano Benetti; NEUBARTH TRINDADE, Manoel Gustavo; MACHADO, Rafael Bicca; BENEDETE, Leonardo Maciel. O **Problema da Morosidade e do Congestionamento Judicial no Âmbito do Processo Civil Brasileiro: Uma Abordagem de *Law and Economics*.** Direito, processo e análise econômica, Grupo de Estudos Avançados de Processo e Análise Econômica (GEAPAE) (org.). São Paulo: Fundação Arcadas, 2022.

[16] BRASIL. **Conselho Nacional de Justiça**. Relatório Justiça em Números 2022, p. 104. Disponível em: < https://www.cnj.jus.br/wp-content/uploads/2022/09/justica-em-numeros-2022-1.pdf >. Acessado em 31.03.2023.

[17] *Ibdem*, p. 213.

[18] *Ibdem*, p. 81.

[19] WOLKART, Erik Navarro. **Análise econômica do processo civil**: como a economia, o direito e a psicologia podem vencer a tragédia da justiça. São Paulo: Thomson Reuters Brasil, 2019, pp. 649-697.

[20] GICO JÚNIOR, Ivo Teixeira. A tragédia... cit.

[21] MACHADO, Rafael Bicca; DIAS, Jean Carlos. Análise Econômica do Processo. *In:* **Direito e Economia no Brasil: estudos sobre a análise econômica do direit**o. Luciano Benetti Timm (Org.). 4ª Ed. Indaiatuba: Editora Foco, 2021.

[22] A Justiça Estadual arrecada 63% do seu custo com custas e emolumentos, ou seja, o custo é parcialmente socializado, o que incentiva a litigância. BRASIL. **Conselho Nacional de Justiça**. *Op. Cit.*, p. 79.

Por tais razões, é comum falar em "superlotação" e "tragédia" do judiciário – referência ao conceito econômico de "tragédia dos comuns", quando a utilização de um bem público rival de forma irrestrita pelos usuários leva ao perecimento do bem.[23]-[24]-[25]

Uma solução apontada por alguns é o *opt out* ao Poder Judiciário e o uso da arbitragem, uma vez que imputa custos menores associados à incerteza e à morosidade da resolução da controvérsia às partes – todavia, caso o Judiciário siga o entendimento *contra legem* que está sinalizando o STJ, tal solução pode ser colocada em xeque, conforme verificaremos adiante.

É por isso que se entende que o método de resolução de disputas faz parte da equação econômica que justifica a contratação e, caso não respeitados os termos contratados, aumenta-se tanto o custo do negócio, especialmente dos negócios futuros que terão que precificar o comportamento fora do contrato, como o custo dos produtos comercializados ao consumidor final.

Isso posto, passa-se a analisar os aspectos econômicos da escolha do método de resolução de controvérsias e suas nuances econômicas.

3. Arbitragem nos contratos de franquia e o CC nº 179.987/SP

Sabe-se que o agente econômico (limitadamente) racional busca reduzir seus custos, tendendo a preferir um método de resolução de conflitos que atinja tal objetivo de forma eficiente. É justamente almejando tal propósito que as partes, muitas vezes, optam por submeterem-se à arbitragem.

Nesse sentido, a razão maior de sua eleição parece ser o fato de ele ter o condão de reduzir tanto os custos de transação como os custos de oportunidade relacionados à resolução de disputas – quando comparado ao Judiciário.

A segunda, é que a arbitragem pode favorecer a formação de um sistema de incentivos mais adequado para o cumprimento das obrigações entre as partes, de forma a maximizar os ganhos na relação entre elas, melhorando, assim, o ambiente de negócios no país.

[23] HARDIN, Garret. The Tragedy of the Commons. **Science**. Vol. 162, dezembro, 1968.

[24] ARAÚJO, Fernando. Op. cit.

[25] GICO JÚNIOR, Ivo Teixeira. A natureza econômica do Direito e dos Tribunais. **Análise econômica do direito**: temas contemporâneos. YEUNG, Luciana (org.). São Paulo: Actual, 2020, p.193 e ss.

Assim, a arbitragem é uma legítima estratégia empresarial que compõe licitamente, desde que que válida nos termos da lei, o modelo de negócio.[26]-[27]

A expectativa de que os contratos sejam interpretados por especialistas, em tempo médio significativamente inferior ao processo judicial, sem possibilidade de intermináveis recursos e em segredo de justiça, ou seja, sem outputs de mercado para os casos individuais, diminui os custos das partes relativos à negociação de contratos.[28]

Conforme Aaken e Broude, um conhecedor especialista pode tomar uma decisão mais rapidamente e com menos transferência de informações, e, portanto, com menos custos incorridos pelos litigantes, mas, para além disso, a diminuição dos custos de transação em razão da eleição de especialista/profissional mais afeto à matéria gera legítima expectativa de menor enviesamento da decisão. [29]

Esse tema é particularmente sensível nas relações em que uma justiça especializada, como a Justiça do Trabalho, possa favorecer uma das partes, em razão de um enviesamento da jurisdição.

Nesse sentido, ganha-se previsibilidade com a eleição da arbitragem, uma vez que os dados demonstram que os juízes brasileiros são mais afetos a buscar "justiça social", em detrimento da "segurança jurídica", sendo a grande maioria deles de opinião que "a busca da justiça social justifica decisões que violem os contratos.", implicando em um dirigismo contratual que imputa custos não previsto aos negócios jurídicos.[30]

[26] NEVES, Flavia Bittar. A Visão Empresarial da Arbitragem: Como a Administração de Conflitos pode Melhorar os Resultados Econômicos e Não-Econômicos do Negócio? **Revista brasileira de Arbitragem**, nº 9, Editora IOB, São Paulo 2006, p. 31.

[27] TIMM, Luciano Benetti, DIAS, Lucas de Souza. Arbitragem nos Contratos de Franquia, **Revista Brasileira de Arbitragem**, n. 6, v. 21, 2009, pp. 35-60, https://kluwerlawonline.com/journalarticle/Revista+Brasileira+de+Arbitragem/6.21/RBA2009002

[28] PUGLIESE, A. C. F e SALAMA, B. M. **A Economia da arbitragem**: Escolha racional e geração de valor, 2008, p. 08. Disponível em: < www.works.bepress.com.br >. Acessado em 27.05.2023.

[29] AAKEN, Anne van; BROUDE, Tomer. Arbitration from a Law & Economics Perspective. Draft for **The Oxford Handbook of International Arbitration**, Thomas Schultz & Federico Ortino (eds.), Oxford University Press, p. 7.

[30] PINHEIRO, Armando Castelar; SADDI, Jairo. **Direito, economia e mercados**. Rio de janeiro; Elsevier, São Paulo, 2005, p. 03.

Ademais, a morosidade e o sigilo têm especial papel quando pensamos em franquias, uma vez que, para uma rede de franquias, estabelecida através de diversos contratos relacionais, é fundamental tanto que haja uma previsibilidade de comportamento entre as partes, o que não é compatível com longas disputas judiciais, que podem vir a inviabilizar o negócio em razão dos incentivos que o caso emite para a rede de franqueados, como faz-se necessária a não exposição do *know-how* da Franqueadora.

Se, por um lado, um processo judicial leva mais de cinco anos, segundo apontam os dados colhidos pela Câmara de Comércio Brasil-Canadá, o tempo médio dos procedimentos arbitrais é de 1 ano e 4 meses (ano base 2021).[31] Além disso, o sigilo no processo arbitral, uma vez que não expõe o *know how* da franqueadora[32], de forma que a eleição da arbitragem como método de resolução de disputas parece conversar com as necessidades de um negócio formatado através do modelo de franquias.

Agora, nos voltemos ao conflito positivo de competência nº 184.495/SP, que se deu em litígio envolvendo Franqueadora e Franqueado, sendo que este ajuizou reclamatória trabalhista em face daquela e aquela, com base em Contrato de Franquia com cláusula compromissória, inaugurou procedimento arbitral.

Tendo ambas as jurisdições se entendido por competentes para conhecer do litígio, a Franqueadora ajuizou conflito de competência, perante o Superior Tribunal de Justiça.

Diante do conflito, conforme voto vencedor, lavrado pelo Min. Rel. Ricardo Villas Bôas Cueva, a Segunda Seção da Corte Superior entendeu que, diante da superveniência da cláusula compromissória, inserida no curso da relação e em avença que, formalmente, não se apresentou "como um contrato individual de trabalho", há um "vínculo de prejudicialidade", de forma que, até que a Justiça do Trabalho determine a existência ou não de vínculo empregatício, era devida a suspensão do procedimento arbitral.

[31] CÂMARA DE COMÉRCIO BRASIL-CANADÁ. **Fatos e números**. Disponível em: <https://ccbc.org.br/cam-ccbc-centro-arbitragem-mediacao/wp-content/uploads/sites/10/2022/07/2021-2020-fatos-e-numeros-2.pdf> Acesso em 14.11.2022.

[32] TIMM, Luciano Benetti; JOBIM, Eduardo. A Arbitragem, os Contratos Empresariais e a Interpretação Econômica do Direito. **Direito & Justiça**, Porto Alegre, vol. 33, nº. 1, p. 80-97, junho, 2007, p. 80-97.

Ainda, segundo voto da Min. Nancy Andrighi, que acompanhou o Min. Relator, a continuidade da tramitação do procedimento arbitral dependerá "da declaração de inexistência de relação de emprego", ou seja, a própria Justiça do Trabalho, ao decidir acerca da (in)existência de vínculo trabalhista, decidirá também a validade do contrato de franquia, da cláusula compromissória e a competência para a apreciação do litígio.

Todavia, destaca-se que (i) as relações individuais de trabalho são indiscutivelmente arbitráveis (art. 507-A da CLT), de forma que, mesmo que se tratasse de uma relação de trabalho, a cláusula compromissória seria válida, mesmo se inserida no curso da relação e, nesse caso, abrangeria até mesmo o período anterior à ela ou à reforma trabalhista, que inseriu o art. 507-A na CLT[33]; (ii) mesmo que o contrato de franquia seja nulo, tal nulidade não implica a nulidade da cláusula compromissória (art. 8º, caput, LArb), cabendo ao árbitro reconhecer eventual vínculo empregatício; (iii) mesmo que se tratasse de relação de trabalho, e o contrato de franquia e a própria cláusula compromissória fossem nulos, é o árbitro o agente competente para decidir sobre eventual nulidade da convenção de arbitragem (art. 8º, p. único, LArb); e (iv) a natureza jurídica das relações pode ser alterada no tempo e uma relação de trabalho pode ser tornar de franquia, sem que haja unicidade contratual.

Ainda, a decisão contrariou entendimentos anteriores, proferidos de forma monocrática por Ministros da Corte Superior, nos Conflitos de Competência nº 184.761/SP e 187.685/SP, as próprias disposições do art. 8º, *caput* e p. único da LArb, 507-A, CLT, art. 1º e ss. da Lei de Franquias e precedentes vinculantes do Supremo Tribunal Federal, em especial a ADPF 342, as ADC's 48 e 66, as ADI's 3.961 e 5.625 e o tema 725/STF, que orbitam em torno da temática da licitude de outras formas de organização da produção e veiculação de bens e serviços que não via relação de trabalho.

Não bastasse isso, a decisão cria incentivos à litigância oportunista e quebra a lógica econômica do modelo de franquias, à qual o método de resolução de disputas é tão caro, vez que a arbitragem e suas especificidades modulam o comportamento das partes no curso da execução do contrato de franquia, coibindo comportamentos oportunistas.

[33] MALLET, Estêvão. Arbitragem em litígios trabalhistas individuais. **Revista Jurídica Luso-brasileira**, n. 6, 2018, pp. 847-901.

Todavia, uma decisão que determine a suspensão de eventual procedimento arbitral enquanto discute-se, por anos, no Poder Judiciário, questões pretéritas de aferição da natureza jurídica e da validade da cláusula compromissória não só acaba com essa lógica, como fragiliza significativamente as vantagens da eleição da arbitragem – e, portanto, coloca em risco a utilização.

Não por outro motivo, a LArb prevê o princípio da competência-competência e da independência da cláusula compromissória, uma vez que, não fosse esse o caso, basta que toda e qualquer parte que objetive escapar ao contrato ou imputar custo extra à contraparte para forçar acordos e mitigar os efeitos do inadimplemento contratual alegue a existência de questão prejudicial a ser conhecida por outra jurisdição.[34]

Uma abordagem de teoria dos jogos contribui para a elucidação do tema.

4. Liminares, teoria dos jogos e incentivos decorrentes da decisão do STJ

A teoria dos jogos trata de situações que envolvem uma interação estratégica, entendida como uma situação na qual o resultado esperado do comportamento de um indivíduo depende de como os outros indivíduos irão agir, de forma a identificar, a partir de cada um dos resultados possíveis, qual é a solução para o problema decisional existente, ou seja, qual é a "estratégia dominante".[35]

No processo, os jogadores já se encontram em um ambiente cujas regras do jogo incentivam o ajuizamento de ações e a manutenção da litigância pelo maior tempo possível, assim, no jogo processual brasileiro, o indivíduo tem o incentivo de ajuizar ação e não cooperar ou seguir voluntariamente os termos contratados, para internalizar os benefícios da incerteza da resposta judicial e externalizar para toda a coletividade os prejuízos decorrentes desse movimento.[36]

[34] CARMONA, C. A. **Arbitragem e Processo**: um comentário à Lei nº 9.307/96, 2ª Edição, Editora Atlas, São Paulo, 2004, p. 160.

[35] BAIRD, Douglas G.; GERTNER, Robert H.; PICKER, Randal C. **Game Theory and the Law.** Boston: Harvad University Press, 1998.

[36] WOLKART, Erik Navarro. *Op. cit.*, pp. 661-664.

Ocorre que a decisão do Superior Tribunal de Justiça agrava esse cenário e fomenta o ajuizamento de reclamatórias trabalhistas contra qualquer contrato de franquia, independentemente da original pactuação de arbitral.

Diante da decisão que entende pela suspensão do procedimento arbitral, mesmo na existência de cláusula compromissória, para, antes, a Justiça do Trabalho apreciar a existência de vínculo empregatício, entre respeitar o contrato e inaugurar ou litigar em um procedimento arbitral e ajuizar uma reclamatória trabalhista, a estratégia dominante do Franqueado oportunista sempre será o ajuizamento da ação trabalhista com pedido de suspensão de procedimento arbitral ou expedição de ordem de dever de abstenção da Franqueadora, em detrimento da eleição de arbitragem. Veja-se a matriz abaixo:

Decisão do Franqueado em propor Reclamatória Trabalhista

	Franqueado litiga em Procedimento Arbitral	Franqueado ajuíza RT suspendendo P.A.
Franqueadora inaugura em Procedimento Arbitral	+100% +100%	100% – custo de suspensão 100% + benefício da suspensão
Franqueadora não inaugura P.A.	+100% +100%	-100% +100%

Fonte: elaboração própria.

Caso o Franqueado inaugure um procedimento arbitral, ou litigue no referido procedimento inaugurado pela Franqueadora, aquele fruirá, no limite, de 100% do que tiver direito, ou seja, caso opte por cumprir o contrato com cláusula compromissória, no melhor cenário, terá benefício de 100%.

Agora, caso possa ajuizar reclamatória trabalhista, obtendo suspensão do procedimento arbitral – ou seja, caso o entendimento do STJ seja firmado no sentido de há prejudicialidade da existência de vínculo que implica em necessidade de suspensão do procedimento arbitral –, o franqueado não só colherá os benefícios do direito que eventualmente possuir, como também se beneficiará da própria suspensão/abstenção do procedimento arbitral, vez que imputará custos não previstos no contrato à contraparte.

Trata-se de um jogo clássico não cooperativo, haja vista que o Franqueado tende a ter como estratégia dominante o ajuizamento de uma reclamatória trabalhista para imputar o custo da suspensão à franqueadora e fruir do benefício de tal medida. Assim, tal litigante oportunista conseguirá resultados melhores do que se cumprisse o contrato e respeitasse a arbitrabilidade do litígio, independentemente de quaisquer outras variáveis, como probabilidade de êxito, razão para a suspensão, natureza do contrato e afins.[37-38]

Isso não só gera um desperdício de recursos, como incentivo a celebração de acordos para minimizar os riscos e os custos da litigância oportunista, premiando o comportamento oportunista, em detrimento da sobrecarga do sistema de franquias e do sistema judiciário – ou seja, guiando ambos os sistemas para um cenário de tragédia.

Há que se salientar que o franqueado no caso do Conflito mencionado possui graduação em Administração de Empresas, pós-graduação em Gestão de Pessoas e faturou uma média de R$ 87.000,00 por mês em sua franquia, o que deixa reforça a falta de afinidade do caso com os casos clássicos da Justiça do Trabalho.

Ainda, a violação da convenção de arbitragem pactuada entre as partes e implica na quebra da lógica econômica do negócio originalmente desenhado, ameaçando não apenas a cadeia de franquias da suscitante do conflito, mas todo o sistema de franquias brasileiro[39], todos os utilizadores da arbitragem como método de resolução de controvérsias e, no limite, todos os consumidores (mesmo os potenciais) de seguros.

Isso é mais relevante ainda quando consideramos que apenas 15% da população brasileira conta com seguro de vida – em comparação, nos EUA, a porcentagem é de 70%, no Japão, 90% – de forma que impactar

[37] BAIRD, Douglas G.; GERTNER, Robert H.; PICKER, Randal C. Op. cit.

[38] NASH, John. Non-Cooperative Games. **The Annals of Mathematics**, Second Series, v. 54, n. 2, set., 1951, pp. 286-295.

[39] Sobre instituições e incentivos, ver: NORTH, Douglass C. Institutions. **Journal of Economic Perspectives**. v. 5. n. 1. Inverno de 1991, pp. 97-112.

negativamente o mercado de seguros, que já é subdesenvolvido no Brasil, através do incentivo de descumprimento do modelo e do método de resolução de disputas contratados, que compõem a equação do modelo de negócios da parte, significa desproteger ainda mais uma população fragilmente segurada.

Inclusive, foi justamente este o argumento acolhido pelo STJ em Conflito de Competência análogo (mesmas partes e mesma matéria), qual seja o CC nº 188.698/SP, no qual, em decisão monocrática proferida pelo Min. Luis Felipe Salomão, consignou-se que afastar a jurisdição arbitral pela mera existência reclamação trabalhista é incentivar o ajuizamento de reclamações trabalhista com essa finalidade (de afastar a competência do Juízo Arbitral), o que seria uma "solução inadmissível" e um "resultado absurdo".

É exatamente essa estrutura de incentivos que havia sido combatida pela Corte Cidadã em momento anterior, que restou validada no CC nº 179.987, de forma que espera-se que a decisão seja revista pelo Supremo Tribunal Federal, vez que ainda resta pendente julgamento de RE da referida decisão da Corte Superior, que é dever dos decisores brasileiros observarem as consequências das decisões ao afastarem normas contratuais, conforme art. 21, LINDB – o que não foi observado no âmbito da decisão do STJ – e, especialmente, porque a decisão viola uma série de precedentes do STF relacionados à licitude do modelo e à competência da jurisdição comum em detrimento da trabalhista para conhecer de contrato originaria e licitamente celebrado com uma natureza cível.

Tanto é assim que temos visto uma série de cassações pelo STF a decisões ativistas da Justiça do Trabalho, *vg.* RCL 57.954/RJ, RCL 58.333/SP e RCL 59795, o que também deve ocorrer, em nível de reforma, com a decisão do Conflito de Competência que analisamos não seja diferente.

Conclusões

O contrato de franquia é um sistema recente de empreendedorismo que teve rápida ascensão por reduzir os custos de transação envolvidos na atividade empresarial e permitir que as empresas já estabelecidas repassem e circulem, por contratos, suas reputações, *know-how* e marcas.

Como o contrato de franquia depende de uma gestão da relação mais próxima e eficiente do que as gestões necessárias quando de uma relação contratual *spot* e/ou autônoma entre empresas, a eleição do mecanismo de resolução de controvérsias tem especial relevância e, dados as peculiaridades do Poder Judiciário e da arbitragem, essa se mostra, em tese, o mecanismo mais adequado para alinhar os interesses em jogo.

Recentemente, o STJ alterou a fragilizou a lógica econômica dessa escolha ao entender por existir prejudicialidade externa que impede o conhecimento de disputa entre franqueador versus franqueado, com cláusula não originária, pelo árbitro, em havendo discussão acerca da existência ou não de vínculo de emprego em reclamação trabalhista, devendo, portanto, o procedimento arbitral ou o direito de inaugurar procedimento arbitral ficar suspenso até que se defina a questão do vínculo.

A decisão coloca em xeque as vantagens da eleição da arbitragem e fragiliza os sistemas de franquias e seguros brasileiros, gerando incentivos ao demandismo trabalhista, descumprimento dos contratos e *spill over efects* aos consumidores, consequências estas indesejadas e que devem ser afastadas pelo STF, tanto em razão da LINB, como pelo fato de se tratar de decisão contra legem e que viola diversos precedentes vinculantes e posicionamentos recentes da Corte Suprema.

Referências

LOBO, J. **Contrato de "Franchising"**. Editora Forense, Rio de Janeiro, 1997.

REDECKER, A. C. **Franquia Empresarial**. Memória Jurídica Editora, São Paulo, 2002.

SIMÃO FILHO, A. **Franchising – Aspectos Jurídicos e Contratuais**, 2ª ed. Editora Atlas, São Paulo, 1997.

TIMM, L. B. **O novo Direito Civil**. Editora livraria do advogado, Porto Alegre, 2008.

ROPPO, Enzo. **O Contrato**. Coimbra: Almedina, 1988.

COASE, R. H. The nature of the firm. **Economic**, n. 4, p. 386-405, 1937.

COASE, Ronald H. The problem of social cost. **The Journal of Law and Economics**. v. 3, p.1-44, out. 1960.

AKERLOF, George A. The Market for "Lemons": Quality Uncertainty and the Market Mechanism. **The Quarterly Journal of Economics**, v. 84, n. 3, Agosto, 1970, pp. 488-500. Disponível em: < https://doi.org/10.2307/1879431 >. Acessado em 27.05.2023.

ASSOCIAÇÃO BRASILEIRA DE FRANCHISING. **Mercado de franquias brasileiro supera os R$211 bi e cresce 14,3% em 2022.** 07.03.2023. Disponível em: < https://www.abf.com.br/mercado-de-franquias-brasileiro-supera-os-211-bi-e-cresce-143-em-2022/ >. Acessado em 31.03.2023.

ARAÚJO, Fernando. **Teoria Económica do Contrato**. Lisboa: Almedina, 2007.

GICO JÚNIOR, Ivo Teixeira. A tragédia do Judiciário. **Revista de Direito Administrativo**, Rio de Janeiro, v. 267, p. 163-198, set./dez. 2014, pp. 163-168.

TIMM, Luciano Benetti; NEUBARTH TRINDADE, Manoel Gustavo; MACHADO, Rafael Bicca; BENEDETE, Leonardo Maciel. O Problema da Morosidade e do Congestionamento Judicial no Âmbito do Processo Civil Brasileiro: Uma Abordagem de Law and Economics. **Direito, processo e análise econômica**, Grupo de Estudos Avançados de Processo e Análise Econômica (GEAPAE) (org.). São Paulo: Fundação Arcadas, 2022.

BRASIL. Conselho Nacional de Justiça. **Relatório Justiça em Números** 2022. Disponível em: < https://www.cnj.jus.br/wp-content/uploads/2022/09/justica-em-numeros-2022-1.pdf >. Acessado em 31.03.2023.

MACHADO, Rafael Bicca; DIAS, Jean Carlos. Análise Econômica do Processo. In: **Direito e Economia no Brasil**: estudos sobre a análise econômica do direito. Luciano Benetti Timm (Org.). 4ª Ed. Indaiatuba: Editora Foco, 2021.

HARDIN, Garret. The Tragedy of the Commons. **Science**. Vol. 162, dezembro, 1968.

GICO JÚNIOR, Ivo Teixeira. A natureza econômica do Direito e dos Tribunais. **Análise econômica do direito**: temas contemporâneos. YEUNG, Luciana (org.). São Paulo: Actual, 2020.

NEVES, Flavia Bittar. A Visão Empresarial da Arbitragem: Como a Administração de Conflitos pode Melhorar os Resultados Econômicos e Não-Econômicos do Negócio? **Revista brasileira de Arbitragem**, nº 9, Editora IOB, São Paulo 2006.

TIMM, Luciano Benetti, DIAS, Lucas de Souza. Arbitragem nos Contratos de Franquia, **Revista Brasileira de Arbitragem**, n. 6, v. 21, 2009, pp. 35-60, https://kluwerlawonline.com/journalarticle/Revista+Brasileira+de+Arbitragem/6.21/RBA2009002

PUGLIESE, A. C. F e SALAMA, B. M. **A Economia da arbitragem**: Escolha racional e geração de valor, 2008, p. 08. Disponível em: < www.works.bepress.com.br >. Acessado em 27.05.2023.

AAKEN, Anne van; BROUDE, Tomer. Arbitration from a Law & Economics Perspective. Draft for **The Oxford Handbook of International Arbitration**, Thomas Schultz & Federico Ortino (eds.), Oxford University Press.

PINHEIRO, Armando Castelar; SADDI, Jairo. **Direito, economia e mercados**. Rio de janeiro; Elsevier, São Paulo, 2005.

CÂMARA DE COMÉRCIO BRASIL-CANADÁ. **Fatos e números**. Disponível em: <https://ccbc.org.br/cam-ccbc-centro-arbitragem-mediacao/wp-content/uploads/sites/10/2022/07/2021-2020-fatos-e-numeros-2.pdf> Acesso em 14.11.2022.

TIMM, Luciano Benetti; JOBIM, Eduardo. A Arbitragem, os Contratos Empresariais e a Interpretação Econômica do Direito. **Direito & Justiça**, Porto Alegre, vol. 33, nº. 1, p. 80-97, junho, 2007, p. 80-97.

MALLET, Estêvão. Arbitragem em litígios trabalhistas individuais. **Revista Jurídica Luso-brasileira**, n. 6, 2018, pp. 847-901.

CARMONA, C. A. **Arbitragem e Processo**: um comentário à Lei nº 9.307/96, 2ª Edição, Editora Atlas, São Paulo, 2004, p. 160.

BAIRD, Douglas G.; GERTNER, Robert H.; PICKER, Randal C. **Game Theory and the Law**. Boston: Harvad University Press, 1998.

WOLKART, Erik Navarro. **Análise econômica do processo civil**: como a economia, o direito e a psicologia podem vencer a tragédia da justiça. São Paulo: Thomson Reuters Brasil, 2019, pp. 661-664.

NASH, John. Non-Cooperative Games. **The Annals of Mathematics**, Second Series, v. 54, n. 2, set., 1951, pp. 286-295.

NORTH, Douglass C. Institutions. **Journal of Economic Perspectives**. v. 5. n. 1. Inverno de 1991, pp. 97-112.

6. CONTRATO *SUI GENERIS* DE ADMINISTRAÇÃO: AUSÊNCIA DE VINCULAÇÃO AUTOMÁTICA DO ADMINISTRADOR DE SOCIEDADE ANÔNIMA À CLÁUSULA COMPROMISSÓRIA ESTATUTÁRIA

Marcelo Barbosa Sacramone
Gabriel de Orleans e Bragança
Henrique de Oliveira Lima Braga

Introdução

Não existe arbitragem obrigatória no Brasil[1]. A Lei Brasileira de Arbitragem, seguindo o exemplo internacional[2], exige uma declaração de vontade expressa e livre de vícios para que seja derrogada a competência estatal de resolução de conflitos.

Ao declarar a constitucionalidade da Lei de Arbitragem, o Supremo Tribunal Federal[3] adotou como premissa essencial a imprescindibilidade do consentimento das partes para a sujeição de qualquer disputa ao juízo

[1] "A escolha de solução de controvérsias é sempre voluntária, ou facultativo, eis que não existe no Brasil a arbitragem obrigatória (abolida entre nós em 1866)" (CARMONA, Carlos Alberto. Arbitragem e Processo: um comentário à Lei nº 9.307/96. São Paulo: Atlas, 2009, p. 36.)

[2] *"The foundation of international commercial arbitration is the parties' agreement to arbitrate and their procedural autonomy. Equally important, parties agree to arbitrate with particular other parties, according to especified procedures – not to arbitrate with anybody, in any set of proceedings"* (BORN, Gary B. *International Commercial Arbitration.* The Hague: Kluwer Law International, 2014, p. 2072)

[3] STF, Tribunal Pleno, SE 5.206 AgR, Rel. Min Sepúlveda Pertence, j. 12.12.2001.

arbitral. Trata-se este consentimento de um dos princípios basilares da arbitragem brasileira.

O artigo 4º da Lei de Arbitragem é um importante parâmetro para entender a essencialidade da declaração de vontade para se submeter à arbitragem. Ao definir a cláusula compromissória, o dispositivo legal a caracteriza como a "convenção através da qual as partes em um contrato comprometem-se a submeter à arbitragem os litígios que possam vir a surgir".

Nesse sentido, a obrigatoriedade de um contrato prevendo a adoção da via arbitral é a concretização do preceito segundo o qual não existe arbitragem sem consentimento. Afinal, tratando-se de um contrato, é requisito de validade a declaração de vontade, aqui compreendida como a aquiescência com a jurisdição privada.

O consentimento das partes é pressuposto de existência do procedimento arbitral. É nulo o procedimento promovido à revelia da vontade expressa das partes[4-5], o que tem sido consagrada pelas Cortes Pátrias[6]

[4] "(...) A convenção arbitral, que produz efeitos contundentes, tem como contrapartida que demonstrar cabal, clara e inequívoca vontade dos contratantes de entregar a solução de litígio (atual ou futuro, não importa), à solução dos árbitros. O efeito severo de afastar a jurisdição do estado não pode ser deduzido, imaginado, instituído ou estendido. O consentimento dos interessados é essencial" (CARMONA, op. cit., p. 83).

[5] Veja-se o comentário de Renato Fernandes Coutinho:

"[V]imos que a convenção de arbitragem é o negócio jurídico por meio do qual as partes convencionam submeter a solução de litígios determinados ou determináveis à arbitragem, renunciando à jurisdição estatal. Nesse passo, o consentimento é elemento essencial da convenção de arbitragem e deve ser dado por todas as partes envolvidas, sob pena de nulidade da sentença arbitral, nos termos do art. 32, I e IV, da Lei de Arbitragem. Tamanha sua relevância, o consentimento é considerado um dos pilares da arbitragem, sendo classificada de truísmo a afirmação de que constituiu a base de qualquer procedimento arbitral. Há quem fale, assim, que a partir do momento em que o recurso a árbitros para solucionar um litígio seja imposto às partes, ou menos a uma delas, será impossível falar-se em arbitragem. A arbitragem pressupõe, sempre, o acordo de vontade das partes. Desse modo, é premissa fundamental de nosso estudo a de que não se pode, no Brasil, forçar uma parte a participar de uma arbitragem sem que tenha havido a respectiva manifestação de vontade, tampouco aceitar a participação de um terceiro à convenção de arbitragem sem o consentimento das efetivas partes." (COUTINHO, Renato Fernandes, *Convenção de Arbitragem: vinculação de não signatários*. 1. Ed. São Paulo: Almedina, 2020. p. 39/40)

[6] TJDFT, 1ª Turma Cível, Apel. n. 0029102-15.2011.8.07.0001, Rel. Des. Simone Lucindo, j. 14.8.2013; TJSP, 9ª Câmara de Direito Privado, AI n. 9035710-89.2004.8.26.0000, Rel. Des. Sergio Gomes, j. 2.3.2005.

muito em razão do direito fundamental previsto de submeter ao Poder Judiciário a apreciação de quaisquer litígios, previsto no art. 5º, inciso XXXV, da Constituição Federal.

É natural, assim, que a derrogação desta competência estatal em benefício da jurisdição privada exija extrema formalidade na tomada de decisão. Não se admite a instauração de um procedimento arbitral se houver dúvida com relação ao consentimento de algum dos envolvidos. Do contrário, será prolatada uma sentença arbitral nula[7-8], pois carente de pressuposto básico de existência.

Portanto, a Lei de Arbitragem, a decisão vinculante do Supremo Tribunal Federal, a vasta produção doutrinária e a jurisprudência não divergem quanto ao fato de que o consentimento das partes é pressuposto indispensável para a instauração de uma arbitragem, sendo inconstitucional obrigar alguém que não tenha aderido à cláusula compromissória a submeter suas disputas à jurisdição privada.

Essa conclusão, contudo, não impede que parcela da doutrina milite pela possibilidade de terceiros não expressamente vinculados à cláusula compromissória terem suas disputas dirimidas pela via arbitral – em determinados casos.

Uma das hipóteses mais controversas de vinculação de terceiros à cláusula compromissória será objeto deste artigo, no qual discorreremos sobre as causas que impedem a vinculação à arbitragem do administrador[9] que dirige uma sociedade anônima cujo estatuto social elege a arbitragem como meio de resolução de disputas, mas não manifesta expressamente esta vontade em documento apartado do estatuto social.

Para os que defendem a vinculação automática do administrador à cláusula compromissória estatutária, o principal argumento tem sido a necessidade de observância, pelo administrador, dos limites impostos pelo estatuto para o desempenho de suas funções. Isto é, defende-se que, como o administrador é obrigado por lei a respeitar, conhecer e implementar

[7] COUTINHO, op. cit., p. 39.

[8] "A jurisdição do árbitro está naturalmente limitada pela convenção arbitral (objetiva e subjetivamente), de forma que seria inadmissível e ineficaz a decisão do árbitro que envolvesse na arbitragem terceiro que não lhe outorgou jurisdição" (CARMONA, op. cit., p. 83)

[9] O estudo é focado na figura do administrador da sociedade anônima, excetuadas as disciplinas aplicáveis aos membros do conselho de administração e conselho fiscal.

o estatuto social, o aceite ao encargo o vincularia tacitamente à cláusula compromissória estatutária.

A discussão, contudo, deve ser encarada sob outro ponto de vista. Com efeito, não há dúvida de que o administrador é obrigado a respeitar e implementar o estatuto social. O que cabe questionar é se a esfera obrigacional personalíssima do administrador, na qual se inclui a opção por derrogar a jurisdição estatal, pode ser afetada pelo estatuto social – um contrato plurilateral que ele implementa e respeita, mas do qual não participa.

Neste artigo serão analisadas as naturezas dos vínculos havidos entre os acionistas e a companhia e entre esta e seus administradores, a fim de mensurar quais matérias podem – e quais não podem – ser reguladas pelo estatuto social, com enfoque na eleição da jurisdição privada para a resolução de controvérsias.

1. Vinculação do administrador à sociedade: contrato *sui generis* de administração

A sociedade é formada por contrato, que exige a manifestação consensual de todos os sócios e sobre eles produz efeitos. Ao celebrarem o contrato plurilateral de sociedade, os acionistas vinculam-se aos termos que aprovaram pela manifestação da própria autonomia de vontade.

Há muito se superou a corrente que defendia a natureza não contratual do ato de constituição da sociedade[10], sendo hoje aceita a teoria

[10] J. X. Carvalho de Mendonça defendia que "a sociedade commercial surge do contracto, mediante o qual duas ou mais pessoas se obrigam a prestar certa contribuição para um fundo, o capital social, destinado ao exercício do commercio, com a intenção de partilhar os lucros entre si." (*Tratado de direito comercial brazileiro*, v. III, L. II, São Paulo, Duprat & comp., 1914, p. 08).
Essa posição foi alvo de críticas porque os princípios da teoria geral do contrato não se aplicavam com facilidade ao ato constitutivo de sociedade. Dentre as principais razões para tanto, destaca-se a incapacidade de adequar, sob o aspecto formal, o contrato bilateral a uma sociedade com múltiplos sócios, todos que preenchem a condição de partes da relação encerrada pelo contrato de sociedade.
Sobre a inadequação da teoria do contrato bilateral para o contrato de sociedade, vide: SACRAMONE, Marcelo Barbosa; COSTA, José Eduardo da Costa. *Negócio jurídico associativo e o ato constitutivo de sociedade*. In.: Alexandre Guerra, Marcelo Benacchio (org.). Negócio Jurídico. 1. ed. São Paulo: Quartier Latin do Brasil, 2012, v. 1, p. 253; VALVERDE, T. M. *Sociedades por ações*, v.I, 3. ed. Rio de Janeiro: Forense, 1959, p. 190.

preconizada por Tullio Ascarelli segundo a qual o contrato de sociedade é de natureza plurilateral. A reciprocidade de direitos e obrigações entre todos os sócios demonstraria os interesses contrapostos das partes entre si, como os interesses da maioria de avaliação dos bens contribuídos, distribuição de maior montante de dividendos e garantia de maior participação social em detrimento das participações dos demais sócios.

As obrigações, por seu turno, seriam contraídas pelos sócios em razão da persecução da finalidade comum que os motivou a contratarem. A reciprocidade permite a cada sócio exigir dos demais a conduta necessária e esperada para a obtenção desta finalidade comum. Nas palavras de Ascarelli, "cada uma das partes obriga-se, de fato, para com todas as outras, e para com todas as outras adquire direitos; é natural, portanto, coordená-los, todos, em torno de um fim, de um escopo comum"[11].

O ato constitutivo de sociedade se amolda perfeitamente ao conceito de negócio jurídico plurilateral. Na sociedade, as diversas declarações dos sócios convergem para a formação de um consenso. São orientadas à autorregulamentação das relações das partes, ao estabelecimento de obrigações entre si e possuem alcances normativos reciprocamente dependentes.

Portanto, ao constituírem uma sociedade anônima por meio da celebração do estatuto social, os acionistas assumem obrigações e auferem direitos uns para com os outros e, ainda, para com a sociedade. As partes do contrato de sociedade são os sócios e a sociedade e as disposições deste contrato plurilateral associativo regulam as vontades manifestadas pelos seus participantes – *i.e.*, os sócios e a sociedade.

Inspirado pela autonomia da vontade, o direito empresarial autoriza os sócios a estabelecerem uma gama indefinida de direitos e obrigações, inclusive relativos à esfera personalíssima dos sócios.

É perfeitamente possível, portanto, que os acionistas participantes do contrato plurilateral de sociedade optem por ter as suas disputas dirimidas pela jurisdição privada (via arbitragem), e não pelo Poder Judiciário. O próprio contrato de sociedade pode prever a derrogação da jurisdição estatal – como, inclusive, autoriza o artigo 109, §3º, da Lei das S/A.

[11] ASCARELLI, Tullio, *O contrato plurilateral*. In.: Problemas das Sociedades Anônimas e Direito Comparado, Campinas, Bookseller, 2001, p. 3.941

Não há nenhuma exigência adicional para que as disputas envolvendo estes agentes sejam submetidas à arbitragem, pois eles expressamente concordaram com a cláusula quando subscreveram o contrato de sociedade. Se os sócios assumem obrigações e adquirem direitos quando celebram o contrato de sociedade, é natural que a opção pela jurisdição privada possa ser manifestada neste instrumento.

Outra, contudo, é a situação dos administradores. Estes não participam do estatuto social, mas apenas o implementam e obedecem. Suas esferas obrigacionais pessoais não são reguladas pelo estatuto social, que encerra a relação jurídica dos sócios entre si e destes para com a companhia.

Nos termos do art. 4º, §1º, da Lei de Arbitragem, "a cláusula compromissória deve ser estipulada por escrito, podendo estar inserta no próprio contrato ou em documento apartado que a ele se refira". Nos casos em que o estatuto social prevê de forma ampla a sujeição dos administradores à arbitragem, exige-se uma posterior manifestação de vontade do administrador porque este não é parte no contrato de sociedade[12]. O administrador não figura nesse contrato plurilateral como tal[13]. A cláusula compromissória contida no estatuto, justamente por isso, a ele não se estende automaticamente.

Os administradores, ao contrário dos sócios, não subscrevem o estatuto social da companhia que administram. A relação jurídica estabelecida com a sociedade é celebrada por contrato diverso. Com os administradores, celebra-se novo negócio jurídico, um contrato *sui generis* de administração, que em nada se confunde com o contrato de sociedade.

[12] Vide FICHTNER, José Antonio; MANNHEIMER, Sergio Nelson; MONTEIRO, André Luis. *Teoria Geral da Arbitragem*. Rio de Janeiro: Forense, 2019, p. 355. Na obra, os autores explicam que, desde a superveniência da Lei das Sociedades Anônimas, aboliu-se a antiga regra segundo a qual os membros do conselho de administração das companhias precisariam ser também seus acionistas – regra que jamais existiu para os diretores. Desde então, surgiu relevante controvérsia acerca da submissão destes agentes à cláusula compromissória contida no estatuto social das companhias, na medida em que, conforme adiantado, não existe vinculação contratual daqueles que não são partes na avença.

[13] Nesse sentido é o artigo 981 do Código Civil: "Art. 981. Celebram contrato de sociedade as pessoas que reciprocamente se obrigam a contribuir, com bens ou serviços, para o exercício de atividade econômica e a partilha, entre si, dos resultados". Como se vê, apenas aqueles que se obrigam a contribuir para a sociedade são partes no contrato de sociedade, pelo que os administradores, que apenas exercem um cargo na empresa, não se assemelham aos sócios – estes, partes integrantes do contrato de sociedade.

Muito se discutiu sobre o conceito de órgão e a natureza do vínculo entre companhia e administrador. Rodrigo R. Monteiro de Castro defende que a relação mantida entre a sociedade anônima e seus administradores não é de natureza contratual. Segundo o autor, "o administrador não é mandatário, mas, sim, órgão", pelo que "suas funções e atribuições resultam das normas previstas na LSA e no Estatuto Social, e não de contrato, como é o de trabalho, por exemplo"[14].

Essa posição, contudo, foi superada. Dentro da concepção geral da atividade administrativa como o conjunto de atribuições e poderes para a obtenção do interesse coletivo que motivou os sócios a contratarem a sociedade, podem ser identificados dois conjuntos de atos que permitem à organização dos diversos fatores de produção para tornar a atividade corporativa efetiva.

O primeiro deles são os atos de gestão e se caracterizam pela direção e organização dos recursos necessários ao desenvolvimento da atividade. O segundo identifica os atos de "presentação", que se caracterizam pelas manifestações das decisões da companhia a terceiros.

A presentação não se confunde com a representação. Na lição de Pontes de Miranda, "quando o órgão da pessoa jurídica pratica o ato, que há de entrar no mundo jurídico como ato da pessoa jurídica, não há representação, mas presentação. O ato do órgão não entra, no mundo jurídico, como ato da pessoa, que é órgão, ou das pessoas que compõem o órgão. Entra no mundo jurídico como ato da pessoa jurídica, porque o ato do órgão é ato seu"[15].

A presentação foi atribuída exclusivamente aos administradores. Ao estatuto e ao Conselho de Administração apenas cumpre disciplinar esse

[14] Lei das Sociedades Anônimas Comentada. Ana Frazão [et. al.] Coord: Fábio Ulhoa Coelho. Forense. Rio de Janeiro: 2021, p. 749/750.
O autor prossegue: "daí a sua classificação: 'estatutário' [...] o contrato serve para regular aspectos específicos que não têm origem em vínculo contratual – a contratualidade é decorrência, pois, da relação orgânica. Logo, a condição de administrador não é consequência do contrato – o qual é acessório, não essencial; decorre, pois, do pertencimento à composição orgânica social."

[15] PONTES DE MIRANDA, Francisco Cavalcanti. *Tratado de direito privado*, Tomo III, atualizado por Marcos Bernarndes de Mello e Marcos Ehrhardt Jr., São Paulo: Revista dos Tribunais, 2012, §308, p. 310.

poder ou mesmo restringi-lo a apenas um ou alguns administradores, conforme art. 144 da Lei das S/A[16].

Nesse sentido, cresceu em meio à doutrina especializada a noção de que a relação mantida entre o administrador e a sociedade é de natureza contratual, e não estatutária. E não foram poucas as tentativas de explicar o vínculo havido entre a sociedade e o administrador.

Já foram experimentadas as teorias do contrato de mandato[17], do contrato de trabalho[18] e do contrato de prestação de serviços[19] para se chegar, ao final, à corrente que entende haver um negócio jurídico de administração *sui generis* entre os administradores e a sociedade anônima[20].

Veja-se, nesse sentido, nossa definição do vínculo do administrador com a companhia:

> "[t]rata-se de negócio jurídico bilateral *sui generis* ou atípico, de forma solene e passível de rescisão *ad nutum*, em que se exigem a plena capacidade de

[16] SACRAMONE, Marcelo Barbosa. *Administradores de sociedades anônimas*. Tomo de Direito Comercial, Edição 1, Junho de 2018. Enciclopédia Jurídica da PUC/SP.

[17] "O Código Comercial Francês de 1807, em seu artigo 31, estabeleceu que a sociedade anônima era administrada por mandatários. Essa concepção do contrato de administração como um contrato de mandato, consagrada inicialmente pelo Código Napoleônico, foi recebida por diversas legislações que o sucederam (...)" (SACRAMONE, Marcelo Barbosa, *Administradores de Sociedades Anônimas: relação jurídica entre o administrador e a Sociedade*. São Paulo: Almedina, 2014, p. 127).

[18] "A crescente profissionalização do administrador de sociedade anônima, com a progressiva complexidade e especialidade de suas funções, a ascensão de empregados a postos diretivos e a contratação, pela sociedade, de profissionais da administração fizeram com que a corrente doutrinária sustentasse o vínculo entre a sociedade e o administrador com base num contrato de trabalho. A corrente é sustentada, no âmbito de uma teoria dúplice, por J. T. Guerreiro e E. L. Teixeira e O. Gomes, que pugnam pelo contrato de emprego a regular as relações internas entre a sociedade e o administrador" (SACRAMONE, op.cit. p. 131).

[19] "Por considerar a relação de trabalho inadequada para explicar a relação jurídica entre o administrador e a sociedade, P. F. Campos Salles de Toledo, ainda que apregoe uma teoria dúplice, sustentou que o liame jurídico entre a sociedade e o administrador transpareceria como o de um contrato de prestação de serviço" (SACRAMONE, op.cit. p. 135).

[20] "A teoria do contrato de administração, ou contrato suis generis, surgiu a partir da insuficiência das demais teorias contratuais a explicar a natureza da relação jurídica e foi construída sobre o pensamento de seus dois precursores, G. Fanelli e G. Minervini (...) No Brasil, a tese é sustentada por W. Bulgarelli, para quem o administrador seria contratado para a prestação de serviços que desempenharia como órgão da companhia (...)" (SACRAMONE, op.cit., p. 138).

exercício, requisitos específicos e a inexistência de impedimentos do contratado para a atribuição, mediante remuneração, de poderes de *presentação* e/ou gestão, indelegáveis e *intuitu personae*, para o exercício, autônomo e com a diligência de um administrador competente e consciencioso, de uma atividade destinada à obtenção do interesse social"[21]

O vínculo havido entre a companhia e seus administradores decorre de um contrato absolutamente diverso do estatuto social. São partes deste contrato *sui generis* de administração a sociedade e o administrador. É por meio dele que se constitui o vínculo jurídico entre estes agentes.

O estatuto social, por sua vez, é um instrumento de natureza híbrida[22]. Ao passo que instrumentaliza o pacto social – momento em que se revela um contrato plurilateral associativo –, também regula os direitos e deveres dos acionistas e delimita as funções dos órgãos sociais, o que denota o caráter normativo do estatuto[23].

Ocorre que, para cada agente que se relaciona com a sociedade anônima, o estatuto social assume significados particulares. Se, para os acionistas, o estatuto possui natureza híbrida (*contratual* quando constitui a sociedade e *regulatória* durante o curso da vida social), situação diversa se verifica para a relação mantida entre a sociedade e seus administradores.

[21] SACRAMONE, op. cit. p. 235.

[22] Não obstante, sabe-se que muito se debateu sobre a natureza jurídica do estatuto social. Antes do advento da Lei das S/A, Trajano de Miranda Valverde era assertivo no sentido de que o estatuto social em nada se relaciona com um contrato (v. Miranda Valverde, Sociedade por ações, v. 1, p. 241).
Para Carvalho de Mendonça, "o Estatuto Social é a carta que rege a sociedade anonyma e da qual não se póde esta afastar, em outros termos, as bases, clausulas e condições [que] formam a lei fundamental reguladora da actividade social". E completa: os estatutos "servem de lei convencional dos acionistas e representam garantia de terceiros, que os conhecem pela publicação, [e] devem conter disposições relativas a todos os pontos importantes da organização da sociedade." (*Tratado de Direito Commercial Brasileiro, 9 ed. Vol. III, Livro II, Parte III*. Ed. Freitas Bastos, Rio de Janeiro, pág. 320 a 321.)

[23] Para Modesto Carvalhosa, "não há como negar que o estatuto constitui elemento substancial do próprio contrato de constituição da companhia", assim como é inegável que "o estatuto contém as normas organizacionais que regem a companhia a partir de sua constituição." (CARVALHOSA, Modesto. *Comentários à lei das sociedades anônimas – 2º volume: artigos 75 a 137*. 5. ed. São Paulo: Saraiva, 2011, p. 155/156.)

Os administradores não subscrevem o estatuto social, mas apenas lhe devem obediência. Portanto, para os administradores, o estatuto social não assume natureza dupla, pois estes não têm a sua relação com a sociedade *constituída* pelo estatuto (como ocorre com os sócios), mas apenas *regulada* por ele.

Daí a conclusão de que o administrador *obedece* e *implementa* o estatuto social: ao passo que tem a sua atuação regulada pelas disposições estatutárias, é responsável por efetivar os objetivos que levaram à constituição da sociedade. E, se o administrador não *participa* do estatuto social, mas o *obedece* e *implementa*, apenas as disposições estatutárias diretamente relacionadas com a administração da sociedade são a eles oponíveis. Questões de cunho personalíssimo devem ser reguladas apartadamente, no âmbito do contrato *sui generis* de administração.

Tanto é assim que não importa se existe, ou não, a figura do acionista controlador. Como o vínculo entre administrador e sociedade se constitui pelo contrato de administração, por meio de uma declaração de vontade emitida pela companhia e com a qual concordou o administrador eleito, os votos dos acionistas de eventual bloco de controle expressam, pela regra da maioria, a vontade do órgão social correspondente.

Dessa forma, o exercício do poder de controle interno por algum acionista ou bloco de acionistas não afeta a relação mantida entre o administrador e a sociedade. Embora as atribuições do administrador ganhem força pela ausência de um acionista controlador ou bloco de controle[24-25] – cuja atribuição seria, dentre outras, a fiscalização da atuação

[24] Lucena bem situa a discussão ao esclarecer que, quando nenhum acionista tem condições para se alçar à qualidade de controlador, transforma-se todos os sócios em meros aplicadores de capital, cabendo aos administradores a direção da empresa. Assim, sem dúvida, na ausência de um acionista controlador, o administrador assume papel de maior relevância e protagonismo, como o único responsável direto pela condução da vida social. Vide: LUCENA, José Waldecy. Das Sociedades Anônimas – comentários à lei (arts. 1º a 120), vol. 1. Rio de Janeiro: Renovar, 2009 p. 1.075 e seguintes.

[25] A transferência do poder de dirigir a empresa aos administradores na ausência de um acionista controlador já foi reconhecida no ordenamento jurídico norte-americano. Veja-se o comentário de Adolf Berle: "[...] As his personal vote will count for little or nothing at the meeting unless he has a very large block of stock, the stockholder is practically reduced to the alternative of not voting at all or else of handing over his vote to individuals over whom he has no control and in whose selection he did not participate. In neither case will he be able to exercise any measure of control. Rather, control will tend to be in hand of those who

dos administradores[26] –, isso não implica alteração substancial do vínculo jurídico havido entre aqueles e a sociedade administrada. Com ou sem controlador, o contrato de administração será o instrumento jurídico constitutivo do vínculo havido entre o administrador e a sociedade – e não o estatuto social, apto a regular apenas o exercício da função.

Consequentemente, as matérias que não se relacionam diretamente com as funções do administrador não podem ser reguladas pelo estatuto social.

2. Vínculo do administrador à jurisdição arbitral: necessidade de expressa manifestação de vontade

A cláusula compromissória estatutária é um perfeito exemplo de disposição que, por não disciplinar os poderes dos administradores nem limitar sua atuação, não é oponível ao administrador que com ela não aquiescer na forma do art. 4º, §1º, da Lei de Arbitragem.

Decerto que, ao aceitar a posse, o administrador vincula-se ao estatuto social, o qual deverá integrar a disciplina de seus poderes e limitar o exercício de suas funções. Não se olvida que "o estatuto social, como diretriz geral da sociedade, vincula os administradores e estes estão obrigados a respeitar as suas imposições"[27]. Todavia, o ponto central da discussão e que precisa ser observado é que a cláusula arbitral estatutária extrapola o regramento dos limites da atuação do administrador.

select the proxy committee by whom, in turn, the election of directors for the ensuing period may be made. Since the proxy committee is appointed by the existing management, the latter can virtually dictate their own successors. Where ownership is sufficiently sub-divided, the management can thus become a self-perpetuating body even though its share in the ownership is negligible. This form of control can properly be called 'management control" (Adolf A. Berle e Gardiner C. Means, The Modern Corporation&Private. Property cit, ps. 81/82)

[26] A própria Lei das S/A, no art. 116, "a", classifica o acionista controlador como aquele que detém o "poder de eleger a maioria dos administradores da companhia". Atrelado a este poder de escolher quem administrará a companhia, ao acionista controlador cabe fiscalizar o desempenho da função pelo profissional eleito, o que se verifica pelo teor da alínea "b" do mesmo art. 116, segundo o qual controlador é quem "usa efetivamente seu poder para dirigir as atividades sociais e orientar o funcionamento dos órgãos da companhia".

[27] CARMONA, Carlos Alberto; VIEIRA, Vitor Silveira. *Breves Considerações sobre a Abrangência da Cláusula Compromissória Estatutária.* In: *Sociedades Anônimas, Mercado de Capitais e Outros Estudos: homenagem a Luiz Leonardo Cantidiano.* São Paulo: Quartier Latin, 2019. v. 2, pp. 474-475.

A jurisdição em que os conflitos devem ser apreciados não se confunde com a limitação dos deveres ou poderes do administrador, de modo que se exige a renúncia expressa à jurisdição estatal. A derrogação da jurisdição estatal em benefício da arbitral é matéria afeta à esfera pessoal do eleito ao órgão de administração, sem nenhuma ligação com a limitação dos poderes e deveres inerentes ao exercício da atividade profissional para a qual foi contratado.

É justamente por isso, aliás, que o art. 109, §3º, da Lei das S/A[28] autoriza que o estatuto social preveja a arbitragem como meio de resolução de controvérsias entre acionistas e a sociedade, sem mencionar os administradores ou qualquer pessoa que se relacione com a companhia, mas não tenha participado diretamente da sua constituição. A lei não vincula à cláusula compromissória estatutária as pessoas que têm seus atos *regulados* pelo estatuto social, mas não participaram de sua celebração[29].

Pelo mesmo motivo, o art. 40 do Regulamento do Novo Mercado da B3 condiciona a posse dos administradores das companhias listadas no Novo Mercado à assinatura de um termo de posse no qual se preveja a arbitragem como meio de solução de controvérsias:

> "Art. 40 A posse dos administradores e dos membros do conselho fiscal, efetivos e suplentes, fica condicionada à assinatura de termo de posse que deve contemplar sua sujeição à cláusula compromissória estatutária acima referida".

A exigência de que os administradores das sociedades listadas no Novo Mercado anuam com a cláusula compromissória estatuária tem o condão

[28] "Art. 109 [...] § 3º. O estatuto da sociedade pode estabelecer que as divergências entre os acionistas e a companhia, ou entre os acionistas controladores e os acionistas minoritários, poderão ser solucionadas mediante arbitragem, nos termos em que especificar."

[29] Por essa razão, mesmo quanto aos acionistas, parte da doutrina entende que os ingressantes após a constituição da sociedade não ficam automaticamente vinculados à cláusula compromissória. Após a celebração do estatuto social, a cláusula compromissória estatutária não será automaticamente oponível, mas terá sua eficácia condicionada à assinatura, pelo novo sócio, de um documento apartado e que faça menção à convenção arbitral, nos moldes do art. 4º, §1º, da Lei de Arbitragem. Nesse sentido: LUCENA, José Waldecy. *Das sociedades anônimas: comentários à lei (arts. 1º ao 120), vol. 1.* Rio de Janeiro: Renovar, 2009, p. 1.017/1.018; CARVALHOSA, Modesto. in: *Reforma da Lei das Sociedades Anônimas.* coord: Jorge Lobo, São Paulo: Forense, 2002, p. 329.

de imprimir eficácia à norma do §1º do art. 4º da Lei de Arbitragem, segundo o qual "a cláusula compromissória deve ser estipulada por escrito, podendo estar inserta no próprio contrato ou em documento apartado que a ele se refira".

Em outras palavras, o estatuto social disciplina a relação dos acionistas entre si e o exercício da atividade empresarial pela sociedade por esses formada. A cláusula compromissória estatutária que vincula os administradores à arbitragem extrapola os referidos termos. Ela vincula terceiro administrador, que pode ou não ser acionista, a renunciar à jurisdição estatal e, como regra excepcional, exige consentimento expresso.

O fato de que o administrador deve obediência ao estatuto social (cf. art. 154 da Lei das S/A) não o torna parte deste contrato, pelo que obrigações de caráter personalíssimo e desvinculadas das atividades puramente relacionadas à administração da sociedade – como é a derrogação da jurisdição estatal – não são oponíveis ao administrador a menos que ele, em instrumento apartado, aquiesça com a assunção destas obrigações (na forma do art. 4º, §1º, da Lei de Arbitragem).

Ademais, o fato de o administrador ser também acionista não descaracteriza a conclusão acima. Mesmo que acionista, seu consentimento como tal ao estatuto social refere-se à sua relação como acionista perante a companhia e ao exercício da atividade posterior por essa. Seu consentimento não pode ser aceito como de uma posição eventual e futura de administrador, que prescinde, inclusive, da condição prévia de acionista.

É inaplicável aos administradores o entendimento jurisprudencial no sentido de que "a cláusula compromissória arbitral, inserta no contrato social por ocasião da constituição da sociedade (...) sujeita a sociedade e a todos os sócios, atuais e futuros, tenham estes concordado ou não com tal disposição"[30]. Ao consentir com o estatuto, o acionista o faz enquanto tal e não em condição eventual como administrador, de modo que o exercício posterior dessa função não o vincula à cláusula compromissória estatutária[31], que extrapola a relação dos acionistas entre si e perante a companhia. Como supressão da garantia constitucional de acesso ao Poder

[30] STJ, Recurso Especial nº 1.727.979/MG, Relator Ministro Marco Aurélio Bellizze, Terceira Turma, julgado em 12.06.2018

[31] Adamek, Marcelo Vieira von. *Responsabilidade Civil dos Administradores de S/A e as Ações Correlatas*, São Paulo: Saraiva, 2009, p. 429.

Judiciário, sua interpretação deve ser restritiva e exige consentimento expresso do administrador enquanto tal ou termo em que expressa a sua anuência à referida cláusula.

Ainda que se entendesse que o estatuto social, ao integrar a disciplina das funções do administrador, ensejaria a aplicação da cláusula arbitral a esse a partir da posse, o que não se pode admitir, a lei de arbitragem exigiria que os termos da referida cláusula fossem ratificados.

Como o estatuto social, nessa hipótese, seria ao administrador aplicável sem possibilidade de alteração, o art. 3º, §2º da Lei de arbitragem determina que "a cláusula compromissória só terá eficácia se o aderente tomar a iniciativa de instituir a arbitragem ou concordar, expressamente, com a sua instituição, desde que por escrito em documento anexo ou em negrito, com a assinatura ou visto especialmente para essa cláusula".

Por isso, parte da doutrina traçou um paralelo entre a situação do administrador e a dos consumidores em um contrato de adesão que contém cláusula compromissória. Para essa corrente, se o art. 4º, §2º, da Lei de Arbitragem[32] exige que o consumidor aderente manifeste expressa e apartadamente sua vontade de submeter eventuais litígios à arbitragem[33], da mesma forma deveria ocorrer na situação dos administradores que, assim como os consumidores, aderem ao contrato de sociedade.

A cláusula compromissória estatutária, embora imediatamente aplicável à companhia e aos acionistas subscritores[34], não é imediatamente

[32] "§ 2º Nos contratos de adesão, a cláusula compromissória só terá eficácia se o aderente tomar a iniciativa de instituir a arbitragem ou concordar, expressamente, com a sua instituição, desde que por escrito em documento anexo ou em negrito, com a assinatura ou visto especialmente para essa cláusula."

[33] Vide: SEPARANDIO, Felipe Vollbrecht. *Convenção de Arbitragem* in.: Curso de Arbitragem – coordenação de Daniel Levy e Guilherme Setoguti. São Paulo: Revista dos Tribunais, p. 111.

[34] Há substancial parcela da doutrina que ultrapassa a tese aqui defendida e interpreta o art. 109, §3º, da Lei das S/A de modo a restringir a oponibilidade da cláusula compromissória estatutária aos sócios fundadores da companhia, com exigência de anuência apartada e expressa (na forma do art. 4º, §1º, da Lei de Arbitragem) inclusive por parte dos acionistas que ingressam na sociedade após a sua constituição. Veja-se, por todos, José Waldecy Lucena e Modesto Carvalhosa:

"[...] Modesto Carvalhosa, em face desse conflito, emitiu, em excelente estudo sobre o tema, escólio que merece acatado: "Em consequência, a supressão da instância judicial e sua substituição pelo juízo arbitral estatutário deve ser considerada como uma faculdade para oponível aos administradores, pois a relação jurídica havida entre estes últimos e a sociedade não é regulada pelo estatuto social, mas por um contrato de administração *sui generis*, apenas integrado quanto à disciplina das funções pelo estatuto social[35].

Portanto, a manifestação de vontade exigida pela lei para que se repute derrogada a jurisdição estatal não ocorre pelo mero aceite do encargo da administração. O administrador, por não participar do estatuto social, não estará vinculado à cláusula compromissória estatutária a menos que com ela aquiesça de forma expressa em documento apartado, na forma do art. 4º, §1º, da Lei de Arbitragem.

os acionistas e uma obrigação contratual para a sociedade. Somente para aqueles acionistas que se vincularam expressamente a tal supressão, nos diversos momentos da existência da sociedade, é o juízo arbitral oponível"

O conflito é, de conseguinte, apenas aparente. E que se nem o estatuto nem a assembléia geral podem privar o acionista de seus direitos essenciais, claro que a Lei o pode, tanto foi e ela mesma que os cria e suprime, haja vista não gozarem tais direitos de estatura constitucional. E como foi a própria Lei - no caso a Lei n. 10.303/2001 - que criou o Juízo Arbitral, em substituição à jurisdição, desaparece o conflito, com a única exigência de que os acionistas hão de previamente aderirem à cláusula estatutária que o estabelece.

Assim, é a cláusula compromissória estatutária oponível aos fundadores, subscritores iniciais das ações, pois foram eles que aprovaram o estatuto social, no qual inserida a cláusula, mas esta somente será oponível, a partir daí, aos novos acionistas, se estes expressamente a ela aderirem, porque, sem essa expressa vinculação, incidirá, em relação aos adquirentes das ações, o direito essencial de recurso ao Judiciário, nos termos do parágrafo 2º." (LUCENA, José Waldecy. *Das sociedades anônimas: comentários à lei (arts. 1º ao 120), vol. 1.* Rio de Janeiro: Renovar, 2009, p. 1.017/1.018)

[35] Para Pedro A. Batista Martins, em sentido contrário, "seria uma incongruência que os administradores não fossem alcançados pelos efeitos da cláusula compromissória estatutária, com o fim de solucionar questão que impacta a sociedade e de cujos órgãos são partes integrantes. Isso porque integram seu corpo social e, assim, com ele se imbricam" (*A arbitragem no direito societário.* São Paulo: Quartier Latin, 2012, p. 136)

Ricardo de Carvalho Aprigliano, igualmente, defende que "a aceitação do encargo e a permanência nos quadros desses órgãos de administração configurarão a manifestação de vontade, o consentimento suficiente para, aos olhos da legislação arbitral, considerar tais administradores igualmente vinculados (...) A exigência de termo de adesão ou instrumento separado será necessária apenas e tão somente se a cláusula compromissória não os abranger" (*Extensão da cláusula compromissória a partes não signatárias no Direito Societário*, in. Revista do Advo9gado, no 119, 2013, p. 151)

Conclusões

O administrador não consente com a cláusula compromissória estabelecida no estatuto social porque não é um agente participante do contrato associativo de sociedade. Participam do estatuto social os acionistas e a sociedade. O administrador, por sua vez, tem seu vínculo jurídico constituído pelo contrato *sui generis* de administração, o qual não se confunde com o contrato de sociedade.

O estatuto social é apenas implementado e observado pelo administrador, que deve respeitá-lo para cumprir seus deveres legais e fiduciários. As matérias personalíssimas afetas à relação do administrador com a sociedade, contudo, não são reguladas pelo estatuto social, na medida em que o administrador não é parte deste. Referidas matérias são objeto do contrato *sui generis* de administração, este sim apto a criar deveres e direitos relativos à esfera pessoal do administrador.

Portanto, a derrogação da jurisdição estatal prevista na Constituição Federal em benefício da tutela arbitral, por se tratar de matéria inquestionavelmente personalíssima, não pode ser regulada exclusivamente pelo estatuto social.

Para que haja submissão dos administradores à cláusula compromissória estatutária, é indispensável a celebração de um documento apartado do estatuto social contendo declaração expressa da intenção de submeter à arbitragem os litígios decorrentes da função de administrador. Esse documento ficará submetido aos limites da cláusula compromissória estatutária, mas é imprescindível para que se possa aceitar a jurisdição privada para discussões envolvendo o administrador da companhia[36].

[36] Veja-se, a esse título: (i) CARVALHOSA, Modesto. *Comentários à Lei das Sociedades Anônimas*, v. 3, 5. Ed. São Paulo: Saraiva, 2011, p. 456.; (ii) APRIGLIANO, Ricardo de Carvalho. *Extensão da cláusula compromissória a partes não signatárias no Direito Societário.* Revista do Advogado – Associação dos Advogados de São Paulo. Ano XXXIII, n. 119, abril de 2013, p. 140.; (iii) LOBO, Carlos Augusto da Silveira. *A cláusula compromissória estatutária.* Revista de Arbitragem e Mediação. São Paulo: Revista dos Tribunais, ano 6, n. 22. Fevereiro de 2018.; (iv) ADAMEK, Marcelo Vieira Von. *Responsabilidade civil dos administradores de S.A. e as ações correlatas.* São Paulo. Saraiva: 2009, p. 428.
Em sentido contrário, vide: (i) CARMONA, Carlos Alberto; VIEIRA, Vitor Silveira. Breves Considerações sobre a Abrangência da Cláusula Compromissória Estatutária. In: Sociedades Anônimas, Mercado de Capitais e Outros Estudos: homenagem a Luiz Leonardo Cantidiano. São Paulo: Quartier Latin, 2019. v. 2, pp. 474-475; (ii) MARTINS, Pedro A. Batista,

Justamente por não subscreverem o estatuto social, necessitam os administradores expressar de outra forma sua vontade de submeter eventuais disputas à arbitragem. Afinal, conforme estabelecido no capítulo introdutório, "não se pode, no Brasil, forçar uma parte a participar de uma arbitragem sem que tenha havido a respectiva manifestação de vontade"[37].

Assim, se não é constitucional impor a arbitragem para aqueles que não tiverem com ela consentido e os administradores de companhias não participam do estatuto social, de forma que não consentem com a cláusula compromissória estatutária, é lógico concluir que jamais poderia um administrador ser incluído em uma arbitragem sem que haja algum documento apto a veicular seu consentimento com a jurisdição privada, do qual conste referência à cláusula compromissória estatutária e expressa declaração de vontade do administrador de a ela aderir, nos termos do art. 4º, §1º, da Lei de Arbitragem.

Referências

Adamek, Marcelo Vieira von. *Responsabilidade Civil dos Administradores de S/A e as Ações Correlatas*, São Paulo: Saraiva, 2009.

APRIGLIANO, Ricardo de Carvalho. *Extensão da cláusula compromissória a partes não signatárias no Direito Societário*, in. Revista do Advogado, no 119, 2013

ASCARELLI, Tullio, *O contrato plurilateral*. In.: Problemas das Sociedades Anônimas e Direito Comparado, Campinas, Bookseller, 2001.

BERLE, Adolf A. e MEANS, Gardiner C. The Modern Corporation & Private Property. Transaction Publishers. New Brunswick (U.S.A.) and London (U.K.)

APRIGLIANO, Ricardo de Carvalho. *Extensão da cláusula compromissória a partes não signatárias no Direito Societário*. Revista do Advogado – Associação dos Advogados de São Paulo. Ano XXXIII, n. 119, abril de 2013.

BORN, Gary B. International Commercial Arbitration. The Hague: Kluwer Law International, 2014.

CARMONA, Carlos Alberto. Arbitragem e Processo: um comentário à Lei nº 9.307/96. São Paulo: Atlas, 2009.

A arbitragem no direito societário. São Paulo: Quartier Latin, 2012, p. 136; (iii) APRIGLIANO, Ricardo de Carvalho. *Extensão da cláusula compromissória a partes não signatárias no Direito Societário*, in. Revista do Advogado, no 119, 2013, p. 151.

[37] COUTINHO, op.cit.

CARMONA, Carlos Alberto; VIEIRA, Vitor Silveira. Breves Considerações sobre a Abrangência da Cláusula Compromissória Estatutária. In: Sociedades Anônimas, Mercado de Capitais e Outros Estudos: homenagem a Luiz Leonardo Cantidiano. São Paulo: Quartier Latin, 2019. v. 2.

CARVALHOSA, Modesto. *Comentários à lei das sociedades anônimas – 2º volume: artigos 75 a 137*. 5. ed. São Paulo: Saraiva, 2011

CARVALHOSA, Modesto. in: *Reforma da Lei das Sociedades Anônimas*. coord: Jorge Lobo, São Paulo: Forense, 2002

CASTRO, Rodrito R. Monteiro de. *Lei das Sociedades Anônimas Comentada*. Ana Frazão [et. al.] Coord: Fábio Ulhoa Coelho. Forense. Rio de Janeiro: 2021

COUTINHO, Renato Fernandes, *Convenção de Arbitragem: vinculação de não signatários*. 1. Ed. São Paulo: Almedina, 2020

FICHTNER, José Antonio; MANNHEIMER, Sergio Nelson; MONTEIRO, André Luis. *Teoria Geral da Arbitragem*. Rio de Janeiro: Forense, 2019.

LOBO, Carlos Augusto da Silveira. *A cláusula compromissória estatutária*. Revista de Arbitragem e Mediação. São Paulo: Revista dos Tribunais, ano 6, n. 22. Fevereiro de 2018.

LUCENA, José Waldecy. Das Sociedades Anônimas – comentários à lei (arts. 1º a 120), vol. 1. Rio de Janeiro: Renovar, 2009.

MARTINS, Pedro A. Batista, *A arbitragem no direito societário*. São Paulo: Quartier Latin, 2012.

MENDONÇA, J. X. Carvalho de. *Tratado de Direito Commercial Brasileiro, 9 ed. Vol. III, Livro II, Parte III*. Ed. Freitas Bastos, Rio de Janeiro.

MENDONÇA, J. X. Carvalho de. Tra*tado de direito comercial brazileiro, v. III, L. II, São Paulo, Duprat & comp.*, 1914.

PONTES DE MIRANDA, Francisco Cavalcanti. *Tratado de direito privado*, Tomo III, atualizado por Marcos Bernarndes de Mello e Marcos Ehrhardt Jr., São Paulo: Revista dos Tribunais, 2012.

SACRAMONE, Marcelo Barbosa, *Administradores de Sociedades Anônimas: relação jurídica entre o administrador e a Sociedade*. São Paulo: Almedina, 2014.

SACRAMONE, Marcelo Barbosa; COSTA, José Eduardo da Costa. *Negócio jurídico associativo e o ato constitutivo de sociedade*. In.: Alexandre Guerra, Marcelo Benacchio (org.). Negócio Jurídico. 1. ed. São Paulo: Quartier Latin do Brasil, 2012, v. 1.

SACRAMONE, Marcelo Barbosa. *Administradores de sociedades anônimas*. Tomo de Direito Comercial, Edição 1, Junho de 2018. Enciclopédia Jurídica da PUC/SP.

SEPARANDIO, Felipe Vollbrecht. *Convenção de Arbitragem* in.: Curso de Arbitragem – coordenação de Daniel Levy e Guilherme Setoguti. São Paulo: Revista dos Tribunais.

VALVERDE, T. M. *Sociedades por ações*, v. I, 3. ed. Rio de Janeiro: Forense, 1959.

7. A COOPERAÇÃO DO PODER JUDICIÁRIO NO PROCESSO ARBITRAL

NEY WIEDEMANN NETO

Introdução

A Lei n. 9.307/96, que positivou no ordenamento jurídico pátrio a arbitragem, trouxe melhores luzes aos negócios jurídicos, possibilitando aos contratantes a utilização de mecanismos privados para a solução de seus conflitos. A nota característica desse sistema é a celeridade e a especialização dos julgadores, trazendo maior segurança e equilíbrio para as partes. O postulado da confiança é o princípio maior da arbitragem, visto que são as partes que elegem os árbitros para decidir o conflito, não comportando recurso quanto ao mérito desse julgamento.[1]

No âmbito internacional, temos a Convenção Internacional de Reconhecimento de Execução de Sentenças Arbitrais Estrangeiras, formada em Nova York, em 1958, e em vigor no Brasil desde dezembro de 2002, quando o País aderiu a essa convenção. Ademais, houve um incidente de inconstitucionalidade na ocasião em que nossa Lei de Arbitragem foi promulgada, que foi julgado pelo Supremo Tribunal Federal em 2001, reconhecendo a adequação da nova lei à nossa Carta Maior (Agravo Regimental em Homologação de Sentença Estrangeira n. 5.206, j. 12.12.2001).

[1] ROSA, Pérsio Thomas Ferreira. A arbitragem e o Poder Judiciário: questão pontual sobre a harmonia entre as duas jurisdições. **Revista Fórum CESA** – Centro de Estudos das Sociedades de Advogados, Ano 04, n. 10, p. 67-71, jan-mar, 2009.

É bem verdade que, em um momento inicial, a arbitragem foi percebida com certa desconfiança pelo Poder Judiciário, em especial pelas associações de classe, que viam nela uma forma de enfraquecimento do prestígio e do poder da Magistratura no cenário nacional. Com efeito, surgiram aqui e acolá certos "tribunais de justiça arbitral", divulgação de cursos para formação de "juízes árbitros" com fornecimento de "carteira de magistrado", e outras situações que causaram confusão e espanto em um momento inicial.

Isso até ensejou a aprovação de dois enunciados na I Jornada "Prevenção e Solução Extrajudicial de Litígios" – 22 e 23 de agosto de 2016 – Centro de Estudos Judiciários do Conselho da Justiça Federal, com as seguintes redações:

> Enunciado n. 8: São vedadas às instituições de arbitragem e mediação a utilização de expressões, símbolos ou afins típicos ou privativos dos Poderes da República, bem como a emissão de carteiras de identificação para árbitros e mediadores.
>
> Enunciado n. 72: As instituições privadas que lidarem com mediação, conciliação e arbitragem, bem como com demais métodos adequados de solução de conflitos, não deverão conter, tanto no título de estabelecimento, marca ou nome, dentre outros, nomenclaturas e figuras que se assimilem à ideia de Poder Judiciário.[2]

Passados alguns anos, pode-se dizer que essa desconfiança inicial restou superada e que eventuais práticas que não estavam exatamente alinhadas com o espírito da lei foram coibidas, até mesmo com atuação da Ordem dos Advogados do Brasil.

Não há dúvida que esse sistema de solução de conflitos não subsiste de modo totalmente autônomo e independente do Poder Judiciário. Há situações específicas em que o árbitro ou o Tribunal Arbitral precisará solicitar o auxílio do Poder Judiciário, ou mesmo as partes poderão postular a tutela judicial para resolver determinadas questões do processo

[2] Disponível em https://www.cjf.jus.br/cjf/corregedoria-da-justica-federal/centro-de-estudos-judiciarios-1/publicacoes-1/cjf/corregedoria-da-justica-federal/centro-de-estudos-judiciarios-1/prevencao-e-solucao-extrajudicial-de-litigios/?_authenticator=60c7f30ef0d8002d17dbe298563b6fa2849c6669. Acesso em 01.05.2023.

de arbitragem. É fato que o árbitro decide a controvérsia com autonomia e definitividade, mas suas decisões não possuem coercitividade. Por isso a necessidade de colaboração do Poder Judiciário.[3]

Atualmente, não se discute mais, como premissa de qualquer análise, que a atividade do árbitro tem caráter jurisdicional, tal e qual a jurisdição estatal. Enquanto a primeira decorre diretamente das partes, por força da Lei de Arbitragem, a autoridade do juiz togado advém da sociedade, como expresso na Constituição.[4]

Nesse sentido, calha a lição de Clávio de Melo Valença Filho:

> Somente o preconceito e a ignorância explicam a atitude de quem vislumbra a existência de qualquer antagonismo entre a prestação jurisdicional do Estado e a atividade jurisdicional dos árbitros. Se é verdade que a convenção de arbitragem tem o condão de subtrair lesão ou ameaça à direito à apreciação do juiz estatal – o que poderia causar ciúmes, se não andasse o Judiciário tão sobrecarregado – não é menos verdade que o sucesso do instituto arbitral nos diversos cantos do mundo se deve menos a uma rejeição do Estado, do que aos anseios por uma justiça administrada diferentemente, sintonizada às necessidades do comércio internacional.[5]

O desenvolvimento da arbitragem no país depende da receptividade do Poder Judiciário, o que se verifica pelas ações judiciais pleiteando a invalidação de sentenças arbitrais, pelo respaldo que o juiz dá ao conceder ou não, ao executar ou não uma medida de urgência, ou uma sentença arbitral. Também se verifica pela discussão acerca das cláusulas e compromissos arbitrais e pelo respeito que se tem pelo princípio da competência ou da autonomia da vontade das partes na celebração dessas cláusulas.[6]

[3] A recente alteração trazida pela Lei 13.129/15 à Lei 9.307/96, a despeito de evidenciar o fortalecimento da arbitragem, não investiu o árbitro do poder coercitivo direto, de modo que, diferentemente do juiz, não pode impor, contra a vontade do devedor, restrições ao seu patrimônio (STJ, REsp 1678224/SP, Rel. Min. Nancy Andrighi, 3ª T., DJe 09/05/2019).

[4] SANTOS, Paulo de Tarso. Lei 9.307 – Arbitragem reinstituída. **Revista do Instituto dos Advogados de São Paulo**, São Paulo: RT, Ano 4, n. 8, p. 258-265, jul-dez, 2001.

[5] VALENÇA FILHO, Clávio de Melo. **Poder Judiciário e Sentença Arbitral**. Curitiba: Juruá, 2002, p. 21.

[6] SILVA, Paulo Eduardo Alves da. Arbitragem e Poder Judiciário. **Cadernos Direito GV. Para onde vai a arbitragem no Brasil?**, Seminário 34, v.7, n.2, p 67-85, mar., 2010.

O Código de Processo Civil de 2015 assegura que os processos judiciais tramitarão em segredo de justiça sempre que "versem sobre arbitragem", e "desde que a confidencialidade estipulada na arbitragem seja comprovada perante o juízo" (art. 189, IV). O sigilo é uma vantagem do processo arbitral em comparação ao processo judicial, no sentido de evitar a divulgação de informações que poderiam prejudicar negócios. Isso poderia gerar insegurança às partes em face do risco de acesso a terceiros de dados confidenciais. Essa proteção do segredo de justiça faz parte da colaboração do Poder Judiciário, naqueles casos em que há sigilo na arbitragem, em todas as suas etapas. [7]

A esse respeito, houve pronunciamento expresso da II Jornada "Prevenção e Solução Extrajudicial de Litígios", em agosto de 2021, no Centro de Estudos Judiciários do Conselho da Justiça Federal:

> ENUNCIADO 99 – O art. 189, IV, do Código de Processo Civil é constitucional, devendo o juiz decretar segredo de justiça em processos judiciais que versem sobre arbitragem, desde que a confidencialidade estipulada na arbitragem seja comprovada perante o juízo.
>
> Justificativa: A confidencialidade é normalmente citada como um dos atrativos para a escolha da arbitragem, na medida em que propicia a solução dos conflitos de modo privado e reservado. Ela não é obrigatória na Lei de Arbitragem, mas pode ser contratada pelas Partes e consta dos regulamentos de várias instituições arbitrais, salvo nos casos envolvendo a Administração Pública, que devem respeitar o princípio da publicidade (do art. 2º, § 3º, da Lei n. 9.307/1996). O sigilo da arbitragem permite a proteção da privacidade dos envolvidos, de segredos e estratégias comerciais, ajuda a proteger a reputação das empresas e pessoas, e pode colaborar com a redução da litigiosidade entre as partes. Justamente reconhecendo a relevância da confidencialidade das arbitragens, o CPC/2015 passou a permitir, no inciso IV do art. 189, a tramitação em segredo de justiça de ações relativas a arbitragens confidenciais,

[7] Enunciado 13 do Fórum Permanente de Processualistas Civis: "O disposto no inciso IV do art. 189 abrange todo e qualquer ato judicial relacionado à arbitragem, desde que a confidencialidade seja comprovada perante o Poder Judiciário, ressalvada em qualquer caso a divulgação das decisões, preservada a identidade das partes e os fatos da causa que as identifiquem". Disponível em https://diarioprocessual.com/2022/03/23/enunciados-fppc-2022/ . Acesso em 01.05.2023.

desde que comprovada em juízo a contratação da confidencialidade. Assim, a eventual necessidade de recorrer a juízo deixou de significar a publicidade necessária do caso, estendendo à fase judicial aquelas vantagens da confidencialidade da arbitragem. Algumas decisões recentes do Judiciário, porém, vêm afirmando que tal dispositivo do CPC seria inconstitucional, por violar o princípio da publicidade dos processos judiciais. A Constituição, ao prever a publicidade dos atos processuais, o faz como regra geral, mas admite que possa haver a criação de hipóteses de segredo de justiça. Ora, os valores protegidos pelo sigilo no CPC também têm dimensão constitucional, como a privacidade, a livre inciativa etc.[8]

Outro aspecto fundamental na relação entre o Poder Judiciário e a arbitragem diz respeito ao princípio da competência-competência (consagrado pela expressão do direito alemão "Kompetenz-Kompetenz"), assim positivado no art. 8º, parágrafo único, da Lei de Arbitragem, entre nós. Esse princípio estabelece a competência prioritária do árbitro para apreciar quaisquer questionamentos relacionados à sua jurisdição, incluindo-se o que se refere à existência, validade e eficácia da cláusula compromissória arbitral.

A própria discussão da extensão objetiva ou subjetiva da convenção de arbitragem deve ser examinada pelo árbitro, inclusive sobre a sua oponibilidade em relação a terceiros. A questão foi vista na II Jornada "Prevenção e Solução Extrajudicial de Litígios", em agosto de 2021, no Centro de Estudos Judiciários do Conselho da Justiça Federal:

> ENUNCIADO 104 – As alegações de extensão subjetiva e objetiva da convenção de arbitragem deverão, nos termos do art. 8º, parágrafo único, da Lei de Arbitragem, ser apreciadas, no primeiro momento, pelo juízo arbitral, em atenção ao princípio da competência-competência.
>
> Justificativa: O atual estágio da utilização da arbitragem como método de solução de conflitos empresariais e a notória multiplicidade de negócios jurídicos faz com que, não raramente, sejam levantadas alegações que de

[8] Disponível em https://www.cjf.jus.br/cjf/corregedoria-da-justica-federal/centro-de-estudos-judiciarios-1/publicacoes-1/cjf/corregedoria-da-justica-federal/centro-de-estudos-judiciarios-1/prevencao-e-solucao-extrajudicial-de-litigios/?_authenticator=60c7f30ef0d8002d17dbe298563b6fa2849c6669. Acesso em 01.05.2023.

uma convenção de arbitragem prevista em um instrumento engloba outros instrumentos e outras partes que não aqueles expressamente indicados. A possibilidade de extensão objetiva e subjetiva da convenção de arbitragem já foi confirmada por várias decisões judiciais, como, por exemplo: STJ, CE, SEC 1, j. 19/10/2011, TJAM, 2ª CC, Apel 0213018-02.2012.8.04.0001, j. 13/4/2015, TJSP, 19ª Cam Dir Priv, Apel 1126126-50.2015.8.26.0100,"j" 4/7/2018, TJSP, 7ª Cam Dir Priv, ApeI 2674504600, j. 24/5/2006. Nos termos do art. 8º, parágrafo único, da Lei de Arbitragem, que consigna o princípio da competência-competência, cabe aos árbitros, antes do Poder Judiciário, manifestar-se sobre a existência, validade e eficácia da convenção de arbitragem. A apuração da existência, validade e eficácia também engloba a oponibilidade da convenção de arbitragem a terceiros e a outros instrumentos.[9]

O Código de Processo Civil prevê a extinção do processo sem resolução de mérito quando "o juízo arbitral reconhecer sua competência" (art. 485, inciso VII). Havendo procedimentos paralelos (um judicial e outro arbitral), haverá prioridade da jurisdição arbitral para decidir sobre a competência para a matéria. Quando houver uma discussão abrangida por uma cláusula arbitral e houver dúvidas se ela realmente está abarcada, se a cláusula é válida, se o contrato é válido, tudo isso estaria sujeito, primeiro, à decisão do árbitro e não do Poder Judiciário.

Na prática, é possível haver um conflito de competência entre o juízo estatal e o juízo arbitral, situação que não foi expressamente prevista pelo legislador. A jurisprudência orientou-se no sentido de reconhecer ao Superior Tribunal de Justiça a competência para essa definição. A respeito, veja-se o seguinte enunciado da II Jornada "Prevenção e Solução Extrajudicial de Litígios", em agosto de 2021, no Centro de Estudos Judiciários do Conselho da Justiça Federal:

> ENUNCIADO 100 – O Superior Tribunal de Justiça é o órgão jurisdicional competente para julgar o conflito de competência existente entre árbitro e juiz estatal.
>
> Justificativa: A ordem de precedência temporal (princípio do kompetenz-kompetenz) foi a forma na qual o nosso ordenamento jurídico encontrou para não ocorrer o conflito de competência entre árbitro e juiz. Contudo,

[9] *Ibidem*

> poderá ocorrer situações em que o Judiciário poderá declarar a sua competência, e desconsiderar o meio arbitral. Se ocorrer isso, a jurisprudência do Superior Tribunal de Justiça reconhece que o instrumento processual conflito de competência poderá ser utilizado para dirimir possíveis conflitos de competência entre árbitros e juízes, e a corte superior será competente originariamente para processar e julgar esse tipo de ação, conforme podemos verificar no CC 111.230/DF, Rel. Ministra NANCY ANDRIGHI, SEGUNDA SEÇÃO, julgado em 8/5/2013, DJe 3/4/2014.[10]

A arbitragem tem três fases. A fase pré-arbitral, que é aquela que vai desde a inserção da cláusula compromissória nos contratos até o momento em que a arbitragem é instaurada. A fase arbitral, que nada mais é do que o procedimento em si, e a fase pós-arbitral, que é a parte onde há o reconhecimento e a homologação da sentença estrangeira ou a execução da sentença nacional.

É incontroversa a importância da cooperação entre o Poder Judiciário e a arbitragem, em particular para a viabilidade desta. A forma de atuação do Poder Judiciário junto com a arbitragem pode ser percebida em dois momentos distintos: primeiro, um momento prévio, ou durante o curso da arbitragem, que seria de apoio; depois, um momento de controle. A Lei de Arbitragem prevê várias hipóteses em que as partes podem se voltar ao Poder Judiciário para buscar o seu apoio ou controle sobre a correção formal do procedimento. É o que apresentaremos nos dois seguintes itens do presente estudo.

1. Momento de apoio do Poder Judiciário à arbitragem

A análise das situações de interação entre o Poder Judiciário e a arbitragem deve realizar-se através de uma leitura conjunta entre o Código de Processo Civil (Lei n. 13.105/2015) e a própria Lei de Arbitragem, sendo evidentes os avanços nessa seara que foram incorporados pela atualização da Lei n. 9.307/1996 pela Lei n. 13.129/2015. Por último, o Conselho Nacional de Justiça publicou a Resolução n. 421, de 29.09.2021, dispondo sobre

[10] Disponível em https://www.cjf.jus.br/cjf/corregedoria-da-justica-federal/centro-de-estudos-judiciarios-1/publicacoes-1/cjf/corregedoria-da-justica-federal/centro-de-estudos-judiciarios-1/prevencao-e-solucao-extrajudicial-de-litigios/?_authenticator=60c7f30ef0d8002d17dbe298563b6fa2849c6669. Acesso em 01.05.2023.

a cooperação judiciária em matéria de arbitragem. Esse último diploma dialoga com a legislação, procurando orientar as unidades judiciárias em aspectos procedimentais dessa relação de cooperação.

O Código de Processo Civil de 2015 positivou, entre nós, o princípio da colaboração. Previsto expressamente no artigo 6º, impõe a todos os sujeitos processuais o dever de cooperar entre si para obtenção, em tempo razoável, de uma decisão justa e efetiva. Há situações que podem extrapolar os sujeitos do processo, envolvendo a colaboração de diferentes órgãos do Poder Judiciário, para viabilizar a solução da controvérsia. O mesmo acontece na arbitragem. Por vezes, os árbitros precisam se valer do auxílio do Poder Judiciário para fazer cumprir suas determinações, ou mesmo para viabilizar que seja efetivada a pacificação social após a solução da controvérsia. É recomendável que o dever de cooperação seja encorajado na troca institucional entre o juízo arbitral e as cortes judiciais, porquanto, ainda que sejam jurisdições distintas, muitas vezes se tornam complementares.[11]

Nesse sentido, o Conselho Nacional de Justiça criou, em 2020, a Rede Nacional de Cooperação Judiciária, coordenada por um Comitê Executivo Nacional e integrada pelos Comitês Executivos Estaduais.[12] O propósito, consoante definido no art. 16 da Resolução CNJ 350/2021, é promover a celeridade e a efetividade da prestação jurisdicional, através da cooperação interinstitucional entre quaisquer instituições do sistema de justiça ou fora dele. Em complementação, o Conselho Nacional de Justiça editou a Resolução 421/2021[13], estendendo as prerrogativas previstas na Resolução 350/2020 também para órgãos vinculados à arbitragem, assegurando um tratamento isonômico entre a jurisdição arbitral e a pública, que então foram incluídos no rol das instituições mencionadas no citado art. 16.

As mencionadas resoluções se orientam pelos princípios da cooperação e da eficiência no processo civil, preconizados pelos artigos 6º, 8º, 67, 68 e 69 do Código de Processo Civil, que estabelecem mecanismos

[11] SUASSUNA, Marcela Melichar. CARRARA, Bernardo Vieira Klüppel. A cooperação judiciária entre arbitragem e Justiça: comentários sobre a Resolução CNJ 421/2021. **Revista de Arbitragem e Mediação**, São Paulo: Thomson Reuters, Ano 19, n. 72, p. 43-55, jan-mar, 2022.

[12] https://atos.cnj.jus.br/atos/detalhar/3556 , acesso em 16.04.2023.

[13] https://atos.cnj.jus.br/atos/detalhar/4150 , acesso em 16.04.2023.

de cooperação entre órgãos do Poder Judiciário para a realização de atividades administrativas e para o exercício das funções jurisdicionais.[14]

Os pedidos de cooperação judiciária entre arbitragem e Poder Judiciário podem ser encaminhados através da carta arbitral, consoante o disposto no art. 22-C da Lei de Arbitragem e no art. 260, §3º, do Código de Processo Civil. Se houver confidencialidade no procedimento arbitral, na forma do art. 22-C, parágrafo único, da Lei de Arbitragem, a carta arbitral tramitará com segredo de justiça, consoante o art. 189, inciso IV, do Código de Processo Civil, como expresso no art. 4º da Resolução CNJ 421/2021.

A carta arbitral é a forma pela qual o Tribunal Arbitral solicita a colaboração do Poder Judiciário para adoção de determinadas medidas. O Código de Processo Civil (vide artigos 69, §1º, 189, inciso IV, 237, inciso IV e 260, §3º) define as cartas de natureza processual, a saber, a precatória, a rogatória e a arbitral, como instrumentos que cuidam da cooperação entre órgãos judiciais de diferentes competências. A carta arbitral envolve um órgão público e outro de natureza privada e a causa principal de sua emissão é a ausência do poder de polícia deste, atributo exclusivo daquele.[15]

Quanto aos requisitos formais da carta arbitral, o rol previsto no art. 260 do CPC é o seguinte: a) a indicação dos juízes de origem e de cumprimento do ato; b) o inteiro teor da petição, do despacho judicial e do instrumento do mandato conferido ao advogado; c) a menção do ato processual que lhe constitui o objeto; d) o encerramento com a assinatura do juiz. Embora o "caput" do referido artigo não comtemple a carta arbitral, ela é mencionada no seu § 3º, ao dispor que a carta arbitral atenderá esses requisitos "no que couber".

O Comitê Brasileiro de Arbitragem – CBAr, publicou em seu site interessante modelo de carta arbitral com a indicação dos documentos que deveriam instrui-la, a saber: Anexo I – convenção de arbitragem; Anexo II – documentos que atestam a nomeação do(s) árbitro(s); Anexo III – documentos que atestam a aceitação pelo(s) árbitro(s) da função; Anexo IV – documento que atesta a estipulação da confidencialidade da arbitragem.[16]

[14] SUASSUNA, Marcela Melichar. CARRARA, Bernardo Vieira Klüppel, op. cit., p. 48.

[15] SUASSUNA, Marcela Melichar. CARRARA, Bernardo Vieira Klüppel, op. cit., p.51

[16] Disponível em https://cbar.org.br/site/carta-arbitral/ . Acesso em 01.05.2023.

A respeito do juízo competente para processar a carta arbitral, não há previsão expressa da lei ou no Código. Segundo a doutrina, a carta arbitral poderá ser processada diretamente pelo órgão do Poder Judiciário do foro onde se dará a efetivação da medida ou decisão.[17] Ou seja, será competente o juízo instalado na comarca correspondente ao espaço territorial em que o ato precise ser praticado forçadamente.[18]

Contudo, nada impede o conhecimento de pedido de tutela cautelar pré-arbitral em casos de arbitragens estrangeiras. A carta arbitral servirá ao propósito de cooperação jurídica internacional, privilegiando a eficiente proteção dos direitos tutelados. Não há empecilho legal nesse sentido. Antes da vigência do Código de Processo Civil de 2015 o Superior Tribunal de Justiça entendia que a cooperação deveria se dar por meio de cartas rogatórias, o que estaria agora superado.[19]

Essa situação também foi vista na II Jornada "Prevenção e Solução Extrajudicial de Litígios", em agosto de 2021, no Centro de Estudos Judiciários do Conselho da Justiça Federal:

> ENUNCIADO 98 – Independentemente do local da sede da arbitragem, o Poder Judiciário brasileiro pode conhecer de pedido de tutela cautelar pré-arbitral, uma vez presente uma das hipóteses de exercício da jurisdição brasileira, na forma do art. 21 do CPC.
>
> Justificativa: Salvo disposição em contrário, a definição da sede da arbitragem não limita o exercício de jurisdição auxiliar pelos tribunais estatais locais. Por essa razão, mesmo nos casos de arbitragens estrangeiras (isto é, procedimentos arbitrais sediados em países estrangeiros), o magistrado brasileiro pode conhecer de pedido de tutela cautelar pré-arbitral, fundamentado

[17] Enunciado 24 do Fórum Permanente de Processualistas Civis: "Independentemente da sede da arbitragem ou dos locais em que se realizem os atos a ela inerentes, a carta arbitral poderá ser processada diretamente pelo órgão do Poder Judiciário do foro onde se dará a efetivação da medida ou decisão, ressalvadas as hipóteses de cláusulas de eleição de foro subsidiário". Disponível em https://diarioprocessual.com/2022/03/23/enunciados-fppc-2022/ . Acesso em 01.05.2023.

[18] ROCHA, Pedro Cavalcanti. Apontamentos sobre as principais alterações no instituto da arbitragem no Código de Processo Civil de 2015 (Lei n. 13.105/2-15). **Revista de Arbitragem e Mediação**, São Paulo: Revista dos Tribunais, ano 13, n. 49, p. 201-226, abr-jun, 2016. p. 207.

[19] TEIXEIRA, Bruno Barreto de A. Cartas arbitrais como instrumento de cooperação jurídica entre tribunais arbitrais regidos pela lei estrangeira e o Poder Judiciário brasileiro. **Revista Brasileira de Arbitragem**, São Paulo: CBAr, vol. 73, p. 9-33, jan-mar, 2022. p. 32.

> no art. 22-A da Lei de Arbitragem. O exercício da jurisdição brasileira se fundamenta no art. 21 do CPC, que prevê a competência concorrente do magistrado brasileiro para julgar ações: (a) em que o demandado, qualquer que seja a sua nacionalidade, seja domiciliado no território brasileiro (inciso I); (b) quando a obrigação tiver que ser cumprida no Brasil (inciso II); ou (c) quando a demanda se fundamentar em ato praticado ou fato ocorrido no Brasil (inciso III). A possibilidade de concessão de tutela pelo Poder Judiciário Brasileiro visa à economia processual, bem como à garantia de efetividade da prestação jurisdicional.[20]

Importante elencar quais são as hipóteses em que se pode estabelecer a cooperação entre o Poder Judiciário e a arbitragem, que é instrumentalizada através da carta arbitral ou em ações judiciais próprias.

Na fase pré-arbitral, o Judiciário pode colaborar ao instituir a arbitragem de forma compulsória, como previsto nos art. 6º e 7º da Lei, e pode conceder as medidas de urgência, antes de instaurada a arbitragem. Antes de instituído o Tribunal Arbitral, a competência para processar e decidir pedidos de urgência é do Poder Judiciário. Não se tem ainda a jurisdição do árbitro formada, não se tem ainda para quem pedir. Se surge uma necessidade de uma medida de urgência antes de constituído o Tribunal Arbitral, procura-se o Poder Judiciário. Produção antecipada de prova é um exemplo muito típico.[21]

Se houver cláusula compromissória em um contrato e a necessidade de ser instaurado o processo arbitral para a solução de um conflito, as partes devem se reunir para promover a definição do(s) árbitro(s) e instituir a arbitragem, nos termos que foram previstos. Se um dos contratantes se recusar ao comparecimento para esse propósito, o outro pedirá, em ação judicial, que o juiz de direito promova a citação daquele para comparecer

[20] Disponível em https://www.cjf.jus.br/cjf/corregedoria-da-justica-federal/centro-de-estudos-judiciarios-1/publicacoes-1/cjf/corregedoria-da-justica-federal/centro-de-estudos--judiciarios-1/prevencao-e-solucao-extrajudicial-de-litigios/?_authenticator=60c7f30ef0d8002d17dbe298563b6fa2849c6669. Acesso em 01.05.2023.

[21] Art. 22-A, Lei n. 9.307/1996: "Antes de instituída a arbitragem, as partes poderão recorrer ao Poder Judiciário para a concessão de medida cautelar ou de urgência. (Incluído pela Lei nº 13.129, de 2015) Parágrafo único. Cessa a eficácia da medida cautelar ou de urgência se a parte interessada não requerer a instituição da arbitragem no prazo de 30 (trinta) dias, contado da data de efetivação da respectiva decisão. (Incluído pela Lei nº 13.129, de 2015)"

em juízo a fim de lavrar-se o compromisso, consoante o art. 7º da Lei de Arbitragem.

A esse respeito, na II Jornada "Prevenção e Solução Extrajudicial de Litígios", em agosto de 2021, no Centro de Estudos Judiciários do Conselho da Justiça Federal, foi aprovado o seguinte enunciado tratando do tema:

> ENUNCIADO 93 – A ação prevista pelo art. 7º da Lei n. 9.307/1996 somente deve ser proposta quando a cláusula compromissória não for suficiente para a instauração da arbitragem. Sendo possível instituir a arbitragem, competirá aos árbitros colmatar lacunas e/ou solucionar defeitos da convenção de arbitragem.
>
> Justificativa: O art. 7º da Lei n. 9.307/1996 prevê a ação de execução específica da convenção de arbitragem, permitindo a cooperação do Poder Judiciário, em vista da prevalência do cumprimento específico e do "princípio pró-validade" da cláusula compromissória (LEMES, Selma. Cláusulas arbitrais ambíguas ou contraditórias e a interpretação da vontade das partes, 2002, p. 207). A finalidade da ação é assegurar a intenção das partes em submeter o litígio à arbitragem. Por isso, a ação de execução específica somente deve ser proposta quando os defeitos e/ou as lacunas da cláusula compromissória impedirem a instituição da arbitragem (art. 19 da Lei n. 9.307/1996). Por outro lado, sendo possível a instituição da arbitragem, caberá aos árbitros decidir sobre quaisquer outras questões relacionadas à cláusula compromissória, conforme o art. 8º, parágrafo único, da Lei n. 9.307/1996. A suplementação de defeitos e/ou lacunas da cláusula compromissória pelo árbitro permite, em razão da sua especialização, "maior segurança de que o litígio será solucionado seguindo-se a mesma racionalidade empresarial que deu origem ao contrato ao qual a convenção de arbitragem se refere" (FONSECA, Rodrigo Garcia da. O princípio competência-competência na arbitragem: uma perspectiva brasileira, 2006, p. 294-295). Assim, ao julgar a ação de execução específica da convenção de arbitragem, cabe ao magistrado: (i) em se tratando de arbitragem institucional, apenas decidir acerca da instituição e das regras aplicáveis; (ii) no caso de arbitragem ad hoc, somente indicar a forma de nomeação do árbitro ou do tribunal arbitral.[22]

[22] Disponível em https://www.cjf.jus.br/cjf/corregedoria-da-justica-federal/centro-de-estudos-judiciarios-1/publicacoes-1/cjf/corregedoria-da-justica-federal/centro-de-

Da mesma forma, precisa-se do apoio do Poder Judiciário para executar a medida cautelar proferida pelo árbitro no curso de uma arbitragem. Após a constituição do Tribunal Arbitral, tem realmente que se procurar o árbitro, e não mais o Judiciário. Reza o artigo 22-A da Lei de Arbitragem que antes de instituída a arbitragem, as partes poderão recorrer ao Poder Judiciário para a concessão de medida cautelar ou de urgência. Por sua vez, o 22-B diz, de modo muito claro, que, estando instituída a arbitragem, será do árbitro ou do Tribunal Arbitral a competência para esse fim.[23]

E, para não haver dúvida, a Lei de Arbitragem, diz que se considera instituída a arbitragem com a aceitação dos árbitros. A lei prestigia a competência do árbitro para conhecer daquela matéria e para manter, revogar ou modificar a decisão proferida pelo Poder Judiciário, no âmbito da sua competência, uma vez instaurada a sua jurisdição.

Na fase arbitral, a cooperação do Poder Judiciário com o árbitro se realiza com a execução das medidas de urgência. Não mais para que se possa proferir a decisão de urgência, mas, sim, para que se possa executar a medida de urgência. Os árbitros não têm o poder de império. Não possuem esse poder de mandar penhorar, de mandar fazer busca e apreensão, mandar bloquear recursos financeiros, conduzir testemunhas. O árbitro não tem esse poder coercitivo, ele precisa se valer do auxílio do Poder Judiciário para isso. É preciso realmente uma cooperação, um trabalho de equipe entre os juízos, o juízo arbitral e o juízo estatal, para que se dê às partes a prestação jurisdicional.

Na II Jornada "Prevenção e Solução Extrajudicial de Litígios", em agosto de 2021, no Centro de Estudos Judiciários do Conselho da Justiça Federal, foi aprovado o seguinte enunciado tratando do tema:

> ENUNCIADO 113 – A medida de urgência deferida pelo Poder Judiciário preserva seus efeitos até ulterior análise pelo Tribunal Arbitral, desde que

estudos-judiciarios-1/prevencao-e-solucao-extrajudicial-de-litigios/?_authenticator=60c7f30ef0d8002d17dbe298563b6fa2849c6669. Acesso em 01.05.2023.

[23] Art. 22-B, Lei n. 9.307/1996: "Instituída a arbitragem, caberá aos árbitros manter, modificar ou revogar a medida cautelar ou de urgência concedida pelo Poder Judiciário. (Incluído pela Lei nº 13.129, de 2015) Parágrafo único. Estando já instituída a arbitragem, a medida cautelar ou de urgência será requerida diretamente aos árbitros. (Incluído pela Lei nº 13.129, de 2015)"

> instaurada a arbitragem no prazo previsto no parágrafo único do art. 22-A da Lei n. 9.307/1996.
>
> Justificativa: A instituição da arbitragem esgota a jurisdição do Poder Judiciário para conceder, modificar ou revogar medidas de urgência requeridas pelas partes e, por conseguinte, resulta na perda do objeto – por ausência de utilidade no julgamento do mérito – do agravo de instrumento interposto contra a decisão de primeiro grau que deferiu ou indeferiu a medida de urgência. Não obstante, eventual medida de urgência deferida pelo relator do agravo de instrumento, enquanto ainda tinha jurisdição para a matéria, sobrevive à perda do objeto do agravo de instrumento, em razão do princípio da translatio iudicii. O painel arbitral assumirá a condução do caso no estado em que esse se encontrava ao tempo do deslocamento da jurisdição, com todos os atos e efeitos mantidos, até que o painel arbitral se pronuncie sobre a medida de urgência.[24]

Não obstante, na mesma Jornada foi aprovado outro enunciado, tratando especificamente da hipótese atinente à suspensão ou ao cancelamento de protesto de títulos, entendendo pela desnecessidade da decisão judicial a esse respeito:

> ENUNCIADO 94 – No cumprimento de concessão de medida cautelar ou de urgência expedida por árbitro único ou tribunal arbitral para suspensão ou cancelamento de protesto de títulos, não é necessária a expedição de carta arbitral (art. 22-C da Lei n. 9.307/1996).
>
> Justificativa: O árbitro único ou tribunal arbitral não necessita expedir carta arbitral para o órgão judicial competente, a fim de solicitar o cumprimento de concessão de medida cautelar (decisão incidental) de cancelamento ou suspensão de protesto de títulos, pois este ato não se caracteriza como de constrição, que é exclusiva do juiz togado (art. 22-C da Lei n. 9.307/1996).[25]

De qualquer modo, importante gizar que o juízo estatal não pode adentrar no mérito da decisão do árbitro ou do Tribunal Arbitral, limitando-se

[24] Disponível em https://www.cjf.jus.br/cjf/corregedoria-da-justica-federal/centro-de-estudos-judiciarios-1/publicacoes-1/cjf/corregedoria-da-justica-federal/centro-de-estudos-judiciarios-1/prevencao-e-solucao-extrajudicial-de-litigios/?_authenticator=60c7f30ef0d8002d17dbe298563b6fa2849c6669. Acesso em 01.05.2023.

[25] *Ibidem.*

à análise dos requisitos formais do pedido e da documentação necessária à sua instrução.[26]

2. Momento de controle do Poder Judiciário à arbitragem

Questão muito relevante é que a sentença arbitral prolatada no estrangeiro necessita ser reconhecida pelo Poder Judiciário para poder produzir os seus efeitos no Brasil. Antes era o STF, hoje é o STJ, pela Emenda nº 45, de 2004, mais a Resolução nº 9 do STJ e a Lei de Introdução às Normas de Direito Brasileiras, todas proclamam essa capacidade do STJ para essa tarefa. É uma nacionalização daquela decisão prolatada no estrangeiro que entra no território nacional.

A sentença arbitral estrangeira não existia antes no território nacional. Ela vai ingressar e vai se tornar um título executivo judicial, com todos os efeitos dos títulos, ou da lista de títulos, que temos no Código de Processo. Terminado esse reconhecimento, acontece a execução da sentença. Trata-se, aqui, de um momento de controle, porque esse reconhecimento não é automático e o STJ precisa examinar se o devido processo legal foi observado, para poder internalizar essa decisão.

Reza o art. 39 da Lei de Arbitragem que a sentença estrangeira, que tem de ser homologada no Brasil pelo STJ, não será homologada se for uma decisão contra a nossa ordem pública. No art. 2º da Lei de Arbitragem está dito que a arbitragem toda vai atender à ordem pública nacional – há a ordem pública internacional e a ordem pública interna. É um processo de homologação simples, visto que o STJ não reavalia o mérito do que foi decidido lá fora, ele simplesmente vê se não tem uma violação à ordem pública. O STJ precisa verificar se não há uma nulidade, se não houve um processo em que se violaram os direitos do devido processo legal, se não se permitiu à parte fazer prova, enfim, alguns requisitos que estão ali, entre eles a violação à ordem pública.

Na II Jornada "Prevenção e Solução Extrajudicial de Litígios", em agosto de 2021, no Centro de Estudos Judiciários do Conselho da Justiça Federal, foi aprovado o seguinte enunciado tratando do tema:

[26] Enunciado 27 do Fórum Permanente de Processualistas Civis: " Não compete ao juízo estatal revisar o mérito da medida ou decisão arbitral cuja efetivação se requer por meio da carta arbitral.". Disponível em https://diarioprocessual.com/2022/03/23/enunciados-fppc-2022/ . Acesso em 01.05.2023.

ENUNCIADO 95 – Na ação de homologação de sentença arbitral estrangeira, as regras especiais da Convenção de Nova Iorque sobre o Reconhecimento e Execução de Sentenças Arbitrais Estrangeiras (Decreto n. 4.311/2002) prevalecem sobre as regras gerais do Código de Processo Civil e as especiais da Lei n. 9.307/96.

Justificativa: O art. 34 da LArb impõe que a sentença arbitral estrangeira seja reconhecida ou executada no Brasil de conformidade com os tratados internacionais e, apenas na sua ausência, de acordo com os termos da referida lei. O art. 36 da LArb esclarece que, no que couber, serão aplicadas as regras previstas no CPC sobre a ação de homologação. A referência é feita aos arts. 483 e 484 do CPC/1973, atualmente os arts. 960 a 965 do CPC/15. Combinando os dois artigos, temos que um tratado internacional (leia-se, Convenção de Nova Iorque) prevalece sobre a LArb, e que a LArb prevalece sobre o CPC. O CPC estabelece no art. 13 que a jurisdição deve ser regida pelas normas processuais brasileiras, ressalvadas as disposições específicas previstas em tratados, convenções ou acordos internacionais de que o Brasil seja parte. Consagrado, portanto, o critério da especialidade, de modo que um tratado específico sobre certa matéria prepondera sobre as regras gerais do CPC. Sobre a homologação, há uma regra bastante clara em prol da primazia dos tratados. O art. 960, § 3º, do CPC impõe que, primeiramente, a homologação da decisão arbitral estrangeira deve obedecer ao disposto em tratado e em lei, nessa ordem. Apenas subsidiariamente, cabe a incidência dos preceitos genéricos do CPC. Logo, o sistema legal brasileiro adotou uma hierarquia no que toca à base legal a amparar o exame do STJ sobre a satisfação dos pressupostos para homologação: (1º) CVNI (2º) LArb e (3º) CPC. Ressalta-se que a LINDB não tem aplicação à espécie, pois a matéria é inteiramente regulada em leis ordinárias posteriores, a LArb e o CPC.[27]

Quando o árbitro ou o Tribunal Arbitral prolata a sentença, ela não é passível, quanto ao mérito, de revisão pelo Poder Judiciário. A sentença arbitral não está sujeita à ação rescisória. Não obstante, é cabível o controle da observância de aspectos formais, através da ação anulatória

[27] Disponível em https://www.cjf.jus.br/cjf/corregedoria-da-justica-federal/centro-de-estudos-judiciarios-1/publicacoes-1/cjf/corregedoria-da-justica-federal/centro-de-estudos-judiciarios-1/prevencao-e-solucao-extrajudicial-de-litigios/?_authenticator=60c7f30ef0d8002d17dbe298563b6fa2849c6669. Acesso em 01.05.2023.

de sentença arbitral, caso verificada a incidência de alguma das hipóteses do rol taxativo do art. 32 da Lei de Arbitragem. Em princípio, a decisão dada pelo Árbitro é definitiva, não admite recurso, a não ser um pedido de esclarecimentos. Somente se admite um reexame dessa decisão quando acontecer uma das hipóteses do art. 32.

No art. 32 está dito quando cabe promover uma ação de anulação: até 90 dias depois de publicada a sentença, por um dos casos ali referidos. São eles: que a convenção de arbitragem seja nula; que a decisão seja contrária ao que está dito na convenção de arbitragem; que a sentença seja praticada por concussão, corrupção, prevaricação; fora do prazo, ou, ainda, sem os elementos necessários que a própria lei diz quais são – o relatório, a fundamentação e o dispositivo – ou seja, uma sentença que tenha desconsiderado os princípios processuais fundamentais enumerados na própria Lei de Arbitragem, no art. 21. Lá está dito que a arbitragem deve respeitar os princípios da imparcialidade, do contraditório, da igualdade entre as partes e da fundamentação. Se houver um desses casos para justificar o pedido de ação anulatória, prevista no art. 33, cabe ação anulatória. Fora daí, não cabe.

Merece destaque a possibilidade de se pleitear a anulação de sentença arbitral a partir da impugnação ao cumprimento da sentença, conforme posto no art. 33, § 3º, da Lei de Arbitragem. Nesse caso, há que se respeitar também o prazo decadencial de 90 dias após o recebimento da sentença arbitral para tal intento, conforme o § 1º do citado artigo, além do próprio prazo de manejo da impugnação ao cumprimento de sentença posto no art. 525 do Código de Processo Civil.

Os árbitros ou instituições arbitrais não possuem legitimidade para figurar no polo passivo da ação prevista no art. 33, caput, e § 4º, da Lei 9.307/1996, no cumprimento de sentença arbitral e em tutelas de urgência.

Conclusões

A arbitragem é modo extrajudicial de solução de conflitos adequado e de qualidade para casos específicos, especialmente na seara dos contratos empresariais. É importante compreender o papel que cada uma das técnicas tem dentro do sistema de Justiça, no entendimento de que são complementares, e não substitutas do Poder Judiciário. A existência de uma sintonia interinstitucional entre a arbitragem e o Poder Judiciário é necessária para conferir maior efetividade ao processo e garantir a tutela célere e eficiente às partes. Ambos os juízos devem atuar dentro das suas esferas, mas, quando instados, devem funcionar de forma complementar e harmônica.[28]

A situação hoje é da prevalência do princípio da menor intervenção possível no procedimento arbitral, resultado da maturidade do instituto. Perderam espaço aquelas medidas antiarbitragem, que chamávamos de *anti-suit injunctions*, que eram buscadas, muitas vezes, por partes que não aceitavam o desenvolvimento da arbitragem no âmbito de uma determinada solução de conflito. Houve também a consolidação dos princípios da autonomia da vontade e da competência-competência, que são pilares da arbitragem e que permitem que ela se desenvolva com segurança jurídica.

A colaboração entre a jurisdição estatal e a arbitral é extremamente necessária para garantir a eficácia da prestação jurisdicional e a segurança jurídica. Uma intervenção indevida do Judiciário pode inviabilizar a prestação jurisdicional, seja de um lado, seja de outro, de modo que a parte não teria nem o Judiciário nem a arbitragem para resolver o seu conflito de forma eficaz. Temos visto realmente, felizmente, um crescente apoio e uma crescente colaboração do Poder Judiciário com a Arbitragem, por meio de iniciativas voltadas à capacitação dos membros do Poder Judiciário e à conscientização dos magistrados e dos gestores públicos.

A arbitragem depende necessariamente de que o Poder Judiciário reconheça a importância do instituto e que dê guarida para que funcione ou até coíba os absurdos que possam ocorrer. Isso faz parte de uma boa tutela do instituto. Mas, antes de tudo, tem de haver uma consciência entre os operadores do Direito da importância desse instituto e de que ele precisa funcionar a bom termo. Em vários momentos isso vai ser exigido dos operadores, sejam os julgadores estatais, como também os árbitros e os advogados. Que se difundam as vantagens do novo sistema entre órgãos do Poder Judiciário e entidades empresariais, pela sua manifesta utilidade em ordem a desafogar o Judiciário, com menos ações, e solução mais expedita e aprimorados conhecimentos técnicos.[29]

[28] SUASSUNA, Marcela Melichar. CARRARA, Bernardo Vieira Klüppel. op. cit., p. 54.

[29] FONSECA, José Arnaldo da. Jurisdição estatal e jurisdição arbitral: conflito aparente. **Revista de Arbitragem e Mediação**. São Paulo: Revista dos Tribunais, ano 6, n. 23, p. 49-59, out-dez, 2009

Referências

FONSECA, José Arnaldo da. Jurisdição estatal e jurisdição arbitral: conflito aparente. **Revista de Arbitragem e Mediação.** São Paulo: Revista dos Tribunais, ano 6, n. 23, p. 49-59, out-dez, 2009.

JORNADA PREVENÇÃO E SOLUÇÃO EXTRAJUDICIAL DE LITÍGIOS (2.:2021: Brasília, DF). **II Jornada Prevenção e solução extrajudicial de litígios: Enunciados Aprovados.** – Brasília: Conselho da Justiça Federal, Centro de Estudos Judiciários, 2021.

ROCHA, Pedro Cavalcanti. Apontamentos sobre as principais alterações no instituto da arbitragem no Código de Processo Civil de 2015 (Lei n. 13.105/2-15). **Revista de Arbitragem e Mediação**, São Paulo: Revista dos Tribunais, ano 13, n. 49, p. 201-226, abr-jun, 2016.

ROSA, Pérsio Thomas Ferreira. A arbitragem e o Poder Judiciário: questão pontual sobre a harmonia entre as duas jurisdições. **Revista Fórum CESA** – Centro de Estudos das Sociedades de Advogados, Ano 04, n. 10, p. 67-71, jan-mar, 2009.

SANTOS, Paulo de Tarso. Lei 9.307 – Arbitragem reinstituída. **Revista do Instituto dos Advogados de São Paulo**, São Paulo: RT, Ano 4, n. 8, p. 258-265, jul-dez, 2001.

SILVA, Paulo Eduardo Alves da. Arbitragem e Poder Judiciário. **Cadernos Direito GV. Para onde vai a arbitragem no Brasil?**, Seminário 34, v.7, n.2, p 67-85, mar, 2010.

SUASSUNA, Marcela Melichar. CARRARA, Bernardo Vieira Klüppel. A cooperação judiciária entre arbitragem e Justiça: comentários sobre a Resolução CNJ 421/2021. **Revista de Arbitragem e Mediação**, São Paulo: Thomson Reuters, Ano 19, n. 72, p. 43-55, jan-mar, 2022.

TEIXEIRA, Bruno Barreto de A. Cartas arbitrais como instrumento de cooperação jurídica entre tribunais arbitrais regidos pela lei estrangeira e o Poder Judiciário brasileiro. **Revista Brasileira de Arbitragem**, São Paulo: CBAr, vol. 73, p. 9-33, jan-mar, 2022.

VALENÇA FILHO, Clávio de Melo. **Poder Judiciário e Sentença Arbitral.** Curitiba: Juruá, 2002.

8. PANORAMA DA PROVA TÉCNICA NAS ARBITRAGENS DOMÉSTICAS BRASILEIRAS

Vânia Wongtschowski Kleiman
Vera Cecília Monteiro de Barros

Introdução

Ficamos muito felizes e honradas com o amável convite dos Drs. Asdrubal Franco Nascimbeni, Christiana Beyrodt e Ricardo Ranzolin, para participar desta obra coletiva sobre os Meios Adequados de Solução de Conflitos, publicada pela editora Almedina, com temas tão importantes e atuais e ao lado de autores brasileiros e portugueses que tanto admiramos.

Fomos incumbidas de falar sobre o panorama da prova técnica nas arbitragens domésticas brasileiras, assunto extremamente relevante e importante, especialmente nos dias atuais, com a consolidação da arbitragem como meio de resolução de conflitos cada vez mais complexos.

Por mais capacitado que seja o árbitro indicado para dirimir determinada controvérsia, muitas vezes ele precisará do auxílio de peritos para auxiliá-lo na elucidação de questões técnicas.

Não existe, de forma proposital, na lei de arbitragem e nos regulamentos das câmaras de arbitragem no Brasil, um regramento de como se deve dar a prova pericial e sobre os deveres dos profissionais técnicos. Essa falta de regulamentação advém do fato de a arbitragem ser um procedimento flexível, no qual as partes podem escolher as regras que melhor se adequam às especificidades do caso concreto, em linha com o disposto no art. 21 da LBA.

A prova pericial produzida nos processos judiciais acabou sendo, em larga medida, transportada para os procedimentos arbitrais domésticos, sediados no Brasil. Essa transposição se deu, no início, pelo costume – a arbitragem era um instituto novo no Brasil, que começou a deslanchar apenas após a importante decisão sobre a constitucionalidade da lei de arbitragem pelo STF em 2001[1], de forma que advogados e árbitros que começaram a atuar em procedimentos arbitrais no início dos anos 2000 não eram, muitas vezes, familiarizados às técnicas arbitrais, e sim acostumados com o processo judicial.

Há, no entanto, uma série de diretrizes e guias aplicados nas arbitragens internacionais que foram criados para auxiliar os operadores da arbitragem na produção de provas, incluindo provas técnicas, que, em que pese possam trazer soluções bastante interessantes, são pouco conhecidos e utilizados no Brasil.

Nesse sentido, o objetivo central do presente artigo é apresentar os principais guias e diretrizes internacionais acerca da produção de provas técnicas e analisar em que medida seria conveniente e recomendável a sua utilização em arbitragens domésticas.

Antes disso, contudo, para contextualização do tema dentro do nosso sistema jurídico, traremos um breve histórico da forma de produção de prova pericial pela nossa sistemática do processo civil, passando, em seguida, a apresentar tais diretrizes, expondo em que medida são conhecidas e aplicadas nas arbitragens domésticas e qual seria a conveniência de sua efetiva aplicação.

1. A produção de provas no código de processo civil brasileiro.

Nas arbitragens envolvendo partes brasileiras sediadas no Brasil, quando se fala em prova técnica, é muito comum se cogitar, de imediato, no método de produção de prova pericial previsto no nosso atual Código de Processo Civil ("CPC"). Ao longo dos anos, contudo, houve uma variação muito grande na forma de produção da prova pericial de acordo com nossa lei processual.

A prova técnica foi disciplinada no nosso sistema jurídico com o Código de Processo Civil de 1939, que previa a nomeação de um perito pelo juiz (art. 129). As partes poderiam indicar assistentes técnicos para

[1] Supremo Tribunal Federal (STF). SE 5206/2001. Tribunal Pleno. Relator: Min. Sepúlveda Pertence. Julgado em: 12 de dezembro de 2001. Disponível em: https://redir.stf.jus.br/paginadorpub/paginador.jsp?docTP=AC&docID=345889. Acesso em: 12 jun. 2023.

acompanhar os trabalhos do perito e, se fosse o caso, impugnar o laudo pericial (art. 132).

Em 1942, tal modelo foi alterado pelo Decreto-Lei nº 4.565, que possibilitou às partes a indicação de um perito, em comum acordo, cabendo a indicação pelo juiz, apenas, na ausência de consenso. Cabia às partes também a indicação de assistentes técnicos para acompanhar os trabalhos do perito.

Em 1946, houve nova alteração legislativa, pelo Decreto-Lei nº 8.570, que introduziu diversas mudanças na produção da prova técnica. Com a concordância das partes, os exames periciais poderiam ser feitos por um único perito. Não havendo concordância, as partes indicariam "de lado a lado" o seu perito, cabendo ao juiz a indicação de um terceiro, para desempate. Os peritos indicados pelas partes poderiam apresentar laudo único ou cada parte poderia apresentar o seu (art. 129).

O Código de Processo Civil de 1973 retomou o modelo de indicação de perito apenas pelo juiz, cabendo às partes a nomeação de assistentes técnicos para o acompanhamento da produção de prova. Passou-se a exigir, contudo, que os assistentes técnicos prestassem compromisso de cumprir "conscienciosamente" o encargo que lhes fora incumbido (art. 422), deixando o assistente técnico de ser, nesse modelo, da confiança da parte, para ser um profissional voltado a assistir o juiz, sujeito a regras de imparcialidade, podendo escusar-se ou ser recusado por impedimento ou suspeição (art. 423). O laudo pericial deveria ter conteúdo unânime e ser produto de discussões entre os profissionais técnicos, escrito pelo perito e assinado por este e pelos assistentes técnicos (arts. 429 e 430), sendo possível a apresentação de laudo divergente, devidamente fundamentado.

Com a reforma ocorrida em 1992 (Lei nº 8.455/1992), atenuou-se o conteúdo do art. 422 do CPC/1973, dispondo que "os assistentes técnicos são de confiança da parte, não sujeitos a impedimento ou suspeição". A prova pericial passou a seguir os moldes tal como conhecidos nos dias de hoje: com a indicação de um perito, de confiança do juízo, e com indicação, pelas partes, dos chamados assistentes técnicos, que acompanham o trabalho pericial e, ao final, emitem seus laudos, concordantes ou divergentes. Nesse modelo, o perito indicado pelo juízo deve ser imparcial, ao passo que o assistente técnico, profissional de confiança da parte, não está sujeito a impedimento ou suspeição.

Em 2015, houve importante alteração na legislação processual, a qual, no que diz respeito à prova pericial, manteve a sistemática vigente desde a reforma de 1992, embora tenha excluído a previsão acerca da necessidade de o perito assinar termo de compromisso. Tal exclusão, porém, não altera o dever de imparcialidade por parte dos peritos indicados pelo juízo.

Essa é a forma, bem resumida, de produção de prova pericial nos juízos estatais[2], que acabou sendo, em larga medida, transportada para os procedimentos arbitrais domésticos, sediados no Brasil, sem muita reflexão a respeito até pouco tempo atrás. No entanto, com a evolução e sofisticação da arbitragem no Brasil, é importante um olhar para o que tem sido produzido e praticado internacionalmente, já que há diversos guias e diretrizes que foram criados para auxiliar os operadores da arbitragem na produção de provas, incluindo provas técnicas, que embora tragam soluções bastante interessantes, são pouco conhecidos e utilizados no Brasil.

2. Das diretrizes internacionais acerca da produção de provas técnicas

Para os fins propostos neste artigo, apresentaremos uma síntese de algumas das principais e mais conhecidas diretrizes internacionais relativas à produção de provas técnicas, a fim de extrairmos as ferramentas disponíveis e as principais críticas e vantagens identificadas em tais métodos de produção de prova.

Esses guias e diretrizes são um conjunto de regras não vinculantes, chamadas de *soft laws*, que podem ser adotadas, total ou parcialmente, pelas partes em seus procedimentos arbitrais, ou apenas servir como material de referência na condução da arbitragem.

Regras do International Bar Association ("IBA")

Regras com grande aceitação no âmbito da arbitragem internacional são as regras do IBA sobre produção de provas em arbitragens internacionais

[2] Sobre a perícia no processo civil brasileiro, confira-se: MASTROBUONO, Cristina M. Wagner. *Pesquisa: regras de imparcialidade e independência na produção de provas nas arbitragens.* Revista Brasileira de Arbitragem. Kluwer Law International, v. 67, p. 32-77, jul./set. 2020; e GONÇALVES, Eduardo Damião; SILVA, Rafael Bittencourt. *A perícia na arbitragem: a produção de provas técnicas no âmbito do procedimento arbitral e novas tendências.* Revista do Advogado, vol. 33, n. 119, São Paulo, abr. 2013.

("Regras do IBA)[3]. Foram publicadas em 1999, adotadas pelo Conselho da IBA em 2000 e depois alteradas em 2010 e 2020[4].

Esse guia surgiu após anos de debates e estudos envolvendo diversos e renomados profissionais e personagens da comunidade arbitral, sendo o grupo de trabalho composto por profissionais oriundos dos países de tradição de *civil law* (como é o Brasil e outros países da tradição romano-germânica do direito), e de *common law* (caso da Inglaterra, EUA e países com tradição anglo-saxônica).

A união de profissionais de tradições jurídicas diversas teve por objetivo a busca de um "meio termo" entre as formas de produção de prova nas diferentes culturas jurídicas – *civil* e *common law*. Enquanto nos países de tradição romano-germânica os árbitros tem um poder mais inquisitorial (isso é, o procedimento arbitral fica mais em suas mãos, podendo e devendo o árbitro agir de uma forma mais proativa), na tradição de *common law* o processo é mais adversarial (com atuação mais proativa das partes e com menor interferência dos árbitros), de forma que a prova é produzida quase que essencialmente pelas partes, o que acaba levando a uma grande participação dos profissionais técnicos nesses casos.

As Regras do IBA trazem algumas disposições específicas aplicáveis à produção da prova técnica.

O item 2.1 das Regras do IBA, por exemplo, prevê que os árbitros devem realizar uma consulta prévia com as partes, para estabelecer o procedimento específico e adequado para a produção de provas no caso concreto, incluindo o momento e a maneira de apresentação de laudos técnicos, se o caso (item 2.2 [a]).

Caraterística marcante, presente nas Regras do IBA (item 5), diz respeito à faculdade das partes indicarem seus próprios peritos (que serão chamados de peritos das partes, ao invés de peritos do Tribunal Arbitral – Party Appointed Expert), os quais irão avaliar a questão técnica controvertida e apresentar seus respectivos laudos (chamados de Expert

[3] IBA – INTERNATIONAL BAR ASSOCIATION. Resources. Disponível em: https://www.ibanet.org/resources. Acesso em: 10 jun. 2023.

[4] KREINDLER, Richard, et al., *Commentary on the New IBA Rules of Evidence in International Commercial Arbitration*. Disponível em: https://www.ibanet.org/MediaHandler?id=4F797338-693E-47C7-A92A-1509790ECC9D. Acesso em: 10 jun. 2023.

Reports), que deverão conter os requisitos previstos no item 5.2 (a) das Regras do IBA.

O Tribunal Arbitral, de acordo com o item 5.4 das Regras do IBA, poderá determinar que os peritos das partes se reúnam para que tentem chegar a um consenso em relação às questões técnicas controvertidas apresentadas em seus respectivos laudos, devendo registrar, por escrito, os pontos de concordância e de divergência que remanescerem após a realização de tal reunião.

Como consequência da ampla utilização de perito das partes no âmbito das Regras do IBA, há um dever claro de independência e imparcialidade para os profissionais técnicos, que deverão, nos termos do item 5.2 (c) das Regras do IBA, assinar declarações de independência em relação às partes, aos assessores jurídicos e ao Tribunal Arbitral, bem como uma declaração acerca dos fatos que estão sendo levados em consideração pelo expert para as conclusões exaradas em seu respectivo laudo (item 5.2 [d]).

Os peritos das partes deverão comparecer a uma audiência para serem ouvidos acerca dos laudos apresentados, momento em que poderão ser questionados, pelas partes e pelo Tribunal Arbitral, acerca das questões técnicas controvertidas (item 8). Essa possível acareação em audiência, entre os experts, é conhecida como *expert conferencing* ou *hot tubbing*[5].

As Regras do IBA, apesar de privilegiarem a escolha de perito das partes, não impedem que seja feita a escolha de um perito pelo Tribunal Arbitral (artigo 6), o qual também deverá apresentar declaração de independência e imparcialidade (item 6.2).

O perito indicado pelo Tribunal Arbitral apresentará seu laudo, contendo os requisitos previstos no item 4 das Regras do IBA, sendo certo que, havendo pedido de uma das partes ou do Tribunal Arbitral, o perito deverá ser ouvido em audiência, a fim de prestar esclarecimentos acerca de seu laudo técnico[6].

[5] Trata-se de método criado e empregado com sucesso na Australia, depois importado para a Inglaterra e para diversos outros países, no qual os técnicos devem esclarecer, sequencialmente, certos pontos controvertidos da prova técnica, podendo cada técnico se manifestar sobre os argumentos trazidos pelos demais.

[6] Sobre a produção de prova em arbitragens de construção, confira-se: FIGUEROA, Juan Eduardo. *Notas Sobre a Produção de Prova nas Arbitragens de Construção*. Revista de Arbitragem e Mediação, v. 16, n. 60, p. 219-235, jan./mar. 2019.

Regras de Praga

No ano de 2018, foram criadas as chamadas Regras de Praga[7]. Os estudiosos que participaram da elaboração das Regras de Praga viam as Regras do IBA como muito voltadas ao sistema do *common law*, e quiseram criar regras que fossem mais palatáveis para arbitragens envolvendo partes de tradição de *civil law*[8]. Entenderam que as arbitragens estavam ficando muito longas e custosas em razão da forma de produção de provas oriundas, especialmente, do sistema norte americano.

Sem adentrar ao mérito da conveniência ou necessidade de serem criadas as Regras de Praga, elas possuem algumas disposições que as aproximam das Regras do IBA (como, por exemplo, a previsão de realização de uma reunião com as partes para definição, o quanto antes, das provas a serem produzidas e a forma de sua produção – item 2.2), bem como outras que as afastam, citando-se, de início, o item 2.4 das Regras de Praga, que prevê uma atuação mais proativa do Tribunal Arbitral, a quem cabe indicar os tipos de prova que consideram apropriadas para provar os fatos trazidos pelas partes.

As Regras de Praga privilegiam a indicação de perito pelo Tribunal Arbitral (item 6.1), apesar de não afastarem por completo a possibilidade de as partes apresentarem relatórios periciais elaborados por seus próprios peritos.

Ainda, tais regras estabelecem que o processo de escolha dos peritos deve contar com participação das partes (item 6.2), embora a escolha final caiba aos árbitros, que poderão aceitar a indicação das partes, nomear outra pessoa ou uma comissão de peritos (semelhante ao *Sachs Protocol*) ou, ainda, solicitar a uma organização neutra para realizar tal indicação (item 6.2. (a), "i" a "iii").

[7] Regras sobre a Condução da Obtenção de Provas em Arbitragem Internacional (As Regras de Praga). Disponível em: http://praguerules.com/upload/medialibrary/6cb/6cb586a5118d91b918e5ec642959ceba.pdf. Acesso em: 10 jun. 2023.

[8] HENRIQUES, Duarte Gorjão. *As Regras de Praga: Uma Alternativa ou Uma Adição às 'IBA Rules On The Taking Of Evidence In International Arbitration'?*. Revista de Arbitragem e Mediação, v. 15, n. 59, p. 277-290, out./dez. 2018; ARGERICH, Sol. *A Comparison of the IBA and Prague Rules: Comparing Two of the Same.* Disponível em: https://arbitrationblog.kluwerarbitration.com/2019/03/02/a-comparison-of-the-iba-and-prague-rules-comparing-two-of-the-same/. Acesso em: 10 jun. 2023.

O perito deverá apresentar o seu laudo (item 6.3) e, a pedido de uma das partes ou mediante determinação do Tribunal Arbitral, comparecer a uma audiência para prestar esclarecimentos acerca de seu trabalho técnico. De toda forma, a indicação do perito do Tribunal Arbitral não impede as partes de apresentarem relatórios feitos por peritos indicados por elas, os quais também deverão, se assim for determinado, comparecer a uma audiência para esclarecimentos sobre seus respectivos laudos (item 6.5).

Ainda, as Regras de Praga estabelecem a possibilidade de o Tribunal Arbitral instruir os peritos nomeados por ele e/ou pelas partes para que elaborem um relatório conjunto com (i) uma lista de questões sobre as quais estão de acordo; (ii) uma lista de questões sobre as quais não há consenso; e (iii) as razões pelas quais discordam (item 6.7).

Finalmente, inexistem disposições específicas sobre independência e imparcialidade dos peritos, apesar de o item 6.2 (b) das Regras de Praga indicar que o Tribunal Arbitral deverá, depois de consultar as partes, aprovar os termos de referência para o perito nomeado.

Protocolo do Chartered Institute of Arbitrators ("CIArb") – Party Appointed and Tribunal Appointed Expert Witnesses ("Protocolo CIArb")

Além das regras já citadas, há outra importante e reconhecida diretriz internacional criada no intuito de auxiliar partes e Tribunais Arbitrais na condução das provas técnicas, o Protocolo do CIArb[9].

De maneira geral, o Protocolo do CIArb[10] estabelece que a prova técnica pode ser realizada de maneiras distintas: (i) cada parte indicando seu perito; (ii) as partes indicando um perito em conjunto; (iii) o perito apontado pelo Tribunal Arbitral; ou, ainda, (iv) a indicação de perito pelo Tribunal Arbitral, com a nomeação de experts pelas partes. De todo modo, embora preveja a possibilidade de escolha, o Protocolo do CIArb aponta que o método mais utilizado para produção de provas técnicas em

[9] O CIArb é uma entidade educacional que tem como objetivo promover e facilitar o uso de métodos alternativos de resolução de disputas. Foi fundada em 1915 no Reino Unido, e atualmente tem presença em mais de 100 países e mais de 14.000 membros profissionais qualificados ao redor do mundo. Tem uma importante representação no Brasil desde 2019. https://www.ciarb.org/.

[10] CHARTERED INSTITUTE OF ARBITRATORS (CIArb). *Protocol for the Use of Party-Appointed Experts in International Arbitration*. Disponível em: https://www.ciarb.org/media/6824/partyappointedexpertsinternationalarbitration.pdf. Acesso em: 10 jun. 2023.

arbitragens internacionais é a indicação de peritos das partes, ressaltando que, em certos casos, para fins de redução de prazo e custos, poderia ser interessante a indicação de um perito único em consenso das partes.

O Protocolo do CIArb também sugere ao Tribunal Arbitral que, o mais cedo possível, realize consulta às partes sobre os temas que serão objeto de apreciação pelos peritos, para definição, o quanto antes, por meio de uma ordem processual, da forma pela qual se dará a prova, número de peritos, objeto da perícia, prazos, trocas de laudos e comunicações entre perito, Tribunal Arbitral e partes[11].

Os peritos são orientados a realizar reuniões para identificar os pontos incontroversos e aqueles em relação aos quais ainda existe divergência, com explicações sobre os seus motivos. Esses pontos serão objeto de *cross-examination* na audiência que vier a ser designada para tal finalidade.

É muito claro, no Protocolo do CIArb, o conceito de que o perito da parte dá assistência ao Tribunal Arbitral e deve se manter independente da parte, embora seja por ela remunerado, trazendo algumas regras gerais acerca da remuneração e independência dos peritos. O laudo deve, inclusive, conter o valor da remuneração recebida, revelações sobre relacionamento passado ou presente com qualquer das partes e declaração de imparcialidade.

Finalmente, o Protocolo do CIArb sugere muita atenção em relação à transparência na comunicação entre peritos, Tribunal Arbitral e advogados.

Protocolo Sachs[12]

O Protocolo Sachs foi apresentado com o objetivo de tentar solucionar os problemas que foram identificados relativamente à forma de indicação

[11] JONES, Douglas S., *Party Appointed Expert Witnesses in International Arbitration: A Protocol at Last.* In. PARK, William W. (ed), *Arbitration International,* Oxford University Press, 2008, v. 24 n. 1, p. 146; LIM, Jonathan W., *Chapter 9: Tribunal-Appointed Experts in International Arbitration,* In. FERRARI, Franco; ROSENFELD, Friedrich Jakob (eds), *Handbook of Evidence in International Commercial Arbitration: Key Concepts and Issues.* Kluwer Law International, 2022, p. 220.

[12] SACHS, Klaus; SCHIMIDT-AHRENDTS, Nils. *Protocol on Expert Teaming: a New Approach to Expert Evidence,* In. VAN DEN Berg, Albert Jan (ed). *Arbitration Advocacy in Changing Times,* ICCA Congress Series, v. 15. Kluwer Law International; ICCA & Kluwer International 2011, pp. 135-148.

de peritos em outros *guidelines*[13]. Quando o perito é indicado pela parte, cria-se a dúvida sobre sua efetiva imparcialidade. Quando perito é indicado pelo Tribunal Arbitral, por sua vez, aponta-se a dificuldade das partes em confiar no profissional indicado, por não terem participado da escolha e, por muitas vezes, não conhecerem sua capacidade técnica, além do receio de se criar a indevida figura de um quarto árbitro, com a delegação do poder decisório para o técnico[14].

Foi sugerida então a criação de uma equipe técnica para realizar a prova pericial. Cada parte apresentará uma relação de profissionais, cabendo ao Tribunal Arbitral, após ouvir as partes, escolher um nome de cada lista. É formado então o *Expert Team* – equipe de peritos – e celebrado um termo de referência que deverá conter o objeto da prova, forma de apresentação de documentos, método de comunicação entre peritos e partes, obrigações dos peritos perante partes e Tribunal Arbitral e remuneração[15].

A equipe de peritos deve agir com independência e imparcialidade, respondendo diretamente ao Tribunal Arbitral, procurando-se, com isso, reduzir a influência que as partes normalmente exercem sobre os especialistas. A equipe de peritos irá preparar um relatório preliminar, que será encaminhado aos árbitros e partes, devendo indicar, se o caso, as questões técnicas sobre as quais não houve consenso, podendo as partes

[13] O Protocolo foi apresentado por Dr. Klaus Sachs no Congresso ICCA, ocorrido no Rio de Janeiro, em 2010.

[14] SACHS, Klaus; SCHIMIDT-AHRENDTS, Nils. *Protocol on Expert Teaming: a New Approach to Expert Evidence.* In. VAN DEN Berg, Albert Jan (ed), *Arbitration Advocacy in Changing Times*, ICCA Congress Series, v. 15. Kluwer Law International; ICCA & Kluwer International, 2011, p.137. JONES, Doug. *Methods for Presenting Expert Evidence.* In. Global Arbitration Review. Disponível em: https://globalarbitrationreview.com/guide/the-guide-evidence-in--international-arbitration/1st-edition/article/methods-presenting-expert-evidence. Acesso em: 12 jun. 2023, pp. 2 e 3.

[15] SACHS, Klaus; SCHIMIDT-AHRENDTS, Nils. *Protocol on Expert Teaming: a New Approach to Expert Evidence.* In. VAN DEN Berg, Albert Jan, *Arbitration Advocacy in Changing Times*, ICCA Congress Series, v. 15. Kluwer Law International; ICCA & Kluwer International, 2011, pp. 138 a 141. KAPLAN, Neil; BAO, Chiann, *So, Now You are an Arbitrator: The Arbitrator's Toolkit. Kluwer Law International;* Kluwer Law International 2022; LIM, Jonathan W., *Chapter 9: Tribunal-Appointed Experts in International Arbitration.* In. FERRARI, Franco; ROSENFELD, Friedrich Jakob (eds), *Handbook of Evidence in International Commercial Arbitration: Key Concepts and Issues.* Kluwer Law International, 2022, p. 221.

apresentar outros pareceres técnicos para fornecer elementos adicionais para análise do Tribunal Arbitral[16].

3. A prova técnica em arbitragens domésticas

Como visto, há diversas regras atinentes à produção de provas técnicas em procedimentos arbitrais, utilizadas no âmbito internacional, bastante distintas do método de produção de provas previsto na lei processual brasileira. Tais regras internacionais, contudo, vêm sendo pouco aplicadas nas arbitragens domésticas brasileiras.

Em recente pesquisa empírica realizada no Brasil, que contou com 116 participantes, entre árbitros e advogados atuantes em arbitragens, além das próprias Câmaras Arbitrais[17], estas informaram que 90% das perícias realizadas nos últimos 5 anos contaram com a participação de um perito indicado pelo Tribunal Arbitral (sendo 46% apenas com o perito e 44% com assistentes técnicos), e apenas 10% foram realizadas somente por peritos das partes (7,3% no conceito de perito da parte, isso é, com compromisso de imparcialidade e independência e 3,7% com assistentes técnicos).

Sobre as Regras do IBA, 51,7% dos entrevistados informaram que não tiveram experiência na sua aplicação, 35,2% testemunharam o Tribunal Arbitral invocá-las e 12% não se lembravam.

O Protocolo do CIArb é ainda menos conhecido, sendo que apenas 7% dos entrevistados informaram já ter vivenciado a utilização de tal protocolo em procedimentos domésticos.

Ao serem questionados se seriam favoráveis à inclusão no Termo de Arbitragem de orientação quanto à observância das Regras do IBA ou CIArb, 55% responderam afirmativamente, e apenas 9,5% contrariamente. 15,5% tinham dúvidas, enquanto 20% não conheciam as orientações e preferiram não opinar.

[16] PUCCI. Adriana Noemi. *Perito do tribunal, Hot Tubbing e Sachs Protocol.* In: MAIA NETO, Francisco; FIGUEIREDO, Flávio Fernando de (orgs.). *Perícia em Arbitragens.* 2. ed. Leud, 2018, p. 175.

[17] MASTROBUONO, Cristina M. Wagner. *Pesquisa: regras de imparcialidade e independência na produção de provas nas arbitragens.* Revista Brasileira de Arbitragem. Kluwer Law International, v. 67, p. 32-77, jul./set. 2020.

Tais números demonstram um desconhecimento das partes atuantes nas arbitragens domésticas quanto à aplicação dos *guidelines* internacionalmente utilizados, e ainda uma resistência quanto à desvinculação ao método de produção de prova pericial previsto no nosso CPC. Demonstram que é necessário ter cautela na utilização de tais regras no ambiente doméstico, considerando, especialmente, o grande percentual de praticantes que desconhece os protocolos internacionais.

É importante que se tenha em mente, ainda, o fato de, nos últimos anos, o país ter passado por grandes avanços legislativos na área da arbitragem, consolidando a possibilidade de participação da Administração Pública em procedimentos arbitrais[18], bem como permitindo a realização de arbitragem em litígios de natureza trabalhista[19]. Significa que há novos atores e participantes no cenário da arbitragem doméstica, que ainda estão se habituando a este método de resolução de disputas.

De toda forma, embora ainda não amplamente conhecidos e aplicados pela comunidade arbitral brasileira, a utilização dos *guidelines* internacionais pode sim ser de grande utilidade em perícias envolvendo partes brasileiras e sediadas no Brasil.

Ora, as partes elegem a via arbitral para solução de suas controvérsias justamente para sair da justiça estatal. Escolhem um novo ambiente, com regras e costumes próprios, para dirimir suas controvérsias, o que torna corolário lógico de que pretendem justamente utilizar-se da flexibilidade que o procedimento arbitral permite para aplicarem o que há de melhor para o seu caso. Nesse sentido, o que já mostrou, no âmbito internacional, ser de grande utilidade em países com maior tradição arbitral do que o Brasil, pode ser um ferramental importante para os praticantes de arbitragens domésticas.

[18] BRASIL. Lei nº 13.129, de 26 de maio de 2015. Dispõe sobre a arbitragem. Diário Oficial da União, Brasília, DF, 27 mai. 2015. Disponível em: https://www.planalto.gov.br/ccivil_03/_ato2015-2018/2015/lei/l13129.htm. Acesso em: 12 jun. 2023.

[19] BRASIL. Lei nº 13.467, de 13 de julho de 2017. Altera a Consolidação das Leis do Trabalho (CLT), aprovada pelo Decreto-Lei nº 5.452, de 1º de maio de 1943, e as Leis nos 6.019, de 3 de janeiro de 1974, 8.036, de 11 de maio de 1990, e 8.212, de 24 de julho de 1991, a fim de adequar a legislação às novas relações de trabalho. Diário Oficial da União, Brasília, DF, 14 jul. 2017. Disponível em: https://www.planalto.gov.br/ccivil_03/_ato2015-2018/2017/lei/l13467.htm. Acesso em: 12 jun. 2023.

Há, de fato, muitos métodos que podem ser extraídos das regras internacionais que seriam de grande utilidade nas provas técnicas realizadas nas arbitragens domésticas, como é o caso, por exemplo, da assinatura de termo de referência para organização da perícia, a ser elaborado pelas partes e pelo próprio Tribunal Arbitral, com objetivo de delimitar o escopo da prova, da atuação dos técnicos, e dos pontos controvertidos[20].

As regras de independência e imparcialidade dos peritos, das partes ou do Tribunal Arbitral também são de grande valia e poderiam – e deveriam – ser utilizadas nas arbitragens domésticas, evitando-se, com isso, longas discussões que podem decorrer de questões relativas a eventual comprometimento da prova técnica.

A realização da *expert conferencing*, ou *hot tubbing*, também pode ser de grande utilidade, já que possibilita que a oitiva dos técnicos se dê de forma mais dinâmica, permitindo ao Tribunal Arbitral que ouça, de forma simultânea, suas opiniões acerca dos pontos controvertidos da prova técnica, também permitindo aos experts que possam defender suas opiniões de uma maneira mais clara e efetiva[21]. Em tal audiência, o Tribunal é estimulado a seguir com o debate até esclarecer todos os pontos controvertidos em aberto[22].

[20] Conforme esclarece Victor Madeira Filho, "Entre as matérias que normalmente se encontram previstas no termo de referência, destaca-se: definição das tarefas do perito e do escopo da perícia, definição dos direitos do perito (especialmente em relação ao pagamento e reembolso de despesas), eventual dever do perito de manter a confidencialidade, de ser imparcial e independente, de revelar potenciais situações de conflito, regras para comunicação entre o perito, as partes e o tribunal arbitral e o cronograma da perícia, incluindo procedimentos de entrega de documentos e eventuais diligências presenciais do perito e assistentes técnicos." MADEIRA FILHO, Victor. *Perícias técnicas em arbitragens de construção no Brasil.* In: DOURADO, Ruy Janoni et al. (Coord.). *Atualidades da Arbitragem Comercial, Estudos dos Membros da Comissão de Arbitragem e do Comitê de Coordenação da Câmara de Mediação, Conciliação e Arbitragem da OAB/SP.* Quartier Latin, 2021, p. 365.

[21] MADEIRA FILHO, Victor. *Perícias técnicas em arbitragens de construção no Brasil.* In: DOURADO, Ruy Janoni et al. (Coord.). *Atualidades da Arbitragem Comercial, Estudos dos Membros da Comissão de Arbitragem e do Comitê de Coordenação da Câmara de Mediação, Conciliação e Arbitragem da OAB/SP.* Quartier Latin, 2021, p. 366.

[22] PUCCI. Adriana Noemi. *Perito do tribunal, Hot Tubbing e Sachs Protocol.* In: MAIA NETO, Francisco; FIGUEIREDO, Flávio Fernando de (orgs.). *Perícia em Arbitragens.* 2. ed. Leud, 2018, p. 169.

A utilização de perito das partes, ao invés da utilização de peritos do Tribunal Arbitral, é um método que ainda enfrenta grande resistência e questionamentos no âmbito da arbitragem doméstica, considerando que, para aplicadores do direito provenientes do *civil law*, a figura de um perito, nomeado e remunerado pela parte gera desconforto e dúvidas quanto à efetiva imparcialidade e independência do técnico[23].

Além disso, questiona-se o fato de cada perito apresentar um laudo diferente, muitas vezes diametralmente opostos, não resolvendo a controvérsia e criando a necessidade de nomeação de um terceiro perito para solucionar o impasse técnico, tornando o procedimento arbitral menos efetivo em termos de prazo e custo[24].

Em relação à equipe de peritos (*Sachs Protocol*), as críticas normalmente feitas a este método dizem respeito justamente à eficácia em termos de prazo e de custo, na medida em que a contratação de dois técnicos pode ser ainda mais custosa para as partes, tornando o procedimento menos eficiente[25].

Há, porém, experiências, de Tribunais Arbitrais e partes que utilizaram o perito das partes, ou mesmo equipe de peritos, e tiveram resultados positivos, sendo que, mesmo naqueles casos em que não houve consenso entre os técnicos, a questão controvertida ficou bastante reduzida, podendo ser dirimidas, em tais casos, por meio do *hot tubbing*[26].

[23] JONES, Doug. *Methods for Presenting Expert Evidence.* In. Global Arbitration Review. Disponível em: https://globalarbitrationreview.com/guide/the-guide-evidence-in-international-arbitration/1st-edition/article/methods-presenting-expert-evidence. Acesso em: 12 jun. 2023, p. 2.

[24] Acerca dos benefícios e riscos da utilização de peritos das partes, PUCCI. Adriana Noemi. *Perito do tribunal, Hot Tubbing e Sachs Protocol.* In: MAIA NETO, Francisco; FIGUEIREDO, Flávio Fernando de (orgs.). *Perícia em Arbitragens.* 2. ed. Leud, 2018, p. 170 e 173.

[25] HAUGENEDER, Florian, *Chapter II: The Arbitration Agreement and Arbitrability, Party – Appointed and Tribunal – Appointed Experts in International Arbitration.* In. KLAUSEGGER, Christian, KLEIN, Peter, et al. (eds), *Austrian Yearbook on International Arbitration 2020.* Manz'sche Verlags – und Universitätsbuchhandlung 2020, pp. 179-181; MADEIRA FILHO, Victor. *Perícias técnicas em arbitragens de construção no Brasil.* In: DOURADO, Ruy Janoni et al. (Coord.). *Atualidades da Arbitragem Comercial, Estudos dos Membros da Comissão de Arbitragem e do Comitê de Coordenação da Câmara de Mediação, Conciliação e Arbitragem da OAB/SP.* Quartier Latin, 2021, p. 360.

[26] Ainda que seja necessária a contratação de um Perito do Tribunal Arbitral para dirimir os pontos que ficaram sem definição, essa perícia tende a ser mais rápida do que a perícia

Além disso, outra vantagem da utilização de perito das partes, ou equipe de peritos, consiste na redução do risco de se colocar toda a análise técnica do caso nas mãos de um único profissional, evitando-se, com isso, o risco de se delegar a decisão, que deve ser dos árbitros, para o perito.

Porém, para utilização do perito das partes – ou equipe de peritos – na arbitragem doméstica, é necessário, além de maior divulgação das diretrizes internacionais no âmbito doméstico, uma mudança cultural, a fim de que não se confunda o conceito e funções do assistente técnico (figura do nosso CPC), com a figura do perito da parte, que deve ser, conforme visto, independente e imparcial em relação às partes da disputa.

É necessário que tanto os advogados, quanto os técnicos, compreendam essa premissa fundamental. Os advogados não podem interferir nos trabalhos técnicos, tampouco podendo nutrir qualquer expectativa de que o perito da parte funcione como assistente técnico. O perito, por sua vez, também precisa compreender o seu novo papel, deixando de lado eventuais costumes aplicáveis quando de sua atuação com assistente técnico para compreender, na essência, o que se espera do perito da parte nos procedimentos arbitrais[27].

Conclusões

A flexibilidade dos procedimentos arbitrais permite que as partes moldem o procedimento para que seja o mais eficaz e efetivo possível para a solução de sua controvérsia.

No que diz respeito à produção de prova técnica, as partes podem se valer do método de produção de provas previsto em nosso CPC (ou seja, com a indicação de um perito pelo Tribunal Arbitral e utilização de assistentes técnicos de confiança das partes), mas também podem se valer de métodos e técnicas que já foram amplamente testados no ambiente

tradicional, conforme ensina PUCCI, Adriana Noemi, para quem "como muitas questões já foram debatidas e esclarecidas pelos especialistas anteriores, o perito não iniciará seu trabalho do "zero", contará com uma análise técnica prévia dos fatos, o que, sem dúvida, contribuirá a que este profira uma conclusão tecnicamente mais sólida." PUCCI. Adriana Noemi. *Perito do tribunal, Hot Tubbing e Sachs Protocol*. In: MAIA NETO, Francisco; FIGUEIREDO, Flávio Fernando de (orgs.). *Perícia em Arbitragens*. 2. ed. Leud, 2018, p. 178.

[27] Nesse sentido, SCHNEIDER. Michael E. *President's Message. The Role of Experts in the Adversarial Process and the Arbitrator's Capacity to Absorb Specialised Knowledge*. ASA Bulletin, v. 31, Issue 1, 2013, p. 1.

das arbitragens internacionais, e que apresentaram resultados positivos e satisfatórios.

Tais métodos e técnicas ainda são pouco utilizados e conhecidos no âmbito da arbitragem brasileira doméstica, mas merecem ser mais divulgados, debatidos e sugeridos pelos Tribunais Arbitrais às partes, para que essas, nem sempre representadas por advogados que têm experiência na condução de arbitragens internacionais, possam conhecer o leque de opções que têm à sua disposição.

De toda forma, especificamente no que diz respeito à utilização de perito da parte, é necessária uma mudança cultural por parte de advogados e técnicos, a fim de que compreendam a essência do dever de independência e imparcialidade inerente à figura do perito da parte, e por parte dos árbitros, que deverão delimitar com mais precisão o escopo da prova técnica. E tal mudança cultural apenas será possível com o conhecimento, discussão e diálogo, algo que esperamos fomentar por meio deste artigo.

Referências

ARGERICH, Sol. *A Comparison of the IBA and Prague Rules: Comparing Two of the Same.* Disponível em: https://arbitrationblog.kluwerarbitration.com/2019/03/02/a-comparison-of-the-iba-and-prague-rules-comparing-two-of-the-same/. Acesso em: 10 jun. 2023.

FIGUEROA, Juan Eduardo. *Notas Sobre a Produção de Prova nas Arbitragens de Construção.* Revista de Arbitragem e Mediação, v. 16, n. 60, p. 219–235, jan./mar. 2019.

GONÇALVES, Eduardo Damião; SILVA, Rafael Bittencourt. *A perícia na arbitragem: a produção de provas técnicas no âmbito do procedimento arbitral e novas tendências.* Revista do Advogado, vol. 33, n. 119, São Paulo, abr. 2013.

HAUGENEDER, Florian, *Chapter II: The Arbitration Agreement and Arbitrability, Party – Appointed and Tribunal – Appointed Experts in International Arbitration.* In. KLAUSEGGER, Christian, KLEIN, Peter, et al. (eds), *Austrian Yearbook on International Arbitration 2020.* Manz'sche Verlags – und Universitätsbuchhandlung 2020.

HENRIQUES, Duarte Gorjão. *As Regras de Praga: Uma Alternativa ou Uma Adição às 'IBA Rules On The Taking Of Evidence In International Arbitration'?.* Revista de Arbitragem e Mediação, v. 15, n. 59, p. 277-290, out./dez. 2018.

JONES, Doug S., *Methods for Presenting Expert Evidence.* In. Global Arbitration Review. Disponível em: https://globalarbitrationreview.com/guide/the-guide-evidence-in-international-arbitration/1st-edition/article/methods--presenting-expert-evidence. Acesso em: 12 jun. 2023.

JONES, Douglas S., *Party Appointed Expert Witnesses in International Arbitration: A Protocol at Last.* In. PARK, William W. (ed), *Arbitration International*, Oxford University Press, 2008, v. 24 n. 1.

KAPLAN, Neil; BAO, Chiann, *So, Now You are an Arbitrator: The Arbitrator's Toolkit. Kluwer Law International;* Kluwer Law International 2022.

KREINDLER, Richard, et al., *Commentary on the New IBA Rules of Evidence in International Commercial Arbitration*. Disponível em: https://www.ibanet.org/MediaHandler?id=4F797338-693E-47C7-A92A-1509790ECC9D. Acesso em: 10 jun. 2023.

LIM, Jonathan W., *Chapter 9: Tribunal-Appointed Experts in International Arbitration*, In. FERRARI, Franco; ROSENFELD, Friedrich Jakob (eds), *Handbook of Evidence in International Commercial Arbitration: Key Concepts and Issues*. Kluwer Law International, 2022.

MADEIRA FILHO, Victor. *Perícias técnicas em arbitragens de construção no Brasil*. In: DOURADO, Ruy Janoni et al. (Coord.). *Atualidades da Arbitragem Comercial, Estudos dos Membros da Comissão de Arbitragem e do Comitê de Coordenação da Câmara de Mediação, Conciliação e Arbitragem da OAB/SP*. Quartier Latin, 2021.

MASTROBUONO, Cristina M. Wagner. *Pesquisa: regras de imparcialidade e independência na produção de provas nas arbitragens*. Revista Brasileira de Arbitragem. Kluwer Law International, v. 67, p. 32-77, jul./set. 2020.

PUCCI. Adriana Noemi. *Perito do tribunal, Hot Tubbing e Sachs Protocol*. In: MAIA NETO, Francisco; FIGUEIREDO, Flávio Fernando de (orgs.). *Perícia em Arbitragens*. 2. ed. Leud, 2018.

SACHS, Klaus; SCHIMIDT-AHRENDTS, Nils. *Protocol on Expert Teaming: a New Approach to Expert Evidence*, In. VAN DEN Berg, Albert Jan (ed). *Arbitration Advocacy in Changing Times*, ICCA Congress Series, v. 15. Kluwer Law International; ICCA & Kluwer International 2011.

SCHNEIDER. Michael E. *President's Message. The Role of Experts in the Adversarial Process and the Arbitrator's Capacity to Absorb Specialised Knowledge*. ASA Bulletin, v. 31, Issue 1, 2013.

9. PODE O JUDICIÁRIO REDUZIR O VALOR DE MULTA FIXADA EM ARBITRAGEM COM FUNDAMENTO NO ART. 413 DO CÓDIGO CIVIL?

Olavo Augusto Vianna Alves Ferreira

Carlos Eduardo Montes Netto

Introdução

Existe um consenso com relação à incidência dos princípios constitucionais na arbitragem, representando característica inerente ao modelo de Estado Democrático de Direito o respeito à Constituição, que institui a norma diretriz de todo o ordenamento jurídico, com relação ao qual deve se adequar qualquer norma infraconstitucional, no caso a Lei de Arbitragem.

Sob tal perspectiva, o devido processo legal, que se encontra previsto no art. 5º, LIV, da Constituição da República Federativa do Brasil de 1988 (CRFB/88), apresenta grande importância para o presente estudo, tendo em vista que, segundo parte da doutrina[1] e da jurisprudência, inclusive da Corte Suprema[2], a proporcionalidade encontra fundamento no devido processo legal no seu aspecto material[3-4].

[1] BORGES NETTO, André L. A razoabilidade constitucional. **Revista Jurídica Virtual**, Brasília, v. 2, n. 12, mai. 2000. Disponível em: https://revistajuridica.presidencia.gov.br/index.php/saj/article/view/1030/1014#. Acesso em: 04 ago. 2020.

[2] BRASIL. Supremo Tribunal Federal. **ADI 855/PR**. Relator: Ministro Octavio Gallotti, Relator para o Acórdão: Min. Gilmar Mendes, j. 06 mar. 2008.

[3] Existem ainda outras correntes que apontam que o seu fundamento: i) no Estado de Direito (BARROS, Suzana de Toledo. **O princípio da proporcionalidade e o controle de constitucionalidade das leis restritivas de direitos fundamentais**. 2. ed. Brasília: Brasília Jurídica, 2000, p. 95; BARROSO, Luís Roberto. Os princípios da razoabilidade e

Sustenta-se, ainda, que o controle de constitucionalidade é matéria de ordem pública, constituindo dever do árbitro observar a CRFB/88 em qualquer decisão[5], o que abriria espaço, em tese, para o controle judicial da decisão desproporcional ou injusta proferida na arbitragem.

Essa situação, no entanto, confrontaria o princípio da impossibilidade da revisão de mérito das decisões arbitrais, a vedação à valoração judicial de provas produzidas no procedimento arbitral, o princípio da competência--competência e a coisa julgada arbitral.

Nesse contexto, o presente trabalho pretende analisar se é possível a redução pelo Judiciário de multa fixada em arbitragem, com fundamento na aplicação do art. 413 do CC, a exemplo do que se verifica amplamente nos processos judiciais em geral nos tribunais de país.

1. Controle judicial da sentença arbitral com fundamento na proporcionalidade

Se o controle de constitucionalidade constitui matéria de ordem pública, ensejando até mesmo a possibilidade de controle judicial da sentença arbitral, a impossibilidade da revisão do mérito da sentença arbitral, ao seu turno, representa um consenso no âmbito das arbitragens internacionais e nacionais.

A propósito, Natália Mizrahi Lamas[6] adverte que o ordenamento jurídico brasileiro, a exemplo de vários outros, não prevê a possibilidade

da proporcionalidade no direito constitucional. **Cadernos de Direito Constitucional e Ciência Política**, São Paulo: Revista dos Tribunais, n. 23, p. 65-78, 1998, p. 75); ii) no artigo 5º, parágrafo 2º da CRFB/88 (GUERRA FILHO, Willis Santiago. Princípio da proporcionalidade e teoria do direito. *In*: GRAU, Eros Roberto; GUERRA FILHO, Willis Santiago (Org.). **Direito constitucional**: estudos em homenagem a Paulo Bonavides. São Paulo: Malheiros, 2001, p. 278; BONAVIDES, Paulo. **Curso de direito constitucional**. 9. ed. São Paulo: Malheiros, 2000, p. 396); iii) na estrutura dos direitos fundamentais (SILVA, Virgílio Afonso da. O proporcional e o razoável. **Revista dos Tribunais**. n. 798, São Paulo, p. 23-50, 2002).

4 Conforme se observa, independentemente da corrente adotada a proporcionalidade possui fundamento na CRFB/88.

5 BONIZZI, Marcelo José Magalhães; FERREIRA, Olavo Augusto Vianna Alves. Declaração de inconstitucionalidade pelo árbitro: vedação ou dever. **Revista dos Tribunais Online**: Revista de Processo, São Paulo, v. 274, p. 543-578, dez. 2017.

6 LAMAS, Natália Mizrahi. Introdução e princípios aplicáveis à arbitragem. *In*: LEVY, Daniel; PEREIRA, Guilherme Setoguti J. (Coord.). **Curso de Arbitragem**. 2. ed. São Paulo: Thomson Reuters Brasil, 2021, p. 55.

da interposição de recurso contra a sentença arbitral, inexistindo qualquer possibilidade de reanálise do mérito pelo Judiciário da decisão proferida pelo árbitro.

Nesse contexto, a autora assevera que é possível sustentar até mesmo a existência no direito brasileiro de um princípio que obsta a revisão do mérito da sentença arbitral pela Justiça estatal[7].

Esse é, inclusive, o entendimento adotado pela jurisprudência, tendo essa tese sido acolhida pelo STF desde 1956[8] e pelos nossos tribunais em geral, desde então, conforme se observa de várias decisões recentes[9].

Assim, surgem dúvidas se a proporcionalidade pode ser utilizada como fundamento para a revisão do mérito da sentença arbitral em sede de ação anulatória ou de eventual cumprimento de sentença arbitral e, em caso positivo, quais seriam os limites e contornos desse tipo de controle judicial.

Destaca-se que muito além do mero interesse acadêmico na abordagem do assunto, diante da escassez de estudos específicos na doutrina brasileira, a análise da possibilidade de aplicação e eventual extensão da proporcionalidade na via arbitral pode contribuir para a solução de diversos casos práticos pelos árbitros, bem como para definir se é possível e os eventuais contornos do exercício do controle judicial nesses casos, se admitido.

Como prova disso, destaca-se o emblemático Agravo de Instrumento nº 2240601-35.2020.8.26.0000[10], interposto nos autos de um cumprimento de sentença arbitral em face de decisão do juízo de piso que rejeitou impugnação ao cumprimento de sentença, na qual o impugnante, um famoso clube de futebol, sustentou que seria absurda a cominação

[7] *Id., Ibid.*, p. 55.

[8] BRASIL. Supremo Tribunal Federal. **RE 32.226**. Relator: Min. Macedo Ludolf, j. 16 ago. 1956.

[9] BRASIL. Superior Tribunal de Justiça. **AREsp 1.662.996/SP**. Relatora: Maria Isabel Gallotti, 03 de agosto 2020. Decisão monocrática; SÃO PAULO. Tribunal de Justiça do Estado de São Paulo. **Apelação Cível 1118383-81.2018.8.26.0100**. 2ª. Câmara Reservada de Direito Privado. Relator: Araldo Telles, 01 de dezembro 2020; PARANÁ. Tribunal de Justiça do Estado do Paraná. **Apelação 0051089-46.2020.8.16.0000**. 4ª. Câmara Cível. Relatora: Desa. Regina Afonso Portes, 02 de março 2021.

[10] SÃO PAULO. Tribunal de Justiça do Estado de São Paulo. **Agravo de Instrumento 2240601-35.2020.8.26.0000**. 4ª. Câmara de Direito Privado. Relator: Alcides Leopoldo, 25 de março 2021.

de multa compensatória no valor de dez milhões de euros, no caso de inadimplemento de parcela devida e que, após o pagamento de 75,3% do débito, inadimpliu a última parcela, diante da indisponibilidade de caixa, não pretendendo a declaração de nulidade da sentença arbitral, mas somente a redução equitativa da multa, requerendo a aplicação do disposto nos arts. 413 e 844 do Código Civil (CC), como forma de afastar a possibilidade de enriquecimento sem causa, considerando que o valor da multa corresponderia a 200% do valor da parcela inadimplida.

Ao rejeitar a impugnação, o juiz de piso destacou que a situação descrita pela impugnante não se enquadrava em nenhuma das hipóteses previstas no art. 32 da Lei de Arbitragem, não havendo, em razão disso, como a Justiça estatal alterar o mérito da decisão proferida pelo árbitro por mero inconformismo da parte.

A princípio, o Agravo de Instrumento não foi conhecido, sendo interposto agravo interno com a retratação do relator, tendo sido deferida, em parte, a tutela recursal.

Por ocasião da apreciação do mérito, o relator do caso, Desembargador Alcides Leopoldo, destacou que o art. 413 do CC constitui norma de ordem pública que deve ser aplicada no cumprimento de sentença arbitral, sem que se possa sustentar ofensa à coisa julgada arbitral, independentemente da presença das causas de nulidade previstas no art. 32 da Lei de Arbitragem, citando lições de Judith Martins-Costa e Nelson Rosenvald sobre o art. 413, do CC e acórdão proferido pelo STJ no REsp nº 1.447.247/SP[11], interposto em face de acórdão do Tribunal de Justiça do Estado de São Paulo (TJSP), proferido em processo judicial de conhecimento, que negou provimento a apelação que analisou relação jurídica proveniente de contrato de compra e venda de árvores em pé, no qual a Corte paulista negou provimento ao recurso e reduziu de ofício e por "equidade" cláusula penal para o percentual de 10% do valor do contrato, levando em consideração o preço e o período decorrido desde o início do contrato, tendo sido a decisão proferida pela segunda instância mantida pela Corte Especial.

Segundo Alcides Leopoldo, evidenciou-se no caso concreto dois pressupostos legais que autorizam a revisão da cláusula penal, o cumprimento parcial da obrigação e a desproporcionalidade da penalidade, tendo em

[11] BRASIL. Superior Tribunal de Justiça. **REsp 1.447.247/SP**. Relator: Min. Luis Felipe Salomão, 19 de abril 2018.

vista o objetivo do negócio realizado, no qual as partes firmaram um acordo no curso da arbitragem no valor de EUR 20.250.000,00, mediante o pagamento de três parcelas, a primeira de EUR 10.250.000,00 e as demais de EUR 5.000.000,00, com a fixação de uma multa compensatória no valor de R$ 10.000.000,00, para o caso de inadimplemento.

Considerando a ausência de pagamento da terceira parcela do acordo, a agravada ingressou com o cumprimento de sentença visando receber a multa compensatória de EUR 10.000.000,00, acrescida de juros compensatórios de 3% ao ano, totalizando o débito, em 06/11/2019, a quantia de R$ 68.527.519,76.

A impugnação apresentada no cumprimento de sentença, conforme já se destacou, foi rejeitada pelo juiz de primeiro grau, tendo sido determinada a imediata constrição sobre créditos do agravante, no valor atualizado da dívida de R$ 85.362.682,25.

De acordo com o relator do recurso, a redução equitativa da penalidade, diante do art. 413 do CC, é questão que diz respeito ao cumprimento de sentença, competindo ao juiz a sua apreciação, ainda que o título judicial se origine de sentença arbitral, sendo dispensada a submissão a novo procedimento arbitral ou mesmo a declaração de nulidade da sentença arbitral que a estipulou.

Com base nisso, foi dado provimento ao recurso e determinada a revisão da penalidade para que fosse calculada em 20% sobre o valor ainda devido, acrescido dos respectivos encargos, devendo o bloqueio de ativos se restringir a esse limite.

Esse tipo de posicionamento também foi recentemente adotado pelo Tribunal de Justiça do Estado de Goiás (TJGO), nos autos do Agravo de Instrumento nº 5500701-89.2020.8.09.0000[12], interposto em face de decisão do juízo de primeiro grau que rejeitou impugnação ao cumprimento de sentença arbitral homologatória de acordo apresentada sob a alegação de que o atraso no pagamento das parcelas pactuadas para todo dia 20, com início em 20/01/2018, foi mínimo, tendo o primeiro sido efetivado em 23/01/2018 e o segundo em 21/02/2018, tendo sido assentado na decisão recorrida que:

[12] GOIÁS. Tribunal de Justiça do Estado de Goiás. **Agravo de Instrumento 5500701-89.2020.8.09.0000**. 2ª. Câmara Cível. Relator: Leobino Valente Chaves, 01 de fevereiro 2021.

> Em que pese o atraso mínimo no pagamento das parcelas, destaco que cabe ao Judiciário tão somente analisar a regularidade formal do título, não devendo se imiscuir na excessividade ou não da multa estipulada, sobretudo por se tratar de sentença arbitral (título executivo judicial), o que poderia importar em ofensa à coisa julgada.
>
> Portanto, considerando que a alegação de excesso de execução se calca na multa e, uma vez verificado que o pagamento não se deu nos dias estritamente estipulados pelas próprias partes (documentos trazidos pela própria executada na movimentação 37 – arquivo 2), não merece ser acolhida a tese.

A Segunda Câmara Cível do TJGO decidiu que a redução do valor da cláusula penal fixada em acordo homologado não contaria a coisa julgada arbitral, sustentando o relator do caso, Desembargador Leobino Valente Chaves, a aplicabilidade do art. 413 do CC, que permite que o juiz reduza equitativamente o valor da cláusula penal, quando a obrigação tiver sido cumprida em parte ou o seu montante se mostrar manifestamente excessivo, considerando a natureza e a finalidade do negócio.

Segundo consignado no referido acórdão, esse tipo de intervenção judicial não contraria a coisa julgada, diante da função social que permeia o instituto da cláusula penal, que constitui obrigação secundária e acessória e nem mesmo se trataria de uma faculdade do juiz, considerando que se reveste do atributo de norma de ordem pública, com natureza cogente.

O Desembargador relator asseverou que, em casos como esse, admite-se que o julgador "ultime a sua revisão e interpretação à luz do princípio da razoabilidade e da proporcionalidade, sem importar em violação ao art. 5º, XXXVI, da Constituição Federal", citando o que restou decidido no REsp. nº 1.447.247/SP, já mencionado anteriormente, o Agravo de Instrumento nº 5106160-40.2020.8.09.0000[13], interposto em sede de execução de acordo homologado no juízo arbitral, o Agravo de Instrumento nº 5264392-24.2018.8.09.0000[14], interposto em ação judicial de obrigação de fazer em fase de cumprimento de sentença e o Agravo de Instrumento

[13] GOIÁS. Tribunal de Justiça do Estado de Goiás. **Agravo de Instrumento 5106160-40.2020.8.09.0000**. 4ª. Câmara Cível. Relator: Carlos Hipolito Escher, 15 de junho 2020.

[14] GOIÁS. Tribunal de Justiça do Estado de Goiás. **Agravo de Instrumento 5264392-24.2018.8.09.0000**. 5ª. Câmara Cível. Relator: Guilherme Gutemberg Isac Pinto, 29 de novembro 2018.

nº 2984-72.2016.8.09.0000[15], interposto nos autos de um divórcio litigioso em fase de cumprimento de sentença.

Em situação diversa, envolvendo a execução de astreintes em sede de decisão arbitral[16], o Tribunal de Justiça do Estado do Rio de Janeiro (TJRJ) apreciou o Agravo de Instrumento nº 0001909-19.2016.8.19.0000[17] interposto em face de decisão de primeiro grau que, com fundamento na proporcionalidade e na razoabilidade, em cumprimento de sentença arbitral na qual foi fixada multa diária de R$ 500,00 pelo descumprimento da obrigação de fazer, consistente na entrega de material fonográfico, tendo a multa atingido a quantia de R$ 1.053.479,76, limitou as astreintes a R$ 50.000,00, montante equivalente a menos de 5% do valor cobrado.

O relator do caso, desembargador Gilberto Matos, afirmou que o valor da multa contratual em comparação com o provável valor do material fonográfico na posse dos agravados excedeu em muito o montante do restante da execução, acrescentando que a jurisprudência reconhece que deve haver uma proporcionalidade entre o objeto da execução e a multa fixada.

Gilberto Matos concluiu que "a R. Decisão agravada, quanto à redução do valor das astreintes para R$ 50.000,00, que se mostra em conformidade com os princípios da proporcionalidade e da razoabilidade".

No caso das astreintes, contudo, existe previsão legal para a aplicação do art. 525 e seguintes, do CPC, nos termos do artigo 33, § 3º, da Lei de Arbitragem, tratando-se de hipótese diversa da multa prevista em contrato ou acordo firmado pelas partes, no exercício da autonomia privada, escapando aos limites deste trabalho.

[15] GOIÁS. Tribunal de Justiça do Estado de Goiás. **Agravo de Instrumento 2984-72.2016.8.09.0000**. 1ª. Câmara Cível. Relator: Luiz Eduardo de Souza, 03 de maio 2016.

[16] Registra-se que existe divergência de posicionamentos com relação à possibilidade de o árbitro fixar astreintes: i) sustentando a impossibilidade (TALAMINI, Eduardo. Arbitragem e a tutela provisória no Código de Processo Civil de 2015. **Revista de arbitragem e mediação**, São Paulo: ano 12, n. 46, jul./set. 2015); ii) admitindo a possibilidade, além do julgado em análise (FERREIRA, Olavo Augusto Vianna Alves; ROCHA, Matheus Lins; FERREIRA, Débora Cristina Fernandes Ananias Alves. **Lei de Arbitragem comentada**: artigo por artigo. São Paulo: Juspodivm, 2021).

[17] RIO DE JANEIRO. Tribunal de Justiça do Estado do Rio de Janeiro. **Agravo de Instrumento 0001909-19.2016.8.19.0000**. 15ª. Câmara Cível. Relator: Gilmar Matos, 03 de maio 2016.

O que foi decidido nos Agravos de Instrumento nºs 2240601-35.2020.8.26.0000, 5500701-89.2020.8.09.0000 e 5106160-40.2020.8.09.0000 reflete o posicionamento da nossa jurisprudência em processos judiciais que não se referem a ações anulatórias de sentenças arbitrais ou impugnações ao cumprimento de sentenças proferidas em sede de arbitragem, sendo frequente o abrandamento do valor da cláusula penal pelo Judiciário, sob os fundamentos de que constitui dever do juiz e direito do devedor a observância da função social do contrato, da boa-fé objetiva e do equilíbrio econômico entre as prestações.

Esse tipo de posicionamento em processos judiciais em geral, repisa-se, que não se referem à arbitragem, pode ser observado, por exemplo, no TJSP em acórdão proferido em 30 de março de 2021, no Agravo de Instrumento nº 2225171-43.2020.8.26.0000[18], analisando caso no qual as partes formularam um acordo na fase de cumprimento de sentença para pagamento do débito em 12 prestações mensais, sob pena de incidência de uma cláusula penal equivalente a 30% sobre o saldo devedor, tendo sido pagas as 5 primeiras parcelas do acordo, verificando-se a mora a partir da sexta prestação, quitada com 40 dias de atraso; a sétima, paga com atraso de 19 dias; a nona, paga com atraso de 10 dias; e a décima, paga com atraso de 19 dias entre a r. decisão que rejeitou impugnação da ré e a protocolização do recurso, sob os fundamentos de que: i) aplica-se ao presente caso a teoria da "*substancial performance*"; ii) vivencia-se os percalços provocados pela pandemia, com reflexos na economia; iii) a multa estipulada pelas partes é desproporcional; iv) o art. 2.035 do CC dispõe que nenhuma convenção prevalecerá se for contrária a preceitos de ordem pública; v) nos termos do art. 421 do CC, os contratos devem cumprir a sua função social, assegurando o equilíbrio entre as partes; vi) trata-se de questão de ordem pública, que deve ser conhecida, inclusive, de ofício; vii) o enunciado nº 22, da I Jornada de Direito Civil, promovida pelo Conselho da Justiça Federal, prevê que o art. 421, do CC, constitui cláusula geral; viii) o art. 413, do CC, autoriza a possibilidade de redução da penalidade nas cláusulas penais, a critério do juiz, por apreciação equitativa; e ix) o enunciado nº 356, aprovado na IV Jornada de Direito

[18] SÃO PAULO. Tribunal de Justiça do Estado de São Paulo. **Agravo de Instrumento 2225171-43.2020.8.26.0000**. 12ª. Câmara de Direito Privado. Relator: Cerqueira Leite, j. 30 mar. 2021.

Civil do Conselho da Justiça Federal, que determina o dever do juiz de reduzir a cláusula penal de ofício, decidiu que "é bastante proporcional que a penalidade fique reduzida a 5%".

O STJ, conforme se observa da decisão proferida no REsp nº 1.898.738/SP[19], que apreciou a possibilidade de redução de cláusula penal em sede de cumprimento de sentença de um acordo homologado judicialmente, no qual a dívida originária era de aproximadamente R$ 32.000,00 e, na hipótese de atraso, o valor seria o primitivo, que representava mais de R$ 54.000,00, acrescido de multa no montante de 20%, assentou que é dever do magistrado o abrandamento da cláusula penal, constituindo o art. 413, do CC norma cogente e de ordem pública e que esse tipo de interferência judicial não contraria os princípios da autonomia da vontade, da liberdade contratual e da força obrigatória dos contratos, que foram ressignificados em decorrência da interpretação constitucional do Direito Privado, que passou a atenuar os seus contornos.

Sob esses fundamentos, assentou-se que a redução da cláusula penal com fundamento no art. 413, do CC, deve ser realizada mediante "apreciação equitativa do juiz, não havendo uma equivalência matemática a ser necessariamente seguida".

Ressalta-se, aqui, que não se trata da análise da "justiça" dessas decisões que, diga-se de passagem, foram muito bem fundamentadas e refletem exatamente o entendimento pacífico da jurisprudência em processos judiciais, mas apenas se o ordenamento jurídico comporta esse mesmo tipo de desfecho no que se refere ao controle judicial da sentença arbitral via ação anulatória ou impugnação ao cumprimento de sentença.

No que se refere a pedidos judiciais de revisão de decisões arbitrais, Fábio Zech Sylvestre e Tiago Asfor Rocha Lima[20] observam que a tendência da jurisprudência, direcionada por importantes julgamentos proferidos pelo STJ, é no sentido de prestigiar as decisões proferidas pelo(s) árbitro(s), o que pode ser verificado em ações de homologação de sentença estrangeira

[19] BRASIL. Superior Tribunal de Justiça. **REsp 1.898.738/SP**. Relatora: Min. Nancy Andrighi, 23 de março 2021.

[20] SYLVESTRE, Fábio Zech; LIMA, Tiago Asfor Rocha. Aspectos processuais da ação de nulidade de sentença arbitral: perspectivas reformistas. *In*: CAHALI, Francisco José; RODOVALHO, Thiago; FREIRE, Alexandre (Coord.). **Arbitragem**: estudos sobre a Lei n. 13.129, de 26-5-2015. São Paulo: Saraiva, 2016, p. 561.

e, também, nos Recursos Especiais decididos por essa Corte Especial, que apreciam a possibilidade de controle judicial de arbitragens nacionais.

Com relação a esse último ponto (arbitragens nacionais), no já mencionado REsp nº 1.636.102/SP[21], interposto em face de acórdão do TJSP que manteve sentença de improcedência proferida em sede de ação anulatória de sentença arbitral, o STJ consignou que não obstante a autonomia privada represente a principal característica da arbitragem, não são raros os casos nos quais a validade da sentença arbitral é objeto de questionamento judicial, devendo a discussão, entretanto, se restringir às hipóteses que constam do art. 32 da Lei de Arbitragem.

Diante dessa premissa, a Corte Especial salientou que o controle judicial está restrito à análise de aspectos de ordem formal, em especial aqueles que se referem às garantias constitucionais que se aplicam a qualquer tipo de processo ou procedimento e que não podem ser afastadas pela vontade das partes, a exemplo do contraditório e da ampla defesa, não constituindo motivo para a revisão judicial da sentença arbitral o mero inconformismo com o mérito da decisão proferida pelo árbitro.

Fábio Zech Sylvestre e Tiago Asfor Rocha Lima[22] observam que a decisão proferida pelo(s) árbitro(s) é revestida de definitividade (*finality*), restringindo a possibilidade de revisão pelo Judiciário, conforme ressaltado no REsp nº 693.219/PR[23] que afirmou que "não é possível a análise do mérito da sentença arbitral pelo Poder Judiciário", devendo esse controle se limitar a aspectos relacionados a eventuais nulidades que dizem respeito ao procedimento.

Assim, considerando que o exame da proporcionalidade implica, inevitavelmente, na análise do próprio mérito da disputa e na valoração de provas[24], eventuais decisões desproporcionais ou injustas que vierem

[21] BRASIL. Superior Tribunal de Justiça. **REsp 1.636.102/SP**. Relator: Min. Ricardo Villas Bôas Cueva, 13 de junho 2017.

[22] SYLVESTRE, Fábio Zech; LIMA, Tiago Asfor Rocha. Aspectos processuais da ação de nulidade de sentença arbitral: perspectivas reformistas, *op. cit.*, p. 580.

[23] BRASIL. Superior Tribunal de Justiça. **REsp 693.219-PR**. Relatora: Min. Nancy Andrighi, j. 19 de abril 2005.

[24] Conforme ensina Ada Pellegrini Grinover a arbitragem subtrai do Poder Judiciário o conhecimento do mérito que abrange todas as questões de fato e de direito envolvendo o conflito (GRINOVER, Ada Pellegrini. Arbitragem: ação anulatória e embargos do devedor – Parecer. **Revista Brasileira de Arbitragem**, São Paulo, v. 18, p. 154-181, abr./jun.2008).

a ser proferidas pelo(s) árbitro(s) se enquadram na hipótese de *error in judicando*, escapando da possibilidade de controle judicial, lembrando que a observância das normas constitucionais também constitui um dever inarredável do(s) árbitro(s) no exercício da jurisdição privada, a quem compete, com exclusividade, a aplicação da proporcionalidade, sob pena de ofensa ao princípio da *kompetenz-kompetenz* e à coisa julgada arbitral[25].

Com todo respeito ao que foi determinado nos acórdãos que admitiram a aplicação do art. 413, do CC para redução de multa fixada no exercício da autonomia das partes no processo arbitral, defende-se a impossibilidade da realização desse tipo de controle judicial da sentença arbitral, sob a suposta alegação de ofensa à ordem pública, ainda que ocorra, como é possível sustentar nesses casos concretos, evidente violação à proporcionalidade.

Conclusões

Com relação aos processos judiciais em geral (que não tratam da análise de procedimentos arbitrais), a jurisprudência brasileira admite de forma bastante ampla a aplicação da proporcionalidade em decisões judiciais, sem se basear em critérios claros e objetivos.

Quanto ao controle judicial das decisões proferidas na arbitragem, a possibilidade de intervenção judicial é considerada uma forma de controle de riscos, cabível apenas em casos de má-fé ou de ofensa a princípios processuais básicos, representando uma tendência mundial o prestígio à autonomia privada e o respeito às decisões proferidas pelo árbitro, não se permitindo, em hipótese alguma a revisão do mérito das decisões arbitrais pela justiça estatal, mesmo na hipótese de julgamento proferido com erro ou de forma contrária à lei.

Embora a proporcionalidade seja norma constitucional com conteúdo de ordem pública que, a princípio, ensejaria a possibilidade de controle judicial via ação anulatória ou impugnação ao cumprimento de sentença arbitral, obtempera-se nessa pesquisa que não é cabível o controle judicial da decisão arbitral desproporcional, constituindo dever do árbitro realizar

[25] Peter Christian Sester pontua que a sentença arbitral faz coisa julgada e o seu efeito vinculante constitui um dos grandes pilares da arbitragem internacional que independe da lei nacional aplicável seguir a tradição do *Civil Law* ou *Common Law* (SESTER, Peter Christian. **Comentários à Lei de Arbitragem e à Legislação Extravagante**. São Paulo: Quartier Latin, 2020, p. 300).

o controle de constitucionalidade e aplicar com exclusividade a proporcionalidade, haja vista a impossibilidade do Judiciário reapreciar provas ou mesmo se manifestar sobre o mérito das decisões arbitrais.

Referências

BARROS, Suzana de Toledo. **O princípio da proporcionalidade e o controle de constitucionalidade das leis restritivas de direitos fundamentais**. 2. ed. Brasília: Brasília Jurídica, 2000.

BARROSO, Luís Roberto. Os princípios da razoabilidade e da proporcionalidade no direito constitucional. **Cadernos de Direito Constitucional e Ciência Política**, São Paulo: Revista dos Tribunais, n. 23, p. 65-78, 1998.

BONAVIDES, Paulo. **Curso de direito constitucional**. 9. ed. São Paulo: Malheiros, 2000.

BONIZZI, Marcelo José Magalhães; FERREIRA, Olavo Augusto Vianna Alves. Declaração de inconstitucionalidade pelo árbitro: vedação ou dever. **Revista dos Tribunais Online**: Revista de Processo, São Paulo, v. 274, p. 543-578, dez. 2017

BORGES NETTO, André L. A razoabilidade constitucional. **Revista Jurídica Virtual**, Brasília, v. 2, n. 12, mai. 2000. Disponível em: https://revistajuridica.presidencia.gov.br/index.php/saj/article/view/1030/1014#. Acesso em: 04 ago. 2020.

BRASIL. Superior Tribunal de Justiça. **AREsp 1.662.996/SP**. Relatora: Maria Isabel Gallotti, 03 de agosto 2020.

BRASIL. Superior Tribunal de Justiça. **REsp 693.219-PR**. Relatora: Min. Nancy Andrighi, j. 19 de abril 2005.

BRASIL. Superior Tribunal de Justiça. **REsp 1.447.247/SP**. Relator: Min. Luis Felipe Salomão, 19 de abril 2018.

BRASIL. Superior Tribunal de Justiça. **REsp 1.636.102/SP**. Relator: Min. Ricardo Villas Bôas Cueva, 13 de junho 2017.

BRASIL. Superior Tribunal de Justiça. **REsp 1.898.738/SP**. Relatora: Min. Nancy Andrighi, 23 de março 2021.

BRASIL. Supremo Tribunal Federal. **ADI 855/PR**. Relator: Ministro Octavio Gallotti, Relator para o Acórdão: Min. Gilmar Mendes, j. 06 mar. 2008.

BRASIL. Supremo Tribunal Federal. **RE 32.226**. Relator: Min. Macedo Ludolf, j. 16 ago. 1956.

FERREIRA, Olavo Augusto Vianna Alves; ROCHA, Matheus Lins; FERREIRA, Débora Cristina Fernandes Ananias Alves. **Lei de Arbitragem comentada**: artigo por artigo. São Paulo: Juspodivm, 2021.

GOIÁS. Tribunal de Justiça do Estado de Goiás. **Agravo de Instrumento 2984-72.2016.8.09.0000**. 1ª. Câmara Cível. Relator: Luiz Eduardo de Souza, 03 de maio 2016.

GOIÁS. Tribunal de Justiça do Estado de Goiás. **Agravo de Instrumento 5106160-40.2020.8.09.0000**. 4ª. Câmara Cível. Relator: Carlos Hipolito Escher, 15 de junho 2020.

GOIÁS. Tribunal de Justiça do Estado de Goiás. **Agravo de Instrumento 5264392-24.2018.8.09.0000**. 5ª. Câmara Cível. Relator: Guilherme Gutemberg Isac Pinto, 29 de novembro 2018.

GOIÁS. Tribunal de Justiça do Estado de Goiás. **Agravo de Instrumento 5500701-89.2020.8.09.0000**. 2ª. Câmara Cível. Relator: Leobino Valente Chaves, 01 de fevereiro 2021.

GRINOVER, Ada Pellegrini. **Arbitragem**: ação anulatória e embargos do devedor – Parecer. Revista Brasileira de Arbitragem, São Paulo, v. 18, p. 154-181, abr./jun.2008.

GUERRA FILHO, Willis Santiago. Princípio da proporcionalidade e teoria do direito. In: GRAU, Eros Roberto; GUERRA FILHO, Willis Santiago (Org.). **Direito constitucional**: estudos em homenagem a Paulo Bonavides. São Paulo: Malheiros, 2001.

LAMAS, Natália Mizrahi. Introdução e princípios aplicáveis à arbitragem. In: LEVY, Daniel; PEREIRA, Guilherme Setoguti J. (Coord.). **Curso de Arbitragem**. 2. ed. São Paulo: Thomson Reuters Brasil, 2021.

PARANÁ. Tribunal de Justiça do Estado do Paraná. **Apelação 0051089-46.2020.8.16.0000**. 4ª. Câmara Cível. Relatora: Desa. Regina Afonso Portes, 02 de março 2021.

RIO DE JANEIRO. Tribunal de Justiça do Estado do Rio de Janeiro. **Agravo de Instrumento 0001909-19.2016.8.19.0000**. 15ª. Câmara Cível. Relator: Gilmar Matos, 03 de maio 2016.

SÃO PAULO. Tribunal de Justiça do Estado de São Paulo. **Agravo de Instrumento 2225171-43.2020.8.26.0000**. 12ª. Câmara de Direito Privado. Relator: Cerqueira Leite, j. 30 mar. 2021.

SÃO PAULO. Tribunal de Justiça do Estado de São Paulo. **Agravo de Instrumento 2240601-35.2020.8.26.0000**. 4ª. Câmara de Direito Privado. Relator: Alcides Leopoldo, 25 de março 2021.

SÃO PAULO. Tribunal de Justiça do Estado de São Paulo. **Apelação Cível 1118383-81.2018.8.26.0100**. 2ª. Câmara Reservada de Direito Privado. Relator: Araldo Telles, 01 de dezembro 2020.

SESTER, Peter Christian. **Comentários à Lei de Arbitragem e à Legislação Extravagante**. São Paulo: Quartier Latin, 2020.

SILVA, Virgílio Afonso da. O proporcional e o razoável. **Revista dos Tribunais**. n. 798, São Paulo, p. 23-50, 2002.

SYLVESTRE, Fábio Zech; LIMA, Tiago Asfor Rocha. Aspectos processuais da ação de nulidade de sentença arbitral: perspectivas reformistas. In: CAHALI, Francisco

José; RODOVALHO, Thiago; FREIRE, Alexandre (Coord.). **Arbitragem**: estudos sobre a Lei n. 13.129, de 26-5-2015. São Paulo: Saraiva, 2016.

TALAMINI, Eduardo. Arbitragem e a tutela provisória no Código de Processo Civil de 2015. **Revista de arbitragem e mediação**, São Paulo: ano 12, n. 46, jul./set. 2015.

10. OS *DISPUTE BOARDS* E SUA EVOLUÇÃO NO DIREITO BRASILEIRO

Júlio César Bueno

O desenvolvimento de infraestrutura é fundamental para o avanço econômico e progresso em todo o mundo. Este estudo visa oferecer uma análise abrangente da importância dos Dispute Boards no âmbito dos contratos de infraestrutura. A pesquisa investiga o papel que os Dispute Boards desempenham na resolução rápida e eficiente de disputas, fortalecendo a qualidade da execução do projeto, cultivando relações com as partes interessadas e mitigando riscos.

A Complexidade e os riscos inerentes a projetos complexos: a importância dos *dispute boards*

Contratos de construção são comutativos complexos, onde as prestações de ambas as partes são conhecidas antecipadamente e mantêm entre si uma relativa equivalência de valores. Ademais, as obrigações pactuadas decorrem da combinação de elementos de diversos contratos, reunidos em novas figuras contratualmente atípicas. Entretanto, em contratos de construção – e nos projetos de infraestrutura de modo geral – as estimativas de custos são realizadas em diferentes estágios do projeto: (i) planejamento do projeto (avaliação e detalhamento); (ii) decisão de construir; (iii) licitação para apresentação de propostas; e, finalmente, (iv) contratação. Desse modo, as estimativas de custo tendem a se tornar cada vez mais precisas à medida que avançam os diferentes estágios do projeto, rumo a um número cada vez menor de opções, um maior detalhamento do projeto e uma maior precisão das quantidades e preços.

As características inerentes dos projetos de infraestrutura muitas vezes exigem que as partes – particularmente a empreiteira e os fornecedores de equipamentos – iniciem o cumprimento de suas obrigações mesmo sem o completo detalhamento do projeto de engenharia, da matriz de riscos, do grau de responsabilidade assumido pelas múltiplas partes e, consequentemente, dos custos reais envolvidos. Eventuais erros, especialmente durante o planejamento do projeto, podem gerar incertezas, que precisarão ser enfrentadas no decorrer da execução do projeto ou em disputas relacionadas a ele. Quanto maior o número de incertezas na fase inicial, maior a probabilidade de se concretizar a máxima de que "as únicas três certezas na vida são morte, impostos e sobrecustos".[1] [2]

O desejo de prevenir disputas em projetos de infraestrutura, que geralmente impactam em sobrecustos e atrasos no cronograma, vem de longa data. Desde 1800, as cortes inglesas reconhecem o papel do Engenheiro, escolhido pelo dono do projeto, como alguém com poderes e responsabilidades para identificar potenciais conflitos e propor medidas mitigadoras, prevenindo disputas nos contratos de construção.[3] O importante papel do Engenheiro veio a ser reconhecido pela FIDIC – Fédération Internationale Des Ingénieurs-Conseils em contratos padrão por ela publicados a partir de 1957.[4]

[1] Como um dos meus professores da Universidade de Cambridge costumava dizer: "The only three certainties in life are death and taxes death, tax and cost overrun".

[2] "En la etapa de construcción, surgen infinidad de controversias sobre temas de carácter técnico, alcance de la obra, administrativo, de calidad, casos fortuitos o fuerza mayor, elementos supervenientes, normas técnicas y de seguridad, ampliación del plazo, cancelación de obras, mejorasen la tecnología. En la etapa de operación surgen problemas relativos a mantenimiento, calidad del servicio, precios, aforo, actualización de tecnología, etcétera. Si todas las controversias mencionadas anteriormente tuviesen que someterse a los tribunales comunes y procesos ordinarios, o bien al arbitraje, demorarían tanto la obra que en muchos casos los proyectos conllevarían a la quiebra de la constructora o a que los proyectos que den inconclusos. Adicionalmente, las instituciones que se dedican a dar financiamiento a este tipo de proyectos, se volverían temerosas para financiarlos en ese país, lo que genera un retraso para al mismo." Cecilia Quintanilla Madero, Introducción a los dispute boards. Revista de Arbitragem e Mediação, São Paulo, v. 3, n. 10, p. 172-178, jul.-set. 2006.

[3] Ranger v Great Weston Railway Company [1843-1860] All ER 321 at 328E at 326H.

[4] Por exemplo, na versão 2017 do FIDIC Yellow Book – as denominadas "Condições do Contrato para Instalações e Projeto de Construção" – está estipulado que "o Engenheiro deverá agir de forma neutra entre as Partes, e sua atuação não deverá ser considerada como em nome do Contratante." Ainda, que "o Engenheiro deverá consultar ambas as Partes, em conjunto e/ou separadamente, e incentivar o debate entre elas, visando um acordo. No entanto, "se não for alcançado um acordo ou ambas as Partes informarem ao Engenheiro

Nesse contexto, outras formas de resolução de disputas foram identificadas, na expectativa de que pudessem prevenir conflitos e favorecer a boa execução contratual, preservando, tanto quanto possível, os prazos e o orçamento originalmente previstos. Nesse sentido, surge o primeiro registro do uso de dispute boards, durante a construção da Boundary Dam, no estado de Washington, nos EUA, na década de 60. Na ocasião, as partes estabeleceram um Joint Consulting Board, que ficou ativo durante todo o contrato, para a emissão de opiniões não vinculantes sobre os conflitos apresentados, buscando evitar a suspensão do contrato e a deterioração da relação entre as partes.[5]

Na década seguinte, as conclusões do US National Committee on Tunnelling Technology sobre as causas de sobrecustos em projetos de infraestrutura levaram à publicação de um importante estudo, que atualizou e expandiu as informações do US National Committee on Tunnelling Technology sobre as causas de sobrecustos. Esse estudo incluiu a recomendação da adoção de comitês independentes, nos moldes do Joint Consulting Board, para o acompanhamento do andamento de contratos. Essa recomendação foi prontamente adotada na década seguinte, já com a denominação de dispute board, durante a construção do Túnel Eisenhower, também nos EUA, no estado do Colorado.[6]

a impossibilidade de acordo", o Engenheiro deverá "tomar uma decisão justa acerca da questão ou Reivindicação, conforme o Contrato, dando a devida consideração a todas as circunstâncias relevantes."

[5] "DBs evolved to meet the construction industry's need for prompt, informal, cost-effective and impartial dispute resolution. The DB concept originated in the USA where it has now been used for over 40 years as a means of avoiding and resolving disputes in civil engineering works, particularly those arising during the construction of dams, water management projects and contracts for underground construction. The earliest reported use was on Boundary Dam in Washington in the 1960's, where the technical 'Joint Consulting Board' was asked to make decisions regarding conflicts, etc. The idea worked well and the die was cast". CHAPMAN, P. H. J. Dispute boards on major infrastructure projects, p. 44. Trabalho apresentado na Conferência da DRBF em Bruxelas, novembro de 2011. Disponível em: <www. drbfconferences. org>. Acesso em: 5 jul. 2021. Ainda, Cyril Chern, Chern on Dispute Boards: Practice and Procedure, 4ª edição, Oxfordshire: Taylor and Francis, 2015, p. 11.

[6] Matthews, A A (1997) "The first dispute review board", DRBF Foundation Forum, 1(1); Harman, K M J (2009) "A case study as to the effectiveness of dispute review boards on the central artery/tunnel project", Journal of Professional Issues in Engineering Education and Practice, 1(1), 18-31.

Os excelentes resultados obtidos pelo dispute board na execução do Túnel Eisenhower levaram à difusão de sua prática nos EUA e no mundo, com o propósito de prevenir o surgimento e o escalonamento de conflitos durante a execução de contratos, principalmente aqueles que envolvem projetos grandes e complexos. Entre 1982 e 1986, o grande projeto internacional da hidrelétrica El Cajón Dam, em Honduras, utilizou-se de um dispute board por exigência do Banco Mundial, financiador da obra, dando início à sua adoção também em obras internacionais. A empreiteira era italiana, o engenheiro era suíço e a contratante, a Companhia de Eletricidade de Honduras, não possuía experiência em contratos de tal complexidade. Também a American Society of Civil Engineers promoveu o conceito de dispute boards na primeira edição de seu manual, "Avoiding and Resolving Disputes During Construction", em 1989. Essa publicação foi posteriormente atualizada e revisada, em 1991, pelo Technical Committee on Contracting Practices of the Underground Technology Research Council.

Assim, a partir de 1995, o Banco Mundial passou a exigir dispute boards em projetos com valor de financiamento superior a 20 milhões de dólares.[7] Em 1996, a FIDIC passou a incluir dispute boards como método preferencial para a resolução de disputas. Finalmente, em 1996 foi criada a Dispute Resolution Board Foundation (DRBF), uma organização sem fins lucrativos, dedicada à promoção da prevenção e resolução de disputas em todo o mundo pela utilização de dispute boards, congregando os principais profissionais atuantes no mercado.[8]

Em 2004, a Câmara de Comércio Internacional (CCI) introduziu regras que permitiam aos usuários dispute boards em seus contratos, sob a administração da CCI.[9] Em 2005, como parte dos United Nations' Millennium Goals, os responsáveis pela área de contratações de bancos de desenvolvimento e agências multilaterais de financiamento ("MDBs") celebraram uma parceria com a FIDIC para desenvolver as

[7] Exigência constante do Standard Bidding Document for Procurement of Works para os projetos considerados como "major works", publicado pelo Banco Mundial em 2012. Para maiores informações: http://siteresources.worldbank.org/intprocurement/resources/works--en-22-mar12_rev5.docx.

[8] Para maiores informações: http://www.drb.org.

[9] As regras da CCI foram posteriormente atualizadas, em 2015, para incorporar os conceitos de prevenção de disputas e facilitação como parte do processo de DB.

"Condições Padrão de Contratos FIDIC MDB" ou "Livro Rosa", que previu a adoção de dispute boards para a prevenção e a resolução de disputas.

Além disso, em 2005, a Institution of Civil Engineers (ICE), do Reino Unido, publicou a primeira edição de seus "Dispute Resolution Board Procedures". Desde 2008, a Agência de Cooperação Internacional do Japão (JICA) tem promovido ativamente o uso de dispute boards para projetos no exterior financiados por empréstimos de Assistência Oficial ao Desenvolvimento da JICA. A JICA também desenvolveu seu próprio manual de banco de dados e conduziu um treinamento extensivo para membros e usuários do banco de dados. Na África do Sul, a Institution for Civil Engineering previu dispute boards na edição 2010 das "General Conditions of Contract for Construction Works". Esses dispute boards refletem a tendência internacional atual, enfatizando o papel proativo dos dispute boards na prevenção e resolução de conflitos. Em 2014, o Chartered Institute of Arbitrators (CIArb) publicou a primeira edição de suas "Dispute Board Rules". Essas regras (assim como as regras da CCI) estendem o uso de dispute boards além dos contratos de construção para qualquer projeto de longo prazo.

Os dispute boards estão cada vez mais sendo usados em projetos de PPP. Também existem regras de dispute boards desenvolvidas para grandes projetos internacionais, tais como os Jogos Olímpicos e Paraolímpicos de Londres, de 2012, e o megaprojeto de engenharia e pesquisa de fusão nuclear internacional da União Europeia chamado "Joint Undertaking for ITER and the Development of Fusion Energy", mais conhecido como "Fusion for Energy (F4E)". Hoje, os dispute boards representam um processo de gerenciamento de contratos que auxilia proativamente as partes em um projeto para evitar ou resolver disputas de maneira oportuna e econômica. Os dispute boards são parte integrante de muitos grandes projetos de construção em todo o mundo. Além disso, outras indústrias, como tecnologia da informação, seguros, defesa e manufatura, começaram a empregar dispute boards para contratos grandes e complexos. As estatísticas da DRBF revelam que aproximadamente 97% das divergências surgidas ao longo de um contrato que utilize dispute board são resolvidas em seu âmbito, evitando a necessidade de recorrer à arbitragem ou ao Judiciário. A DRBF também aponta a identificação oficial de quase 2340 projetos no mundo que já utilizaram dispute boards com valor global estimado em mais de 166 bilhões de dólares.[10]

As modalidades de *dispute boards*

A DRBF apresenta as características que contribuem para o sucesso da utilização dos dispute boards, a saber: (i) os membros do dispute board devem ser imparciais e ambas as partes devem aprovar a sua nomeação; (ii) os membros do dispute board prestam um compromisso contratual perante as partes de conferir a ambas um tratamento igualitário e imparcial; (iii) os custos decorrentes da utilização do dispute board são repartidos entre as partes contratantes; (iv) o dispute board é formado antes mesmo que exista qualquer controvérsia ou divergência entre os contratantes, passando os membros a trabalhar desde o início da execução do contrato; (v) o dispute board acompanha a execução contratual em tempo real, à medida em que os registros das obras e serviços vão sendo produzidos (o que inclui documentos técnicos e contratuais), o que facilita a análise da documentação e confere um entendimento mais fiel dos fatos que vem ocorrendo; (vi) o dispute board pode fazer visitas aos locais das obras, para cotejar os registros desenvolvidos e a realidade do dia a dia da execução, o que agrega uma percepção mais palpável e real, ainda que não tenham surgido disputas entre os contratantes.[11]

O momento da formação dos dispute boards define algumas de suas características mais importantes: (i) o "dispute board permanente" é o constituído no momento da celebração do contrato ou em prazo imediatamente posterior à sua celebração, permanecendo ativo durante toda a vigência do contrato, independentemente da existência ou não de uma controvérsia; e (ii) o "dispute board ad hoc" é o formado somente quando da ocorrência de uma controvérsia formalmente submetida pelas partes, permanecendo ativo até a prolação da decisão e o exaurimento dos procedimentos a ela aplicáveis.

O teor vinculante das decisões caracteriza as principais modalidades de dispute boards: (i) dispute review boards (DRBs) são os que emitem recomendações, ou seja, decisões de adoção não obrigatória;

[10] Dr Harmon, K, 2012, "Using DRBs to Maintain Control of Large, Complex Construction Projects", Dispute Resolution Journal, Vol 67, No 1.

[11] Cf. site da DRBF: www.drb.org.

(ii) dispute adjudication boards (DABs) são os que emitem decisões, estas de adoção obrigatória; e (iii) os combined dispute boards (CDBs) são os que combinam os tipos anteriores, emitindo recomendações e decisões, de acordo com a situação que lhes é submetida. Nos Dispute Review Boards, a solução proposta é uma mera recomendação e carece de aceitação de ambas as partes para produzir efeitos como acordo amigável. Diferentemente, nos dispute adjudication board as partes estipulam que a decisão proferida é vinculativa, só podendo ser alterada por acordo estabelecido entre as partes ou por decisão proferida em processo judicial ou arbitral, conforme o caso. Contudo, cada parte pode informar a outra do seu descontentamento em relação à decisão proferida pelos membros do painel. Assim, se esta comunicação não existir, a decisão pode tornar-se vinculativa e definitiva para ambas as partes (interim-binding force).

A diferença entre dispute review board e dispute adjudication board é que enquanto o primeiro emitirá meras recomendações, o segundo será competente para emitir decisões, provisórias e válidas até que sejam modificadas por um decisão arbitral ou judicial, conforme previsto no contrato. As decisões do dispute adjudication board são vinculantes para as partes e têm que ser cumpridas de imediato. Assim, podemos inferir que o dispute adjudication board assume uma função ainda mais radical na tentativa de dar fim a uma determinada controvérsia entre as partes, uma vez que a sua decisão apresenta-se acompanhada de medida coercitiva, que é a multa por descumprimento.[12]

A evolução dos *dispute boards* no Brasil

A Linha 4 – Amarela do Metrô de São Paulo é considerada o projeto pioneiro da adoção de dispute boards no país. Os contratos da "Fase 1" de implantação da Linha 4 Amarela do Metrô foram licitados em 2003

[12] "A diferença entre um DRB e um DAB é que enquanto o primeiro emitirá meras recomendações, o segundo será competente para emitir decisões. As decisões são vinculantes para as partes, pelo que têm que ser cumpridas de imediato, enquanto que as recomendações somente vinculam as partes se nenhuma delas expressa seu desacordo com a recomendação dentro de um determinado período de tempo. Por isso, frente ao caráter dispositivo das recomendações de um DRB, o DAB assume uma função quase arbitral, cuja decisão colocará fim a uma determinada controvérsia entre as partes, convertendo-se em cumprimento obrigatório se nenhuma delas se opõe à decisão." D. J. A. Cairns; I. Madalena. El reglamento de la ICC relativo a los dispute boards. Revista de Arbitragem e Mediação, v. 3, n. 10, p. 178-198, 2006.

pela Companhia do Metropolitano de São Paulo e financiados pelo Banco Mundial, que além de exigir a Arbitragem como forma de solução definitiva de disputas, também exigia a implantação de um comitê de prevenção e solução de disputas.

O financiamento da construção da primeira etapa da Linha 4-Amarela, estimada em US$ 933,9 milhões em 2002, contou com recursos do Tesouro do Estado de São Paulo e com recursos captados por meio de dois empréstimos, no mesmo valor de US$ 209 milhões, junto ao Banco Internacional para Reconstrução e Desenvolvimento (BIRD), acertado em 2002, e ao Japan Bank for International Cooperation (JBIC), formalizado em 2004. Com relação aos recursos destinados às obras da Fase II, além daqueles provenientes do Tesouro estadual, o Governo do Estado celebrou dois contratos de financiamento em 2010, um com o BIRD no valor de US$ 130 milhões e outro com o JBIC, no mesmo valor.[13]

Com este importante precedente, imposto por força do BIRD e do JBIC, outros exemplos se seguiram em vários estados do Brasil: (i) 2008, PPP da Linha F (12 – Safira), da CPTM, em São Paulo; (ii) 2009, PPP Complexo Criminal Ribeirão das Neves, em Belo Horizonte, Minas Gerais; (iii) 2010, PPP da Rodovia MG-050, em Minas Gerais; (iv) 2010, PPP da Arena Fonte Nova, em Salvador, Bahia; (v) 2011, PPP da Areia das Dunas, em Natal, Rio Grande do Norte; (vi) 2012, Projeto do Aeroporto de São Gonçalo do Amarante, em Pernambuco; e (vii) 2012, PPP das Águas Claras, em Minas Gerais. Ainda, em 2013, os contratos para construção do trecho Norte do Rodoanel, importante anel rodoviário que circunda a região da Grande São Paulo, e que são administrados pela Dersa (empresa de economia mista

[13] Considerada como um empreendimento prioritário dentro do Plano Integrado de Transportes Urbanos (PITU) para 2020, proposto para a Região Metropolitana de São Paulo (RMSP) pelo Governo do Estado, pelo seu elevado grau de interligação com a rede metroferroviária, a Linha 4-Amarela do Metrô de São Paulo liga a região central da Luz ao bairro do Butantã, na Zona Oeste da capital. O objetivo da linha, além da ampliação da rede, era atender a região sudoeste de São Paulo e permitir uma maior integração dos meios de transportes metroferroviários da RMSP, possibilitando, inclusive, o acesso direto de seus usuários às linhas da Companhia Paulista de Trens Metropolitanos (CPTM), o que a levou a ser conhecida como a "Linha da Integração". Os investimentos para a construção da Linha 4-Amarela, incluindo também os recursos destinados às desapropriações, foram assumidos pelo Governo do Estado, sendo o projeto de responsabilidade da Secretaria dos Transportes Metropolitanos.

controlada pelo Governo do Estado de São Paulo), também adotaram o uso dos dispute boards.

O artigo 44-A da Lei nº 12.462, de 4 de agosto de 2011, que instituiu o Regime Diferenciado de Contratações Públicas (RDC) – adicionado pela Lei 13.190, de 19 de novembro de 2015 –, constitui importante permissivo legal para a adoção de dispute boards: "Art. 44-A. Nos contratos regidos por esta Lei, poderá ser admitido o emprego dos mecanismos privados de resolução de disputas, inclusive a arbitragem, a ser realizada no Brasil e em língua portuguesa, nos termos da Lei nº 9.307, de 23 de setembro de 1996, e a mediação, para dirimir conflitos decorrentes da sua execução ou a ela relacionados."

Em 2016, o Conselho da Justiça Federal, na "I Jornada sobre Prevenção e Solução Extrajudicial de Litígios", sob a coordenação geral do ministro Luis Felipe Salomão, emitiu três enunciados sobre os dispute boards, evidenciando o respeito do Poder Judiciário pelo instituto: (i) Enunciado CJF nº 49: "Os Comitês de Resolução de Disputas (Dispute Boards) são método de solução consensual de conflito, na forma prevista no § 3º do art. 3º do Código de Processo Civil Brasileiro."; (ii) Enunciado CJF nº 76: "As decisões proferidas por um Comitê de Resolução de Disputas (Dispute Board), quando os contratantes tiverem acordado pela sua adoção obrigatória, vinculam as partes ao seu cumprimento até que o Poder Judiciário ou o juízo arbitral competente emitam nova decisão ou a confirmem, caso venham a ser provocados pela parte inconformada."; e Enunciado CJF nº 80: "A utilização dos Comitês de Resolução de Disputas (Dispute Boards), com a inserção da respectiva cláusula contratual, é recomendável para os contratos de construção ou de obras de infraestrutura, como mecanismo voltado para a prevenção de litígios e redução dos custos correlatos, permitindo a imediata resolução de conflitos surgidos no curso da execução dos contratos."[14]

O Município de São Paulo, por meio da Lei nº 16.873, de 22 de fevereiro de 2018, de forma pioneira, reconheceu e regulamentou a instalação de dispute boards em contratos administrativos continuados celebrados pela Prefeitura de São Paulo, que poderão ter natureza revisora, adjudicativa ou híbrida. A Lei nº 16.873/2018 foi regulamentada pelo Decreto nº 60.067, de 10 de fevereiro de 2021, que reconheceu e reforçou o caráter informal

[14] Para maiores informações: http://www.cjf.jus.br/cjf.

e a oralidade inerentes aos dispute boards, a fim de que possam atender às demandas de solução de controvérsias de modo rápido e eficaz, aspecto tão relevante para que se mantenha a continuidade da execução de contratos complexos.

A Lei nº 16.873/2018 previu "os Comitês de Prevenção e Solução de Disputas para dirimir conflitos relativos a direitos patrimoniais disponíveis em contratos continuados da Administração Direta e Indireta do Município de São Paulo." Os Comitês de Prevenção e Solução de Disputas poderão ter natureza revisora, adjudicativa ou híbrida, conforme os incisos deste artigo, a depender dos poderes que lhe forem outorgados pelo contrato administrativo de obra celebrado. Assim, ao Comitê de Revisão é conferido o poder de emitir recomendações não vinculantes às partes em litígio; ao Comitê de Adjudicação é conferido o poder de emitir decisões contratualmente vinculantes às partes em litígio; e o Comitê Híbrido poderá tanto recomendar quanto decidir sobre os conflitos, cabendo à parte requerente estabelecer a sua competência revisora ou adjudicativa. Por fim, as decisões emitidas pelos Comitês por Adjudicação poderão ser submetidas à jurisdição judicial ou arbitral em caso de inconformidade de uma das partes.

O Decreto nº 60.067, de 10 de fevereiro de 2021, regulamentou a Lei nº 16.873/2018, para tanto estabelecendo que "a adoção dos Comitês de Prevenção e Solução de Disputas só poderá ser prevista para dirimir conflitos envolvendo direitos patrimoniais disponíveis", cabendo aos órgãos e entidades da Administração Pública Direta ou Indireta do Município de São Paulo "adotar a instauração do Comitê de Prevenção e Solução de Disputas de forma institucional". Assim, somente poderiam prever a adoção dos Comitês de Prevenção e Solução de Disputas "os editais de licitação dos contratos de obras públicas, bem como de concessão ou permissão que tenham como objeto, ou como parte do objeto, a execução de obras, com valores iguais ou superiores a R$ 200.000.000,00 (duzentos milhões de reais), a serem celebrados pela Administração Pública Direta ou Indireta do Município de São Paulo".

Importante notar que o Decreto nº 60.067/2021 antecipou a necessidade de, em situações excepcionais, devidamente justificadas, a autoridade competente, ouvida a Procuradoria Geral do Município, decidir (i) pela previsão do Comitê de Prevenção e Solução de Disputas em edital para contratação de serviços continuados não mencionados no *caput* do artigo

2º deste decreto; (ii) pela atribuição de natureza adjudicativa ou híbrida ao Comitê de Prevenção e Solução de Disputas; e (iii) pelo funcionamento do Comitê de Prevenção e Solução de Disputas em períodos não previstos no § 2º do artigo 2º do Decreto nº 60.067/2021.

Em 1º de abril de 2021 foi sancionada a Lei nº 14.133, a nova Lei de Licitações e Contratos Administrativos ("LLCA") que,[15] em seu Capítulo XII, "Dos meios alternativos de resolução de controvérsias", estipulou a possibilidade de serem utilizados "meios alternativos de prevenção e resolução de controvérsias, notadamente a conciliação, a mediação, o comitê de resolução de disputas e a arbitragem" em licitações e contratações "para as Administrações Públicas diretas, autárquicas e fundacionais da União, dos Estados, do Distrito Federal e dos Municípios." A utilização dos *dispute boards*, porém, está limitada "às controvérsias relacionadas a direitos patrimoniais disponíveis, como as questões relacionadas ao restabelecimento do equilíbrio econômico-financeiro do contrato, ao inadimplemento de obrigações contratuais por quaisquer das partes e ao cálculo de indenizações". Trata-se da primeira vez que os *dispute boards* foram reconhecidos, em nível federal, como meio alternativo de prevenção e resolução de controvérsias, apesar de a Lei nº 8.987, de 13 de fevereiro de 1995, e a Lei nº 11.079, de 30 de dezembro de 2004, já terem preconizado a utilização de mecanismos privados de resolução de conflitos e a Lei nº 13.140, de 26 de junho de 2015, já haver disposto sobre a autocomposição no âmbito do Poder Público.

Por fim, o Senado Federal recentemente aprovou o Projeto de Lei nº 206, de 25 de abril de 2018, de autoria do Senador Antonio Anastasia (PSDB/MG), que "regulamenta a instalação de Comitês de Prevenção e Solução de Disputas em contratos administrativos continuados celebrados pela União". Para tanto, acompanhando o previsto na LLCA, os denominados Comitês de Prevenção e Solução de Disputas podem ser estabelecidos "para dirimir conflitos relativos a direitos patrimoniais disponíveis em contratos da administração direta e indireta da União, dos Estados, do Distrito Federal e dos Municípios, os quais observarão as disposições desta Lei", estando aberta a possibilidade de sua adoção, por aditamento, em contratos já em curso, mediante acordo entre as partes. Os Comitês de

[15] Projeto de Lei nº 4.253/2020, substitutivo da Câmara dos Deputados ao Projeto de Lei do Senado Federal nº 559, de 2013, PL nº 6.814, de 2017, naquela Casa.

Prevenção e Solução de Disputas poderão ter natureza revisora, adjudicativa ou híbrida, "a depender dos poderes que lhe forem outorgados pelo contrato celebrado", mas "devendo sempre apresentar os fundamentos das suas recomendações e decisões, sob pena de nulidade". Assim, "ao Comitê por Revisão é conferido o poder de emitir recomendações não vinculantes às partes em litígio"; "ao Comitê por Adjudicação é conferido o poder de emitir decisões vinculantes às partes em litígio"; e "o Comitê Híbrido poderá tanto recomendar quanto decidir sobre os conflitos, cabendo à parte requerente estabelecer a sua competência revisora ou adjudicativa".

O Projeto de Lei nº 206/2021 estabelece que os procedimentos do Comitê de Prevenção e Solução de Disputas deverão observar os princípios da legalidade e da publicidade. Este Comitê será composto por três membros, sendo dois com reconhecido saber na área objeto do contrato e um advogado com reconhecida atuação jurídica na mesma área. Os membros serão escolhidos mediante a indicação de um membro pelo Poder Público, a indicação de outro pela contratada e a escolha, em conjunto pelos dois outros membros, do Presidente do Comitê de Prevenção e Solução de Disputas. Além desses critérios, o Projeto de Lei prevê a proibição de atuação como membros do Comitê para pessoas que tenham, com as partes ou com o litígio que lhes for submetido, algumas das relações que caracterizam os casos de impedimento ou suspeição de juízes, aplicando-se a eles, no que couber, os mesmos deveres e responsabilidades, conforme previsto no Código de Processo Civil. Para tanto, as pessoas indicadas para atuar como membro do Comitê têm o dever de revelar, antes da aceitação da função, qualquer fato que denote dúvida justificada quanto à sua imparcialidade e independência.

O Projeto de Lei nº 206/2021 foi encaminhado à Câmara dos Deputados e será examinado em conjunto com o Projeto de Lei nº 9.883, de 27 de março de 2018, de autoria do Deputado Federal Pedro Paulo (PMDB-RJ). Como indicado em sua justificativa, o Projeto de Lei nº 9.883/2018 toma por fundamento o art. 3º, § 2º, do Código de Processo Civil, que estabelece a obrigação do Estado, sempre que possível, de promover a solução consensual dos conflitos. Assim, dispõe sobre o uso dos Comitês de Resolução de Disputas (Dispute Boards) em contratos administrativos, reconhecendo-os como métodos de solução consensual de conflitos em contratos administrativos, com a finalidade de prevenir e solucionar de forma célere e técnica os litígios que surgirem durante a execução do contrato, de modo a reduzir os custos correlatos e a proteger o escopo contratual e o seu cronograma de execução.

O FIDIC *emerald book* para obras subterrâneas e adoção do DAAB

Os modelos contratuais tradicionais adotam a estrutura de um DBB (Design Bid Build) ou de um EPC (Engineering Procurement Construction). Falta a esses modelos contratuais a preocupação de adoção de mecanismos de equilíbrio de alocação de riscos voltados especificamente para obras subterrâneas.

Nesse contexto, a quase totalidade das obras geotécnicas extensas e complexas em todo o mundo, incluindo as obras de túneis, terminam com sobrecusto e disputas judiciais ou arbitrais. No entanto, dada a importância fundamental que as obras subterrâneas têm para o desenvolvimento de um país, a pressão de governos, organismos multilaterais de financiamento, seguradoras, entidades governamentais e da própria população por transparência na prestação de contas, cumprimento de prazos e assertividade nos custos de construção, tem se intensificado e influenciado a tomada de decisões visando à adoção de melhores práticas de contratação, especificamente direcionadas a obras subterrâneas.

Atendendo a esse clamor por maior eficiência, a FIDIC e a International Tunnelling and Underground Space Association (ITA), por um grupo de trabalho especialmente criado para este fim , revisaram um dos modelos contratuais mais utilizados nos últimos anos, o FIDIC/Yellow Book (Design-Build), para contratação de obras de infraestrutura na modalidade projeto-construção. A revisão resultou nas Condições Contratuais para Obras Subterrâneas CCOS (o Emerald Book), que abarca uma série de modificações no clausulado . Os princípios FIDIC utilizados pelo mercado da construção com as condições de contrato dos livros anteriores, entre outros, ainda são imperfeitos, mas com o exercício das novidades mencionadas no Emerald Book podem trazer soluções contratuais que vão além de ser pontuais (por país, por tipo, por tamanho etc.) e que podem, portanto, ser aplicadas e aprendidas por toda a comunidade tuneleira mundo afora.

A comunidade tuneleira internacional precisava de um modelo contratual para que as obras subterrâneas passem a ter menos disputas judiciais, e terminem próximas ao prazo e preço da proposta. Para que isto ocorra se torna necessária a prática comum de: (i) melhor preparação dos documentos de licitação; (ii) integração dos documentos de licitação com a proposta do Construtor; e (iii) usar instâncias de resolução de conflito ao longo do curso da obra. Aos interessados em identificar o espírito do Emerald Book, recomenda-se a leitura das notas iniciais (antes das Condições Gerais) e também das Condições Particulares Parte B, sendo estes dois trechos os que discorrem de como usar o livro. Os outros trechos que compõe os três cadernos se vão objetivamente às questões das cláusulas em si. Se por um lado, devido às limitações de precisão na avaliação das condições geológicas, o Emerald Book alivia o Construtor do peso de assumir todas as diferenças encontradas em campo, responsabiliza o mesmo Construtor pelas condições geológicas antecipadas para que cumpra dentro de seu preço e prazo ofertados.

Como parte desse esforço de buscar soluções mais adequadas às necessidade de obras subterrâneas, o Emerald Book introduz o modelo de Dispute Adjudication/Avoidance Board (DAAB), a exemplo da figura do Engenheiro, também já foi introduzida anteriormente. Como visto, ambas figuras são fundamentais para manter a conversa contratual ao longo do exercício do contrato, evitando que os casos tenham que ir para disputa. O DAAB é, neste sentido, a última ferramenta contratual antes de uma disputa arbitral.

O DAAB deve ser formado no início do contrato e suas características são notadamente, entre outras: (i) revisar as decisões do Engenheiro que não foram aceitas por uma das partes, quando solicitado; (ii) auxiliar na resolução de controvérsias informalmente , quando solicitado conjuntamente; (iii) fazer revisão independente dos fatos, quando solicitado; (iv) proferir decisão sobre o conflito, passível de ser discutido em arbitragem na hipótese da não concordância das partes; (v) permanece ativo até o término do contrato, ou até que todas os pareceres necessários forem emitidos; (vi) não irá se envolver em questões cujos pareceres já foram emitidos e uma das partes não cumpriu; e (vii) não atuará como consultor para a referida obra.

A esterilização de disputas como objeto principal dos *dispute boards*

A iniciativa do legislador federal de reconhecer a importância dos dispute boards e incorporá-los na nova LLCA é muito bem-vinda, bem como a inclusão deles no Projeto de Lei nº 206/2021 e no Projeto de Lei nº 9.883/2018. Estes são instrumentos de prevenção e esterilização de disputas no âmbito público, podendo tratar de quaisquer questões envolvendo direitos patrimoniais disponíveis em contratações públicas, como, por exemplo, aquelas relacionadas ao restabelecimento do equilíbrio econômico-financeiro do contrato, ao inadimplemento contratual e ao cálculo de indenizações.

Os centros de solução de controvérsias desempenham um papel fundamental no desenvolvimento dos dispute boards no Brasil. À semelhança das regras de arbitragem, a menção a um regulamento específico deve ser feita na cláusula de resolução de disputas dos contratos. Usualmente, as regras trazem cláusulas prevendo as obrigações dos membros do dispute board, das partes, formas e prazos para a submissão de consultas e controvérsias, orientações em relação à cobrança de honorários e outras regras fundamentais para dar segurança e previsibilidade tanto para a atuação dos profissionais escolhidos para compor o dispute board quanto para as partes em relação ao seu relacionamento com os membros do dispute board e à mecânica do seu funcionamento.

Os conjuntos de regras de dispute boards mais tradicionais disponíveis são os da DRBF, CCI e FIDIC. Além disso, as regras da American Arbitration Association (AAA), do CIArb, da Royal Institution of Chartered Surveyors (RICS) e do Institute of Civil Engineers (ICE) são referências internacionais. Na América do Sul, temos também ótimos regulamentos, por exemplo, os do Centro de Arbitragem e Mediação da Câmara de Comércio Brasil-Canadá (CAM-CCBC), do Centro Brasileiro de Mediação e Arbitragem (CBMA), Câmara de Conciliação, Mediação e Arbitragem CIESP/FIESP e da Câmara de Arbitragem de Santiago (CAM Santiago).

O dispute board é um órgão permanente e imparcial, estabelecido no contrato e instalado preferencialmente por ocasião de sua assinatura. O dispute board acompanha o desenvolvimento da execução do contrato, permitindo aos seus membros conhecer o contrato, os anexos e as demais informações pertinentes à negociação havida entre as partes. Tem como missão ajudar as partes a compreenderem os desafios das questões técnicas controversas, fornecendo conselhos, recomendações, opiniões ou até mesmo, se assim previsto, decisões provisórias.

A partir de uma visão privilegiada e sempre atual do andamento do contrato, os dispute boards podem ajudar a evitar que a disseminação de disputas prejudique o desempenho das partes ou drenem os recursos necessários à sua execução. Os dispute boards são compostos, preferencialmente, por três profissionais, cuja escolha observará critérios isonômicos, técnicos e transparentes. De modo geral, é recomendável que as partes indiquem um painel que possa combinar profissionais de perfil mais técnico, com conhecimento específico sobre as características do projeto, e profissionais com perfil jurídico, que possam ajudar na interpretação das cláusulas e até mesmo colaborar na condução dos trabalhos do comitê, muitas vezes escolhido para presidi-lo.

Os membros do dispute board tornam-se, desde cedo, familiarizados com os valores acordados, o programa de inspeções e testes, as regras para o comissionamento e emissão de certificados de aceitação provisória (CAPs) ou final (CAFs), as condições de pagamento e fórmulas de reajuste, os documentos de engenharia (projetos, plantas, campanhas de sondagem, relatório diário de obras, etc) e, assim, acompanham in loco o próprio avanço físico das obras.

Os dispute boards intervêm de modo rápido e tempestivo na prevenção ou resolução de disputas, apresentando às partes uma visão independente sobre a interpretação das cláusulas contratuais, a adequada divisão de responsabilidades entre as partes e o detalhamento de questões técnicas e legais inerentes a uma relação comutativa de maior complexidade. É justamente o alto potencial de adaptabilidade às condições das partes e às demandas contratuais, bem como o maior grau de criatividade no detalhamento de seu funcionamento, que fazem os dispute boards, tal qual um Proteu moderno,[16] contribuírem de modo efetivo para a prevenção e resolução de disputas. Eles se mostram imprescindíveis no auxílio das partes na execução dos contratos e na eficiente utilização dos recursos a eles destinados.

Referências

BANCO MUNDIAL. Standard Bidding Document for Procurement of Works, http://siteresources.worldbank.org/intprocurement/resources/works-en-22--mar12_rev5.docx, Acesso em: 20 jun. 2023.

CAIRNS, D. J., MADALENA, A. I. El reglamento de la ICC relativo a los dispute boards. Revista de Arbitragem e Mediação, v. 3, n. 10, p. 178-198, 2006.

[16] No final do Canto IV da Odisseia, Menelau narra sua aventura com Proteu, o ancião do mar, capaz de transformar-se e plenamente adaptar-se às circuntâncias: "[Proteu] tudo tentará e assumirá todas as formas conhecidas / de tudo o que se mexe na terra: até água e fogo ardente."

CHAPMAN, P. H. J. Dispute boards on major infrastructure projects, p. 44. Trabalho apresentado na Conferência drbfconferences. org>. Acesso em: 20 jun. 2023.

CHERN, Cyril. Chern on Dispute Boards: Practice and Procedure. 4ª edição, Oxfordshire: Taylor and da DRBF em Bruxelas, novembro de 2011.

FENN, P., Lowe, D., & Speck, C. (1997). Conflict and dispute in construction. Construction Management & Economics, 15(6), 513-518.

FLYVBJERG, B. (2014). What you should know about megaprojects and why: An overview. Project Management Journal, 45(2), 6-19.

HARMON, Kathleen M. J. Case Study as to the Effectiveness of Dispute Review Boards on the Central Artery/Tunnel Project. Journal of Legal Affairs and Dispute Resolution in Engineering and Construction, 1 (2009).:18-31. doi: 10.1061/(ASCE)1943-4162(2009)1:1(18)

__________. Resolution of construction disputes: A review of current methodologies. Leadership and Management in Engineering, 3(4), 187-201.

__________. Conflict resolution in project management. Journal of Management in Engineering, 19(4), 165-170.

__________. Using DRBs to Maintain Control of Large, Complex Construction Projects. Dispute Resolution Journal, Vol 67, No 1, https://arbitrationlaw.com/library/using-drbs-maintain-control-large-complex-construction-projects--dispute-resolution-journal. Acesso em: 20 jun. 2023.MATTHEWS, A A. "The first dispute review board", DRBF Foundation Forum, 1(1).

QUINTANILLA MADERO, Cecilia. Introducción a los dispute boards. Revista de Arbitragem e Mediação, São Paulo, v. 3, n. 10, p. 172-178, jul.-set. 2006. Ranger v Great Weston Railway Company [1843-1860] All ER 321 at 328E at 326H.

STIPANOWICH, T. (2004). ADR and the "Vanishing Trial": The growth and impact of "alternative dispute resolution". Journal of Empirical Legal Studies, 1(3), 843-912.

UFF, J. (2005). Construction Law, 9th Edition. Sweet & Maxwell.

11. *DISPUTE BOARD*: O ENCONTRO ENTRE O TÉCNICO E O JURÍDICO

Francisco Maia Neto

Introdução

Os *Dispute Boards*, mecanismos de resolução de disputas muito utilizados em âmbito internacional, que ganharam o nome no Brasil de Comitês de Resolução de Disputas, têm encontrado receptividade em projetos de maior envergadura, voltados para as áreas de construção e infraestrutura, especialmente, em projetos de engenharia de grande porte.

A experiência em sua aplicação tem mostrado que a forma de atuação deste painel de especialistas constitui uma forma rápida e eficaz de solução de conflitos, evitando a propagação do litígio, uma vez que ele atua no decorrer da execução do contrato, permitindo um acompanhamento direto das etapas de sua execução, o que diminui a probabilidade de ocorrência da transformação do conflito em um litígio, no campo arbitral ou judicial.

A intenção deste artigo é examinar os diversos prismas de atuação deste comitê, haja vista os tipos variados de conflitos que podem surgir, exigindo uma análise legal e técnica das disputas, com olhar voltado ao tipo de profissional que irá compor o painel de especialistas, o que sugere a aplicação do modelo multidisciplinar, com indicação de profissionais de diferentes áreas do conhecimento, especialmente Advogados e Engenheiros.

1. A origem dos *Dispute Boards*

Sobre os primórdios deste importante mecanismo de solução de conflitos, encontramos nos ensinamentos de Carlo Fabrizio Campanile Braga uma bem estruturada explicação sobre os fatos que antecederam sua criação, como segue;

> "A origem dos CRDs está intimamente ligada aos contratos de construção (obras), especialmente em razão dos problemas surgidos pelo desequilíbrio na forma de resolução de conflitos entre os contratantes e o construtor. Como detecta a doutrina, até meados do século XX as controvérsias surgidas no âmbito destes contratos eram resolvidas pelo próprio contratante, que aprovava as alterações e restituições que entendesse pertinentes, as impondo ao construtor que, em regra, não podia paralisar as obras. Para aperfeiçoar este modelo, e considerando a modificação na complexidade dos contratos de obra, foram tentados mecanismos mais sensíveis de composição dos conflitos, como o Engineer – profissional técnico contrato geralmente pelo dono da obra (em regra o poder público) para fiscalizar e acompanhar a execução, resolvendo os conflitos de natureza técnica.
>
> A insuficiência desta solução, e o questionamento da parcialidade do Engineer, proporcionaram uma nova busca de alternativas para a solução extrajudicial e especializada destes conflitos, incluindo neste rol de mecanismos alternativos os comitês técnicos. Em 1972 o U.S. National Committee on Tunneling Technology patrocinou um estudo mundial sobre as contratações de obras a fim de melhorar estas práticas nos Estados Unidos. Umas das conclusões deste estudo foi a de que os efeitos deletérios das disputas e litígios sobre a eficiência do processo de construção era a maior causa do crescimento escalonado dos custos de construção, sendo que a partir deste relatório os dispute boards nasciam como um conceito para evitar este problema."

Seguindo esta diretriz, o mecanismo foi aplicado pela primeira vez na construção do Túnel Eisenhower, que utilizou na execução do contrato o DRB (Dispute Resolution Board) ou CRD (Comitê de Resolução de Disputas), no ano de 1975, que embora tenha utilizado os estudos acima referenciados para melhorar as práticas contratuais, estes conceitos surgiram ainda na década 60, no projeto Boundary Dam.

Posteriormente, entre os anos de 1982 a 1986, surgiu um importante fato para a consolidação e difusão deste instituto, uma vez que, independentemente de previsão contratual, a modalidade do Dispute Review Board (também denominado DRB) foi adotada no projeto da Hidrelétrica El Cajón, situada em Honduras.

Tal fato teve ainda maior relevância porque a obra foi financiada pelo Banco Mundial, que resolveu adotar esta sistemática de solução de disputas em função da possibilidade do surgimento de conflitos em decorrência das diferentes nacionalidades das partes envolvidas, que reunia contratados de nacionalidade italiana e suíça, cuja contratante era uma empresa hondurenha, e o resultado final alcançado foi muito bem sucedido, pois a obra foi finalizada dentro do prazo previsto, tornando-se um caso emblemático de aplicação do *Dispute Board*.

No Brasil, a primeira experiência registrada foi no contrato referente à Linha Amarela do Metrô de São Paulo, seguida do Comitê Organizador dos Jogos Olímpicos e Paralímpicos Rio 2016, que, mediante um processo de certificação, previu a celebração de mais de 50 contratos de prestação de serviços com empresas privadas contendo a cláusula de CRD – Comitê de Resolução de Disputas, individual ou composto de três membros, visando a solução de controvérsias e disputas contratuais surgidas durante a execução das obras temporárias do parque olímpico.

Embora a sua aplicação não tenha ocorrido conforme o planejamento inicial, sendo substituída pela modalidade "ad hoc", acionada somente em caso de ocorrência de um conflito, não existem dúvidas quanto a importância desta inciativa, especialmente, quanto à formação de dezenas de profissionais, que muito contribuiu para a difusão da cultura e para a consolidação do Comitê de Resolução de Disputas no Brasil.

2. Modalidades e formas de atuação dos *Dispute Boards*

As modalidades com que os *Dispute Boards* são constituídos podem ocorrer de três formas diferentes, variando de acordo com a atuação e resultado da manifestação que irão emitir, quando solicitados pelos contratantes, podendo ocorrer das seguintes formas:

- ☑ Comitê Revisor (também designado DRB – *Dispute Review Board*): modalidade em que o painel emite uma ou mais recomendações, que as partes se comprometem a cumprir, caso contrário, a questão é encaminhada à via arbitral ou judicial, conforme convencionado anteriormente.
- ☑ Comitê de Adjudicação (também designado DAB – *Dispute Adjudication Board*): nesta forma de atuação, os membros do *Dispute Board* emitem uma ou mais decisões, que as partes se obrigam a

cumprir, conforme disposição contratual convencionada entre elas, que nos parece a forma indicada, por sua força vinculante, o que é benéfica à gestão do contrato.

- ☑ Comitê Misto (também designado CDB – *Combined Dispute Board*): o painel de especialistas nesta hipótese pode apresentar recomendações ou proferir decisões, dependendo do encaminhamento dado pela parte que solicitar a deliberação, cuja escolha está vinculada a critérios pré-estabelecidos.

É desejável que o comitê seja permanente, instituído no início do contrato, com a realização de reuniões periódicas e recepção de documentos, permitindo que seus componentes monitorem a execução do contrato, anteriormente ao surgimento do conflito, embora possa ser formado na modalidade ad hoc, apenas atuindo para definição de uma questão pontual, desfazendo-se na sequência, o que definitivamente não se mostra recomendável.

Independente da modalidade contratual, os membros do Dispute Board podem ser acionados para atuar no conflito de formas distintas, segundo a necessidade ou especificidade da situação que se avizinha, compreendo as seguintes possibilidades:

- ☑ Assistência: é uma forma de atuação objetivando melhorar a comunicação entre as partes, atuando como um facilitar na compreensão e encaminhamento da solução do conflito, sem emitir opinião.
- ☑ Recomendação: nesta etapa aos membros do *Dispute Board* se mostram mais proativos e chegam a avançar sobre o conflito, emitindo opiniões, sem, contudo, dar caráter formal ao ponto de vista, mas que representam um indicativo do caminho ao ser seguido.
- ☑ Decisão: esta é a forma adjudicatória de atuação, que prescinde de uma formalidade e necessita seguir uma ordenação, pois irá resultar em um parecer fundamentado de caráter decisório.

Em qualquer das hipótese de atuação dos membros do painel, é importante destacar que os dados são sempre tratados com confidencialidade, ainda que se exija a existência de um cronograma pré-estabelecido, usualmente construído de forma consensual entre as partes, que permita uma programação antecipada quando ás reuniões do comitê e as visitas ao local de execução do contrato, quando os membros terão amplo poder de investigação, buscando a maior transparência nos atos praticados, objetivando um conhecimento pleno do andamento das etapas do contrato, o que permite respostas rápidas às solicitações das partes, cuja emissão de uma decisão, usualmente, tem seu prazo de conclusão não superior a 90 dias.

3. Vantagens e desvantagens do uso dos Dispute Boards

Como todo mecanismo de solução de conflitos, também no caso dos *Dispute Boards* encontraremos opiniões sobre vantagens e desvantagens que deverão ser analisadas anteriormente à decisão de sua inclusão em um contrato ou edital, pois trata-se de uma cláusula vinculativa para as partes, que irá acompanhar todas as etapas de execução e conclusão das obrigações assumidas entre os contratantes.

A principal desvantagem que temos visto ser citada, especialmente, por empresas contratadas para implementação dos contratos, se refere ao custo de sua implantação e concretização durante a sua execução, uma vez que envolve a contratação de um trio de especialistas independentes, que irão se dedicar durante todo o período de sua implementação, inclusive sujeitos a impedimentos de serem contratados em outros casos que se relacionem às empresas envolvidas no contrato em curso, o que nos parece uma visão restritiva, em decorrência dos benefícios, inclusive de natureza econômica, devido aos custos que um litigio poderá trazer para as partes.

Outras questões tidas como desvantagens, que se referem às decisões do painel, especificamente, quanto à insatisfação de uma das partes quanto a uma decisão tecnicamente discutível, ou ainda, da possibilidade de recurso da decisão do painel, que leva a uma insegurança jurídica, nos parecem inerentes ao próprio conflito e não se referem ao instituto em si, portanto, poderiam existir em outros mecanismos de solução de controvérsias, de uma forma muito prejudicial às partes, especialmente, se verificarmos as experiências no campo da justiça estatal.

Entendemos que melhor será nos atentarmos ao campo das vantagens na adoção deste mecanismo, uma vez que são vistas por aqueles que já tomaram contato com ele como um importante aliado na resolução das diversas controvérsias surgidas na execução do contrato, solucionando estas disputas de forma rápida e eficaz, o que minimiza o surgimento de um futuro litígio.

Além disso, este comitês são importantes na prevenção de disputas, pois seus membros poderão oferecer orientações e sugestões para evitar o surgimento de problemas , enquanto suas decisões, ainda que temporárias, permitem que o projeto continue, mesmo que a disputa venha a ser definitivamente resolvida por outra via eleita pelas partes, sendo certo que a maior virtude desta escolha está na formação do painel, que espera-se sejam profissionais independentes e imparciais que entregam decisões fundamentadas, tomadas com base em elementos fáticos e evidências tecnicamente justificadas.

4. Formação do painel de especialistas no *Dispute Board*

A formação clássica de um *Dispute Board* é com três membros, embora nada impeça que este mecanismo seja adotado com um composição diferente, formado por dois ou até mesmo por apenas um especialista, e também podem surgir situações de maior complexidade e grandiosidade que exijam comitês com maior número de membros, cuja experiência relatada em nível internacional é da construção do Aeroporto de Hong Kong, que compreendia um total de vinte contratos, com um *dispute board* composto por seis membros e um membro adicional, que era responsável por convocar o comitê.

Outra forma usual de instituição do comitê é a indicação de cada um dos membros ser feita por uma das partes, enquanto estes indicam o terceiro, que se tornará presidente, exatamente como adotado na arbitragem, cabendo a este último a condução do painel, com a organização das visitas, distribuição das incumbências e coordenação dos trabalhos.

Assim como em outras formas de resolução extrajudicial de disputas, embora os membros sejam indicados pelas partes, sua aceitação e atuação devem ser pautadas pelos princípios da imparcialidade e independência, cabendo ainda, o dever de relação sobre qualquer fato que possa ser questionado no futuro, evitando-se assim comprometer a higidez do procedimento.

Os profissionais mais solicitadas para atuação nestes comitês sem dúvida alguma são os Advogados e Engenheiros, mas nada impede que pessoas com formação em economia, administração ou mesmo sem estas formações, mas com experiência no objeto do contrato, venham a ser indicadas como membros de um painel de resolução de disputas, uma vez que existe uma convergência para a formação de painéis multidisciplinares, exatamente para melhorar a qualidade das decisões e permitir uma fluidez de conhecimentos entre os membros, o que se mostra saudável neste tipo de atuação.

Em sua dissertação apresentada para a obtenção do título de mestre, no curso de Mestrado Profissional em Direito no Instituto Brasiliense de Direito Público, intitulada "Comitê de resolução e prevenção de conflitos (*dispute board*) nos contratos de concessão de infraestrutura de transportes", a Dra. Thaís Strozzi Coutinho Carvalho, traz uma importante contribuição a esta discussão, ao relacionar as características que se espera dos membros de um painel dessa natureza:

> "Dentre as qualidades dos membros do comitê, Chapman (1999, p. 4) aponta para as seguintes: mente aberta, respeito às opiniões e experiências dos outros membros, manter relações harmoniosas e confiança recíproca, imparcialidade e objetividade. O autor entende ainda que, embora a determinação possa ser uma virtude, os indivíduos que possuem personalidades muito dominantes podem ter perfil inadequado para ser membro do dispute board, isso porque o comitê deve encarar o encargo recebido como um desafio para que o contrato seja efetivamente executado, devendo trabalhar em conjunto com os demais membros para atingir o seu objetivo."

5. O papel do advogado como membro de um *Dispute Board*

Não há dúvidas quanto ao papel do Advogado atuando como membro de um *Dispute Board*, especialmente, no que se refere a sua importância para garantir a efetividade deste processo de resolução de conflitos, uma vez que este profissional possui uma formação que possibilita levar ao painel os princípios que sustentam o devido processo legal, pilar do escopo decisório que é a própria finalidade da existência de um comitê desta natureza.

Como abordamos no tópico dedicado à formação do painel de especialistas anteriormente, tendo citado os Advogados e Engenheiros quase como membros obrigatórios em sua composição, é importante destacar que as partes atentem para este tipo de escolha, ainda que, buscando alguma troca de informação preliminar, possibilitando assim que seja composto de forma multidisciplinar, permitindo a presença de pelo menos cada um destes profissionais.

Não obstante, existe um corrente acadêmica que defende que a presidência do painel seja necessariamente exercida por um Advogado, que teria um melhor traquejo para lidar com as questões formais e estruturais que garantam os princípios legais de atuação do *Dispute Board.*

Além disso, a ele competiria uma tarefa importante quando do desenvolvimento das atividades do painel, pois caberá ao presidente do painel a compreensão dos dispositivos legais e regulamentares para o funcionamento adequado do comitê, especialmente quanto a sua aplicação no contrato em execução, além de contribuir com suas habilidades profissionais de negociação e intermediação para auxiliar em eventuais situações onde se mostre possível uma solução amigável e satisfatória para determinada disputa.

Por derradeiro, acredita-se que um profissional com a formação e experiência na área jurídica terá melhores condições para conduzir as diversas situações a serem vividas pelo painel, começando pelas reuniões com as partes, que ocorrem periodicamente, assim como eventuais audiências para instrução de um processo decisório, quando deverá permitir que todos tenham oportunidade de se expressar de forma igualitária, ou mesmo em uma reunião de conciliação, que se faça necessária.

6. A função do engenheiro como membro do *Dispute Board*

De forma idêntica ao que foi dito em relação à presença do Advogado em um painel desta natureza, não poderia ser outra nossa posição quanto à atuação do Engenheiro como membro de um dispute board, sendo peça fundamental para garantir que o processo de resolução de conflitos seja conduzido de forma justa e eficaz, em função das características técnicas que cercam a quase totalidade dos conflitos em contratos, o que torna necessária, senão obrigatória, a presença deste profissional.

Ao compor o painel, um profissional com a formação em Engenharia tem o papel de analisar e filtrar as questões técnicas relacionadas à execução dos projetos em questão, possibilitando elaborar uma explanação didática destes pontos, especialmente, para instrumentalizar os demais profissionais que não tenham esta mesma formação, permitindo assim uma decisão imparcial com base nesses dados obtidos na instrução da análise do conflito.

Não podemos deixar de destacar a possibilidade de atuação de um profissional que tenha formação técnica na prevenção de conflitos, haja vista a possibilidade de interpretar as informações trazidas pelas partes e fornecer orientações que ajudam a identificar possíveis problemas ao longo da execução do projeto e sugerir soluções para evitá-los, o que certamente ajuda a minimizar a possibilidade de conflitos futuros e garantir que o projeto seja concluído com sucesso.

Do ponto de vista operacional, é o profissional com formação em Engenharia que conduzirá as inspeções e vistorias necessárias à compreensão das etapas de execução do projeto, assim como coordenará os trabalhos de campo, quando necessários a avaliação dos documentos submetidos à análise pelo painel, bem como realizará as revisões dos cronogramas de progresso da obra, identificando possíveis problemas que possam levar a conflitos no futuro.

Para o desempenho destas funções, torna-se fundamental que o Engenheiro que atua como membro do dispute board possua experiência e conhecimento técnico nas áreas específicas compreendidas pelo projeto em execução, possuindo perfeito entendimento das normas técnicas e regulamentações aplicáveis ao empreendimento, bem como das melhores e mais modernas práticas aplicáveis ao tipo de obra em execução.

7. Questões originárias de conflitos na execução do contrato

As questões a serem submetidas a um *Dispute Board* são originárias da execução dos contratos de duração extensiva, onde sua satisfação não ocorre em um único instante, mas surgem ao longo do tempo de sua implementação, de forma continuada, os chamados contratos de trato sucessivo, nos quais as disputas se originam de formas diversas, destacando a seguir algumas dessas circunstâncias:

- ☑ Incompletude do contrato, onde não é possível se prever todas as ocorrências que venham a surgir durante sua execução, uma vez que as informações não são suficientes para esclarecer os pontos submetidas a exame, exigindo assim interpretação técnica e jurídica dos pontos conflitantes.
- ☑ Alteração no escopo contratual, seja por aumento ou redução na especificação inicial do projeto, ou inclusão de serviços não previstos incialmente, o que acarreta em modificação nos quantitativos incialmente previstos, quase sempre por determinação do contratante.

☑ Extensão no prazo de execução do projeto, podendo haver também adiamento, o que impacta nos valores incialmente contratados, afetando especialmente os custos indiretos.
☑ Alteração na legislação vigente, como, por exemplo, tributária e trabalhista, ou na política econômica, tendo como exemplo a política cambial, por determinações de ordem pública,
☑ Interferências de terceiros na execução do projeto.
☑ Mudanças de processos internos do contratante.
☑ Descumprimento das obrigações contratuais.
☑ Imprevisão, caso fortuito ou força maior.

Estes exemplos, relacionados nesta pequena amostra que procura sintetizar os conflitos que podem ocorrer durante o período de acompanhamento da execução do contrato pelo Dispute Boards, ilustram a multiplicidade de fatos que podem ocorrer, caraterizados por sua complexidade, regulando diversos aspectos e, sendo capitaneados por uma gama de participantes, que tratam de questões técnicas, legais e particulares.

Diante desta realidade, que nos permite ter a dimensão do trato a ser enfrentado pelos membros do painel, percebe-se o quanto é necessária uma integração entre os participantes de um comitê dessa natureza, alinhando assim conhecimentos técnicos e jurídicos para a solução dos conflitos, seja pela via amigável ou adjudicatória.

8. Participação dos membros do painel no processo decisório

Para o desempenho de suas funções, os membros do *Dispute Board* necessitam ter a perfeita compreensão dos aspectos contratuais e técnicos referentes ao contrato em execução, o que exige muitas vezes uma interdisciplinaridade dos profissionais, na maior parte das vezes não decorrente da formação múltipla em mais de uma profissão, mas fruto da experiência de Advogados que trabalharam com Engenheiros e de Engenheiros que trabalharam com Advogados, permitindo assim uma fluidez no processo de comunicação entre os participantes do painel, o que contribui significativamente para a melhoria dos resultados a serem alcançados.

Os profissionais que atuam em um *Dispute Board*, independente de suas formações originais, devem estar preparados para analisar a documentação recebida, dedicando-se aos estudos dos relatórios e outros materiais que são enviados com frequência, assim como se dedicarem a visitas ao canteiro de obras e nas frentes de serviço, visando uma experiência sensorial com a obra em andamento, o que se mostra fundamental para o exercício desta função, permitindo assim uma integração entre os conhecimentos de formações diferentes, o que será obtido com a troca de experiências e conhecimentos, permitindo uma reciprocidade na formulação das dúvidas e questionamentos a serem solucionados.

Outra importante característica que deve ser exigida destes profissionais é sua capacidade de audição e preparação para elaborar os temas surgidos nas discussões entre os contratantes, seja em reuniões informais ou audiências formalmente convocadas, sempre atentos aos aspectos trazidos por cada um deles, para que possam estar preparados para entender as questões sob o prisma tanto técnico como jurídico, o que facilita o diálogo com os demais membros do painel.

É aconselhável que os profissionais que atuam neste tipo de atividade tenham um treinamento prévio para se preparem para o exercício de sua função, sendo recomendada a utilização do Manual de Práticas e Procedimentos da *Dispute Resolution Board Foundation* (DRBF) como referência em sua atuação, especialmente, quando exercem o importante papel de prevenção do conflito, para que eventuais posições adotadas em resposta a uma consulta informal ao painel não sejam confundidas com parcialidade, devendo ficar claro que as posições dos membros manifestadas em troca de sugestões, ou ainda, a resposta a uma assistência informal, não podem ser confundidas com eventual decisão futura em consulta formal sobre o mesmo tema.

Conclusões

De todo o exposto, verifica-se que os *Dispute Board* são um campo fértil para a utilização dos conhecimentos técnicos aliados aos fundamentos jurídicos, uma vez que os contratos de trato sucessivo, como no caso de construção e infraestrutura ou outros de grande envergadura, especialmente, aqueles relacionados a projetos de Engenharia, possuem uma forte ligação com as duas áreas de conhecimento, devendo os membros do painel estar preparados para conviver com estas práticas de forma integrada.

Embora não se exija dos membros a dupla formação, o que seria até mesmo extrapolar da função que irão exercer, é recomendável que, independe da formação original, os membros de um *Dispute Board* tenham experiência em conviver com questões afetas a outros temas fora de sua área de atuação, mas com estreita ligação nesses casos concretos, onde o técnico compreende o jurídico e o jurídico compreende o técnico.

Esse conhecimento, adquirido no trato contatual e no trato operacional de obras no que tange à administração contratual, facilita o diálogo entre os membros do *Dispute Board*, e melhora a comunicação com as partes contratantes, o que resultará em decisões melhor elaboradas, fazendo com que se extraia de seus membros os conhecimentos específicos de sua área de formação, devidamente integrada às áreas dos demais membros.

Referências

BRAGA, Carlo Fabrizio Campanile. Os comitês de resolução de conflitos (CRD) e sua utilização nos contratos de concessão no Brasil – análise sobre a viabilidade jurídica e adequação. Procuradoria Geral do Estado do Mato Grosso do Sul, 2021. Disponível em: https://www.pge.ms.gov.br/esap/revistaspge/revista-17. Acesso em: 12, abril de 2023.

CARVALHO, Thaís Strozzi Coutinho. Comitê de resolução e prevenção de conflitos (dispute board) nos contratos de concessão de infraestrutura de transportes. Repositório Institucional, 2022. Disponível em: https://repositorio.idp.edu.br/handle/123456789/3871.Acesso em: 12, abril de 2023.

NETO, Francisco Maia. "Adjudicação e CRD: Formas dinâmicas de soluções de conflitos", In: HOLANDA, Flavia. org. Métodos Extrajudiciais de Resolução de Conflitos Empresariais – Adjudicação, Dispute Board, Mediação e Arbitragem. São Paulo: IOB Sage, 2017.

NETO, Francisco Maia. "Adjudicação e Comitê de Resolução de Disputas, novas formas de solução de Conflito". Palestra ministrada no Seminário do Centro-Oeste de Mediação Conciliação e Arbitragem em Cuiabá/MT, 12/03/2015.

TRINDADE, Bernardo Ramos (org.). CRD – Comitê de Resolução de Disputas nos contratos de construções e infraestrutura: DRB – Dispute Resolution Board. São Paulo, Pini, 2016.

12. *DISPUTE BOARDS:* UM BREVE RELATO SOBRE A EVOLUÇÃO LEGISLATIVA NO BRASIL E COMENTÁRIOS PONTUAIS AO PL 2.421/2021

Ricardo Medina Salla

Introdução

Não parece haver dúvida entre estudiosos e praticantes de que os *Dispute Boards* são uma ferramenta excepcional para descompressão[1] das áridas relações entre partes envolvidas em contratos de execução continuada, especialmente daqueles oriundos do mercado da construção e infraestrutura. Aliás, essa convicção parece vir de longa data mundo afora, muito antes das primeiras iniciativas legislativas começarem a fervilhar entre municípios e estados do Brasil.

E se há tanto tempo já existia consenso sobre as vantagens conferidas pelo mecanismo, por que, então, demoramos tanto para torná-lo uma realidade no país? Difícil dizer, mas a falta de difusão da matéria e vácuo regulatório talvez sejam algumas das explicações.

Foram anos e anos de esforços empreendidos por estudiosos e praticantes para a divulgação dos *Dispute Boards* entre investidores, empresas de engenharia, associações voltadas ao mercado da construção e da

[1] É muito ilustrativa a alegoria utilizada por João Paulo Pessoa e Leonardo Toledo para comparar os Dispute Boards a válvulas de descompressão, que servem a distensionar a relação das partes em momentos de ebulição dos ânimos adversariais, permitindo-lhes retomar o foco e esforços para o que realmente importa: o andamento da obra. PESSOA, João Paulo; SILVA, Leonardo Toledo da. **Públicos e Privados e o Problema das Decisões Judiciais Liminares**. IN: FIGUEIREDO, Augusto Barros de; SALLA, Ricardo Medina (Org.) Manual de Dispute Boards: Teoria, Prática e Provocações. 1ª ed. São Paulo: Quartier Latin, 2020.

infraestrutura, academia e administração pública. Todavia, por mais que os persistentes entusiastas se desdobrassem para impulsionar o aproveitamento dos *Dispute Boards*, as iniciativas pareciam esterilizar-se entre sobrancelhas desconfiadas de uns e desapreço de outros.

Quantas não foram as vezes que ouvimos de empreendedores: "por que devo gastar para contratar um *Dispute Board*? A minha obra não dá problema! Eu sempre resolvo os pleitos com boas conversas?" Haja otimismo![2]

Se entre privados persistia alguma resistência ao "novo" (que de novo não já não tinha nada) – seja por excesso de otimismo, de confiança ou simples falta de conhecimento – não se mostrava minimamente razoável admitir que a Administração Pública seguiria frustrando a coletividade

[2] Leonardo Toledo, com muita clareza, tratou bem desse otimismo em artigo publicado no Portal da Infra: "Já estive em muitos projetos em que, quando da celebração do contrato, era perceptível que a lua de mel do início da relação tornava, a meu ver, a avaliação dos gestores envolvidos enviesada pela crença, um tanto otimista, de que aquele caso seria diferente, mesmo diante de inúmeros indicativos de que, quase sempre, em obras mais complexas e desafiadoras, a tendência é a de que as partes acabem em um ou mais conflitos, gerando não só o custo dos conflitos em si mas a perda de foco na continuidade da obra. Esse otimismo, em muitos dos casos, parecia vir acompanhado de um outro viés documentado pela literatura econômica, o do *excesso de confiança*. Pela heurística do *excesso de confiança*, o indivíduo é levado a superestimar sua capacidade de lidar com um dado problema. Naquele momento inicial dos projetos de construção, muitos gestores parecem confiantes de que saberão lidar com quase qualquer dificuldade e conflito que ocorra durante a execução da obra, desconsiderando o fato de que muitos falham nessa missão. E, premidos por esse otimismo e excesso de confiança, fazer um investimento frio na gestão da relação das partes tende a parecer um excesso e um desperdício de tempo e dinheiro, além de representar um certo voto de desconfiança. E é aí que investir em um *dispute board* pode parecer uma decisão equivocada ou, no mínimo, exagerada. O problema é que, quase sempre, a realidade vem logo bater à porta e as partes acabam diante daquele mesmo cenário clichê, de total desalinhamento, que escala a um conflito irremediável. E aí, nesse cenário específico, as ferramentas disponíveis acabam sendo menos agradáveis e mais custosas, o litígio, judicial ou arbitral, e o encerramento do contrato, situações que pouco contribuem com o objetivo inicial das partes, concluir o empreendimento da forma mais eficiente possível. Por fim, e não menos importante, o gestor, diante da decisão de utilizar um *dispute board*, terá de vencer a inércia organizacional que tende sempre a jogar desfavoravelmente ao comportamento inovador. Mudar a prática arraigada das organizações demanda mais esforço do que simplesmente repetir aquilo que vem sendo feito, mesmo que não tenha dado certo, no passado" (https://www.agenciainfra.com/blog/infradebate-contratos-de-construcao-dispute-boards-e-as-heuristicas-da-racionalidade/).

com milhares de obras abandonadas[3], quando já se sabia da existência de um mecanismo que poderia resolver rapidamente os impasses que, quando descurados, levam aos cenários de escombros desoladores que, nós, brasileiros, tão bem conhecemos.

Foi assim que o primeiro projeto de lei a tratar dos *Dispute Boards* no Brasil nasceu com um duplo propósito. O primeiro: conferir ao gestor público o conforto necessário para, observando o princípio da legalidade, poder (de uma vez por todas) inserir os Dispute Boards em suas contratações administrativas, sem preocupar-se com o assombro de persecuções fiscalizatórias. O segundo: gerar conhecimento e difundir o mecanismo como método reconhecido pelo ordenamento nacional para todos os operadores do mercado de construção e infraestrutura.

1. O breve relato da evolução legislativa

Em 21 de agosto de 2017, o bom amigo e então vereador da cidade de São Paulo, Caio Miranda Carneiro, encampou a luta dos *Dispute Boards*. Redigimos a primeira minuta do que viria a ser o Projeto de Lei 577/2017, nos esforçando para desenhar um texto simples, objetivo e que não emperrasse a aplicação maleável do mecanismo. Afinal, a informalidade e

[3] Não é de hoje que o Brasil sofre com o grave tormento das obras públicas inacabadas. Em 1995 foi constituída uma comissão temporária no Senado Federal destinada a inventariar as obras não concluídas, custeadas pela União. O Relatório final da referida comissão apontou a existência de, no mínimo, 2.214 obras paradas, alertando, todavia, que o número poderia ser maior, diante do não recebimento de algumas informações solicitadas. Mais recentemente o Tribunal de Contas da União (TCU), através do Acórdão 17079/2019, divulgou o resultado de uma auditoria operacional que apontava a existência, no ano de 2019, de mais de 14.000 obras paralisadas no país. Se considerarmos ainda as obras custeadas exclusivamente com recursos estaduais ou municipais, que não foram objeto da auditoria do TCU, este número, por certo, será expressivamente aumentado. Chama atenção, também, o fato de que dentre os motivos de paralisação das obras apurados pelo TCU na referida auditoria, apenas 10% estariam relacionados a problemas orçamentários/financeiros, enquanto 47% estariam relacionados a problemas técnicos. Conclui-se, assim, que diferente do que se poderia imaginar, a falta de recursos financeiros/orçamentários não é, nem de longe, a principal razão da paralisação das obras. Por outro lado, o resultado destes dois levantamentos, espaçados em mais de duas décadas, nos leva à conclusão de que a evolução legislativa e administrativa brasileira não foi suficiente para estancar o problema, que continuou a crescer com o passar dos anos. DOMINGUES, Igor Gimenes Alvarenga. **Comitês de resolução de disputas (dispute boards) nos contratos da administração pública**. São Paulo: Almedina, 2022, p. 39.

flexibilidade são da essência dos *Dispute Boards*, e assim deve ser, mesmo que aplicados pela Administração Pública.

Tão logo que publicado o Projeto de Lei 577/2017, o texto, embora não desprovido de críticas, parece ter gozado de boa receptividade das principais entidades do setor da construção. Com efeito, em seminário dedicado a discutir essa intentada legislativa, organizado pela Câmara de Mediação e Arbitragem do Instituto de Engenharia, pudemos coletar boas sugestões para aprimoramento da redação, sobretudo vindas do cultíssimo colega André Junqueira, procurador do Estado de São Paulo, que naquela oportunidade compunha conosco o painel de debatedores.

Assim é que o projeto de lei, que originalmente se propunha a "autorizar" o uso dos *Dispute Boards* pelo município de São Paulo, largou o intento autorizador para apenas "reconhecer e regular" a aplicação do mecanismo em contratos administrativos da municipalidade.

E foi mesmo boa a sugestão. Afinal, os *Dispute Boards* nunca foram desautorizados pelo ordenamento! Pelo contrário, eles já eram permitidos e, mais ainda, já haviam sido legitimamente utilizados pela Administração Pública, como foi o emblemático e pioneiro caso do Metrô do Estado de São Paulo, composto pelo eternamente querido e saudoso amigo Jorge Pinheiro Jobim, e pelos caríssimos mestres Rui Arruda Camargo e Roberto Ricardino.

O Projeto de Lei 577/2017 também ganhou tintas da Procuradoria do Município de São Paulo, sob a tutela do Dr. Ricardo Ferrari Nogueira, que exerceu papel fundamental para levar o texto à sanção do finado Prefeito Bruno Covas. Aliás, em conversas com ambos, ficava nítida a boa compreensão que pareciam ter sobre importância do método para a fluidez das obras paulistanas. Esse bom discernimento, certamente, contribuiu para o rápido avanço da proposta normativa, que culminou na promulgação da Lei 16.873, em 22 de fevereiro de 2018.

A pioneira lei paulistana logo fez reverberar o som dos *Dispute Boards* por outras casas legislativas. De fato, o interesse despertou no então Senador Antonio Anastasia, que, muito antes de congressista, era bem reputado professor de Direito, e não tardou a perceber a relevância técnica da matéria para atendimento ao interesse público.

Depois de uma primeira reunião e de breves conversas, o Senador cuidou, assim como fizera o jovem vereador Caio Miranda Carneiro, de encampar a luta dos Dispute Boards, mas, agora, em nível federal. Eis, então, que nasce o Projeto de Lei do Senado 206/2018, e que, hoje, depois de ajustes e adaptações, se encontra na Câmara dos Deputados com nova numeração, PL 2.421/2021.

Enquanto o PLS 206/2018 tramitava no Senado, outras legislações regionais, inspiradas na lei paulistana, começavam a ganhar campo. São os casos da 11.241/2020, de Belo Horizonte, e das leis sulistas que contaram com o apoio do talentoso advogado Jerônimo Roveda, a saber: Lei 12.810/2021, de Porto Alegre, e Lei 15.812/2022, do Estado do Rio Grande do Sul.

Também surgiram decretos voltados a regulamentar as leis regionais. No Rio Grande do Sul, veio o Decreto 56.423/2022 e, na cidade de São Paulo, o Decreto 60.067/2021.

Embora todas as normas que vigem hoje sejam merecedoras de críticas, umas muito mais que outras, pôde-se perceber que, ao menos, todas elas serviram bem a um de seus grandes propósitos. Todas elas, obviamente em conjunto com a nova e importantíssima lei de licitações (14.133/2021), lançaram luz sobre o mecanismo que antes se escondia nas sombras de rarefeitos artigos e seminários acadêmicos.

Há, também, de se reverenciar a iniciativa legislativa de nível federal que partiu da Câmara do Deputados, o PL 9.883/2018, capitaneado pelo Deputado Pedro Paulo, e idealizado pelo brilhante colega, Augusto Barros de Figueiredo, um dos grandes abnegados defensores do mecanismo.

O PL 9.883/2018, talvez por dotar-se de estrutura mais complexa e por ter aspirações mais tecnicamente ambiciosas, não teve tramitação tão ágil como foi a do PLS 206/2021 (hoje PL 2.421/2021), que, mais enxuto, em pouco tempo saltou do Senado à Câmara dos Deputados. Mesmo assim, o PL 9.883/2018 foi apensado ao PL 2.421/2021 para análise da Câmara, e poderá ter alguns de seus dispositivos aproveitados na redação que, espera-se, em breve consolidar-se-á.

Como dito, o PLS 206/2018 proposto pelo Senador Anastasia submeteu-se a ajustes e adaptações. Algumas dessas modificações foram extremamente bem colocadas, como é o caso da limitação à responsabilização dos membros de comitês por seus atos ou omissões que decorram de dolo, culpa grave ou fraude.

Há, entretanto, outras modificações que não contribuiriam para o bom funcionamento dos *Dispute Boards*. Algumas delas foram bem destacadas em audiência pública conduzida pelo então relator do projeto na Câmara, o Deputado Kim Kataguiri, enquanto outras talvez tenham restado despercebidas. Por essa razão, cuidamos de fazer apontamentos com nossas recomendações, que passamos a compartilhar, aqui, neste artigo.

2. Nossas recomendações de ajustes ao PL 2.421/2021

Destacamos, abaixo, os itens que, em nossa opinião, merecem adaptações. Para melhor compreensão, mantivemos as marcas de revisão de texto, e inserimos, na sequência de cada dispositivo, um breve comentário a justificar o reparo sugerido. Também será possível notar em nossos apontamentos alguns comentários a ponderações que foram trazidas durante audiência pública convocada pelo Relator.

> Art. 2º (...)
>
> II – ao Comitê por Adjudicação é conferido o poder de emitir decisões imediatamente eficazes e vinculantes às partes em litígio; e
>
> **Comentário 01:** talvez o mais importante de todos os princípios que sustentam os Dispute Boards seja aquele que jaz no moderno brocardo *pay now, argue later* (pague agora e discuta depois). É precisamente essa dinâmica que assegura a solução imediata, ainda que em caráter precário, do impasse atravancador do bom andamento da obra. As partes se veem obrigadas a cumprir imediatamente a decisão do comitê, e assim eliminam provisoriamente o obstáculo que se impunha ao avanço dos trabalhos. É importante aclarar que a parte insatisfeita poderá, sempre que considerar conveniente e oportuno, se socorrer da jurisdição (arbitral ou judicial), após o cumprimento imediato da decisão do Dispute Board, para tentar revertê-la. Todavia, enquanto não houver uma solução jurisdicional que determine a revisão da deliberação do Dispute Board, as Partes devem, necessariamente, respeitar e cumprir de pronto aquilo que foi decidido pelo comitê[4].

[4] Sobre a questão, explica bem Cyril Chern: "*this issue of immediate binding effect and how it is enforced (...) has a major impact on the construction process and the effectiveness of the dispute resolution process as a whole. Keep in mind that the reason the Dispute Boards work is that they give the parties an answer and prevent bickering and fighting over issues, and they do this now rather than later so that the project can proceed without delay*" (Dispute Boards. Oxford: Blackwell, 2008, p. 330). No mesmo sentido, autores brasileiros trazem o seguinte esclarecimento: "o fato de os DABs gozarem de poder para prolatar decisão vinculativa lhe confere importante vantagem em relação aos demais métodos de resolução de disputas na indústria da construção, pois traz consigo maior velocidade e efetividade às soluções postas, favorecendo o seguimento e bom andamento

Art. 2º (...)

§ 2º As recomendações e as decisões proferidas pelos Comitês de Prevenção e Solução de Disputas poderão ser reformadas pelo Poder Judiciário ou, quando houver convenção neste sentido, por arbitragem.

Comentário 02: a despeito de algumas sugestões trazidas na audiência pública, propomos manter a possibilidade de as recomendações serem revistas em âmbito jurisdicional, pois elas podem vir a se tornar vinculantes, caso uma das partes não apresente a Nota de Insatisfação tempestivamente. Essa transformação da natureza da recomendação não é uma regra geral, mas há regulamentos de *Dispute Boards* que a preveem. Desse modo, seria prudente preservar a possibilidade de revisão jurisdicional para todos os tipos de solução emanada dos Dispute Boards, sejam elas de natureza recomendatória ou decisória.

Art. 2º (...)

§ 3º Serão, sempre, respeitados nos procedimentos dos Comitês os princípios do contraditório, da igualdade das partes, e do livre convencimento dos Membros.

§ 4º Caberá aos Membros estimular a conciliação das partes, sem prejuízo de suas competências recomendatórias ou adjudicatórias.

Comentário 03: as sugestões de inserção dos parágrafos 3º e 4º acima foram aproveitadas dos debates promovidos na Audiência Pública. De fato, parece acertado exigir-se o compromisso de observância do devido processo legal, bem como fortalecer o caráter preventivo dos Dispute Boards, encorajando-se os Membros a estimularem acordos pacíficos.

Art. 4º Os procedimentos do Comitê deverão observar os princípios da legalidade, impessoalidade, moralidade, publicidade e eficiência, conforme estabelecido no artigo 37 da Constituição Federal.

Comentário 04: parece fazer sentido a proposição feita em Audiência Pública para que não apenas os princípios da legalidade publicidade sejam

das obras. Isso, porque a decisão do DAB arrefece imediatamente a celeuma entre as partes, ao fazer valer o brocardo que diz: *pay now, argue later* ou pague agora, discuta depois. Assim é que a disputa não trava os trabalhos. As partes cumprem a decisão e a obra anda. Quem quiser, que discuta depois em juízo ou arbitragem. Exatamente por esse motivo os DABs se tornaram, hoje, a modalidade prevalente de Dispute Board no mercado" (FIGUEIREDO, Augusto Barros de *et al. In:* FIGUEIREDO, Augusto Barros de; MEDINA SALLA, Ricardo (coord.). **Manual de Dispute Boards.** São Paulo: Quartier Latin. 2021, p. 33).

observados. Vale estender o dever de atendimento a todos os princípios que regem os atos da Administração, sobretudo, aqueles estabelecidos no artigo 37 da CF.

Art. 5º O Comitê será composto por 3 (três) membros, sendo 2 (dois) com reconhecido saber na área objeto do contrato e presidido por 1 (um) advogado com reconhecida atuação jurídica na área objeto do contrato:

Comentário 05: recomendamos que os *Dispute Boards*, quando adotados pela Administração Pública, sejam sempre compostos por, no mínimo, 3 membros, para que se evite a concentração de poder sobre apenas um profissional e, também, para se evitar conflito/demora na eleição, que tende a acontecer caso o *Dispute Board* seja composto por um único membro. Quanto a esta última preocupação, ela se dá pela potencialidade de não se alcançar unanimidade entre as Partes sobre a definição do nome do profissional que comporá o Board. Trata-se de impasse preliminar capaz de obstar a implantação do mecanismo, especialmente, se o *Dispute Board* não for submetido a algum regulamento ou normas institucionais que prevejam métodos para solucionar os entraves de eleição. Ademais, recomenda-se que o jurista eleito venha para presidir o Comitê, pois se tende a incumbir a ele cuidar de encargos formais, administrar ritos, confeccionar despachos, zelar pelos princípios processuais etc, tarefas estas que não costumam ser a rotina dos demais técnicos que compõem o *Dispute Board*[5].

Art. 5º (...)

§ 1º O Comitê entrará em funcionamento quando estiver regularmente constituído por meio da assinatura do respectivo Termo de Compromisso pelas partes e membros, o que deverá ocorrer em até 30 (trinta) dias contados

[5] Outro ponto de atenção é a exigência de que ao menos um membro do comitê detenha formação jurídica. Trata-se de uma opção altamente recomendável. A atuação do comitê sempre irá demandar, ainda que de forma indireta, a interpretação de cláusulas contratuais. Além disso, em se tratando de contratos administrativos, é mais provável a existência de normas de ordem pública que podem afetar de forma cogente a execução contratual. Ressalte-se, também, que diante dos princípios da publicidade e legalidade, inerentes aos contratos públicos, é fundamental que os procedimentos adotados pelo comitê, principalmente quando se tratar da emissão de decisões vinculantes, sejam instrumentalizados de maneira formal e ordenada, resguardando-se o devido processo contratual/legal e o contraditório (DOMINGUES, Igor Gimenes Alvarenga. Op. Cit., p.70).

da assinatura do Contrato celebrado entre a parte privada e a Administração Pública, quando o Comitê for instalado em modalidade permanente, ou em até 30 (trinta) dias contados do registro, por escrito, de conflito ou controvérsia por, ao menos, uma das partes contratantes, quando o Comitê for instalado em modalidade *ad hoc.*

Comentário 06: a intenção é estimular a utilização dos *Dispute Boards* permanentes, em detrimento dos Dispute Boards *ad hoc*[6]. Isso porque são os *Dispute Boards* permanentes que oferecem as maiores vantagens para as obras, permitindo-se que os seus membros se familiarizem com os trabalhos e se mantenham perenemente informados dos avanços e dificuldades enfrentadas pelas Partes[7].

[6] Em estudo sobre disputas ocorridas em um universo de 231 projetos com previsão de uso de *Dispute Boards*, tanto no formato permanente como no formato *ad hoc*, verificou-se que 14,05% das decisões proferidas por um Dispute Board *ad hoc* foram contestadas posteriormente em arbitragem contra 0,53% das decisões de um Dispute Board Permanente com poderes para também atuar na prevenção de disputas e 2,97% das decisões de um Dispute Board Permanente sem poderes para atuar também na prevenção de disputas). Os números mostram não apenas a grande efetividade dos DBs na solução das disputas, mas também a relevância de seu formato ad hoc. O estudo foi apresentado por Lindy Patterson e Jim Perry, ambos ex-presidentes da Dispute Resolution Board Foundation (DRBF), quando da reunião da Taskforce de Infraestrutura da Comissão de Arbitragem e Mediação da CCI Brasil, em junho de 2020.

[7] *"A 'dispute board' (DB) is a 'job-site' dispute avoidance and adjudication process, typically comprising three independent and impartial persons selected by the contracting parties. The significant difference between DBs and most other alternative dispute resolution (ADR) techniques (and possibly the reason why DBs have had such success in recent years) is that many DBs are established at the commencement of a project and, by undertaking regular visits to site, are actively involved throughout the construction process (and possibly any ensuing concession period). The DB becomes a part of the project administration and, during the construction period, can influence the performance of the contracting parties thereby averting issues that could, if ignored, result in disputes. DBs thus have 'real-time' value. The idea behind a standing DB (i.e. one formed at the start of the construction period) is that it may be called upon early in the evolution of any dispute which cannot be resolved by the parties and be required to state opinions or to publish decisions or recommendations on how the matters in issue could or should be settled. It is usual (but not compulsory) that an opportunity remains for the matter to be referred to arbitration or to the courts if a decision of the DB's does not find acceptance by the parties. Thus a DB may be likened to UK adjudication, either under statutory-compliant contracts or under the scheme established by statute itself (i.e. the UK Housing Grants Construction and Regeneration Act 19961). What a DB does that UK statutory adjudication does not (generally) do is to provide a regular forum for discussion of difficult or contentious matters, to identify ways forward by acting in an informal capacity and to create valuable opportunities for the parties to avoid disputes by keeping proactive communication alive. Other benefits,*

Art. 5º (...)

§ 3º O Comitê, quando instalado em modalidade *ad hoc*, será dissolvido logo após proferir recomendação ou decisão, salvo previsão expressa em sentido contrário no edital ou no contrato.

§ 4º O Comitê, quando instalado em modalidade permanente, será dissolvido na mesma data de término do Contrato, exceto se houver procedimento em andamento, hipótese em que o Comitê será dissolvido após a emissão da recomendação ou decisão pendente.

Comentário 07: A regra do § 3º seria aplicável apenas para Dispute Boards *ad hoc*, e jamais para permanentes. Os Dispute Boards permanentes se dissolvem após o encerramento do Contrato. Ainda assim, os Dispute Boards devem se manter ativos, se ainda houver processo em andamento sobre controvérsia apresentada antes do encerramento do Contrato. Por esse motivo, propusemos a adaptação do § 3º e a inserção do § 4º.

Art. 9º Mediante acordo entre as partes, e desde que haja previsão neste sentido no edital e no contrato, o Comitê de Prevenção e Solução de Disputas poderá ser substituído por câmara de arbitragem, aplicando-se, quanto à remuneração, a metodologia do art. 8º.

Comentário 08: essa regra apresenta erro conceitual, que pode ser corrigido pela simples exclusão do texto. Note-se que as Câmaras de arbitragem não julgam, elas apenas administram procedimentos arbitrais. Desta maneira, não há que se falar em substituição dos Dispute Boards por câmaras. Tampouco seria necessário adaptar a redação para prever que as decisões dos Dispute Boards poderiam ser revistas em jurisdição arbitral. Isso porque o § 2º do art. 2º já dispõe sobre a possibilidade de reforma das recomendações e decisões emanadas dos Dispute Boards em sede jurisdicional (seja ela judicial ou arbitral).

particularly in situations in which a single DB is appointed to operate across separate contracts (within a single project), include consistency in decisions and the possibility of applying decisions of the DB 'project-wide" (CHAPMAN, Peter H.J. Dispute boards on major infrastructure projects. In: **Proceedings of The Institution of Civil Engineers – Management, Procurement and Law.** Vol. 162, Nº 1. Londres: Institution of Civil Engineers, 2009, p. 7).

Conclusões

Os *Dispute Boards* vêm, finalmente, ganhando tração no mercado e no Direito brasileiros, e isso se deve, seguramente, (i) ao empenho da pequena, e cada vez mais entusiasmada e estudiosa comunidade, que compreende e aposta nos benefícios do método, (ii) bem como aos avanços legislativos que se iniciaram na cidade de São Paulo, e se espraiaram por outras unidades da federação.

Seguimos firmes na convicção de que um bom arcabouço normativo servirá a dar segurança à aplicação do mecanismo, e a catalisar o aproveitamento dos *Dispute Boards* no Brasil. O Projeto de Lei 2.421/2021 merece cuidados, mas há de ser sancionado com o máximo de brevidade, para que o país possa, de uma vez por todas, abrir os olhos para a ferramenta e utilizá-la amplamente. Chega de obras atrasadas! Chega de obras paradas! Chega de sobrecustos!

Referências

CHERN, Cyril. ***Dispute Boards***. Oxford: Blackwell, 2008, p. 360.

CHAPMAN. Peter, H.J. The Use of *Dispute Boards* on Major Infrastructure Projects. *In*: ÇETINKAYA, Orçun; YEGINSU; Can (org.). **Turkish Commercial Law Review: Volume 1, Number 3 – October 2015**. Vol. 1, nº 3. London: The Turkish Commercial Law Review. p. 219-232.

DOMINGUES, Igor Gimenes Alvarenga. **Comitês de resolução de disputas (*Dispute Boards*) nos contratos da administração pública.** São Paulo: Almedina, 2022.

FIGUEIREDO, Augusto Barros de e MEDINA SALLA, Ricardo. **Manual de *Dispute Boards*: Teoria, Prática e Provocações.** 1ª ed. São Paulo: Quartier Latin, 2020.

13. PRÁTICAS COLABORATIVAS EMPRESARIAIS

ALESSANDRA FACHADA BONILHA
FELÍCIA ZUARDI

Introdução: da origem das práticas colaborativas:
Na busca de métodos capazes de efetivamente solucionar controvérsias de forma efetiva, um advogado de Direito de Família, de Minnesota, chamado Stuart Webb[1], idealiza o Direito Colaborativo, observando os efeitos nocivos que o litígio proporcionava aos sistemas familiares. Segundo a percepção e experiência de Stuart Webb, os divórcios deveriam, inicialmente, ser tratados por advogados especializados na construção de consenso, comprometidos com soluções de benefício mútuo. Para a construção de um ambiente protegido, os profissionais assumiriam contratualmente a obrigação de se retirarem do caso, se as partes não alcançassem um acordo com o uso do método.

Tempos mais tarde, ao método, foi adicionada a possibilidade de inclusão da equipe multidisciplinar, para um trabalho interdisciplinar. Nasciam as Práticas Colaborativas[2]. Elas ganham a possibilidade de um

[1] WEBB, Stuart G., OUSKY, Ronald D., *O Caminho Colaborativo para o Divórcio – o método revolucionário que, sem recorrer ao Tribunal, resulta em menos estresse, custos menores e crianças mais felizes,* tradução de Alexandre Martins, São Paulo: Instituto Brasileiro de Práticas Colaborativas, 2017, p. 12.

[2] Vale destacar as principais nomenclaturas usadas para o tema, na forma sistematizada por Pauline Tesler, no livro *Direito Colaborativo: conquistando uma resolução efetiva em divórcio sem litígio,* tradução Fal Azevedo. São Paulo: Instituto Brasileiro de Práticas Colaborativas, 2021, p. VI, nota 10: "Direito Colaborativo" é a forma legal de resolução de controvérsias em que os profissionais seguem princípios ético e normas da respectiva classe, em um processo estruturado que os impede de atuar judicialmente no caso. "Divórcio Colaborativo" refere-se

trabalho mais rico e mais completo, em razão do trabalho conjunto para a resolução das diversas facetas de um conflito.

As Práticas, inicialmente desenhadas para atender conflitos familiares, notadamente situações de divórcio, aos poucos alcançam outros territórios espaciais e temáticos, inclusive nas áreas cível e empresarial.

No Brasil, a discussão sobre o uso de métodos de resolução de controvérsias ganha impulso a partir da edição da Resolução nº 125 de 2010, do Conselho Nacional de Justiça – CNJ, que instituiu a política pública de solução adequada dos conflitos.

Depois, houve a edição da Lei de Mediação. Estas mudanças legislativas representaram o estopim de outras tantas inclusões legislativas e o desenvolvimento dos meios adequados de resolução de conflitos no país.

Neste sentido, as Práticas Colaborativas vêm aos poucos ganhando espaço no Brasil. Vale dizer que foram as práticas vencedoras na categoria advocacia, do Prêmio Innovare, no ano de 2013 e contam, hoje, com três enunciados na I e II Jornada do Conselho de Justiça Federal[3]. Além disso,

ao método colaborativo referente às relações domésticas, agregando à equipe profissionais de saúde mental e da área financeira. "Prática Colaborativa" é um termo mais genérico que abarca a resolução de conflitos de assuntos ligados a relações familiares e também relacionados à assuntos cíveis e empresariais, prestados por advogados e por equipe interdisciplinar.

[3] I Jornada:" 31 É recomendável a existência de uma advocacia pública colaborativa entre os entes da federação e seus respectivos órgãos públicos, nos casos em que haja interesses públicos conflitantes/divergentes. Nessas hipóteses, União, Estados, Distrito Federal e Municípios poderão celebrar pacto de não propositura de demanda judicial e de solicitação de suspensão das que estiverem propostas com estes, integrando o polo passivo da demanda, para que sejam submetidos à oportunidade de diálogo produtivo e consenso sem interferência jurisdicional".

"55 O Poder Judiciário e a sociedade civil deverão fomentar a adoção da advocacia colaborativa como prática pública de resolução de conflitos na área do direito de família, de modo a que os advogados das partes busquem sempre a atuação conjunta voltada para encontrar um ajuste viável, criativo e que beneficie a todos os envolvidos".

II Jornada: "ENUNCIADO 171 – É recomendada aos advogados a adoção de práticas colaborativas que consistam no processo de negociação estruturado, com enfoque não adversarial e interdisciplinar na gestão de conflitos, por meio do qual as partes e os profissionais assinam um termo de participação, comprometendo-se com a transparência no procedimento e a não litigância., Disponível em: https://www.cjf.jus.br/cjf/corregedoria-da-justica-federal/centro-de-estudos-judiciarios-1/prevencao-e-solucao-extrajudicial-de-litigios, acessado em 08/04/2023

as Práticas Colaborativas têm representação em Comissões Especiais, em seccionais da Ordem dos Advogados – OABs, de diversos estados do Brasil.

A proposta deste artigo será apresentar as Práticas Colaborativas e sua dinâmica de trabalho sob a perspectiva de um caso. Mas antes de tudo, serão apresentados os princípios que regem este meio de resolução consensual de conflitos, para melhor compreensão do método.

Princípios basilares das práticas colaborativas:

O método colaborativo tem como princípios norteadores, de acordo com o Código de Ética do Instituto Brasileiro de Práticas Colaborativas – IBPC, os seguintes: (i) colaboração – é o trabalho qualificado pela atuação de todos os participantes do processo, na busca de um objetivo comum. Para além de estar presente nas reuniões e compartilhar informações, requer engajamento de clientes e equipe; (ii) boa-fé – é a conduta leal dos participantes, observando deveres de cuidado, de segurança e informação; (iii) transparência – é o compromisso de apresentar todas as informações relevantes, que possam interferir na decisão dos outros envolvidos, sendo pedida ou de forma voluntária; (iv) confidencialidade – é o compromisso de não divulgar ou utilizar informações obtidas no curso do processo colaborativo, a menos que sejam informações de domínio público ou que haja a liberação deste compromisso; (v) consensualidade ou não litigância – é o compromisso de não recorrer ao Judiciário, de forma adversarial, enquanto estiver em curso o processo colaborativo; (vi) autonomia da vontade – pelo qual se assegura a liberdade de escolha e contratação do método colaborativo, bem como a permanência no processo; (vii) Interdisciplinaridade – é a interação entre as diversas ciências, proporcionando um olhar mais acurado sobre as dinâmicas e possibilidades envolvidas no conflito.

Estes princípios representam a base de todo o trabalho colaborativo, guiam os participantes durante a utilização do método.

1. As práticas colaborativas através de um caso prático empresarial

A partir das noções introdutórias sobre as Práticas Colaborativas, apresenta-se abaixo, o relato de um caso, cuja discussão é frequente nos Tribunais de Justiça estaduais e que desaguam no Superior Tribunal de Justiça, cujo tempo médio tem sido estimado em pelo menos 10 (dez) anos, a depender do grau de litigiosidade. Trata-se dos casos de Dissolução de Sociedade.

Trabalharemos com a seguinte situação: a empresa tem 27 (vinte sete) anos no mercado, foi fundada por A.F.Z. que, após 5 (cinco) anos de sua constituição, convidou seu primo irmão, M.Z, para ingressar na sociedade. Era preciso capital financeiro e capital intelectual para crescer a empresa, que se dedica à fabricação de ferramentas, inclusive com uma linha de precisão que requer tecnologia. O sócio RB, ingressou 10 (dez) anos depois da constituição e atualmente é o responsável pela área comercial da empresa.

Durante esses, a empresa enfrentou vários desafios, instabilidades econômicas, concorrência, dentre outras situações. Entretanto, o sócio M.Z., que hoje é o responsável pela parte operacional da empresa, decidiu se afastar. A decisão foi tomada após descobrir ser portador de uma doença degenerativa, desconhecida pelos sócios.

1.1. Do litígio ao processo colaborativo

Grande parte das sociedades empresárias no Brasil adotam o tipo limitada e dão pouca atenção a seus atos constitutivos, notadamente ao contrato social. Esses, na sua maioria, são omissos no que concerne a forma de pagamento de retirada, exclusão ou mesmo quando a questão envolve herdeiros.

O exemplo acima citado, encontra-se judicializado há aproximadamente 5(cinco) anos para fixar a data de retirada e determinar a apuração dos haveres. Esse caso, segue o caminho de tantos outros que aguardam uma decisão.

A proposta colaborativa na área empresarial ainda é tímida. O método consensual que ganhou espaço foi a mediação, porém, ainda assim, se percebe a necessidade de advogados que conheçam as ferramentas negociais que agregam valor e contribuam para solução.

Nesse sentido, há que se trazer a abordagem centrada no cliente. Esse é o primeiro a ser convencido da proposta colaborativa, afinal a ele só é apresentada a porta do Poder Judiciário.

É dever do advogado apresentar ao cliente, de forma transparente e informada, as opções que existem no mercado jurídico, seus riscos e consequências, os custos e o tempo envolvido. Cumpre ainda ao advogado informar a combinação dos métodos, como por exemplo, a mediação e as Práticas Colaborativas, para evitar perecimento de direito.

Dentro do dever de informação, cabe ao advogado expor às partes como funciona o processo judicial. No caso em tela, em termos práticos, na omissão do contrato social (a grande maioria é omissa), o Juiz fixará a data saída e os haveres serão apurados considerando o contrato social e nomeará o perito (artigos 604, I, II e III).

No caso da Holding XBB acima citada, constava a previsão de pagamento em 12 parcelas iguais e consecutivas. Contudo, não estavam estabelecidos os critérios de apuração de haveres e a forma como seria feita a avaliação da empresa, o que acabou sendo o ponto de discórdia entre os sócios.

Por um bom tempo, imperou o método do fluxo de caixa descontado para apurar o valor das cotas. Recentemente, entretanto, o Ministro Ricardo Villas Boas Cuevas mudou o entendimento e, por meio do Recurso Especial nº 1.877.331[4], em seu voto divergente manifestou-se no sentido de que "o legislador, ao eleger o balanço de determinação como forma adequada para apuração de haveres, excluiu a possibilidade de aplicação conjunta da metodologia do fluxo de caixa descontado."

No referido voto explica que "a metodologia do fluxo de caixa descontado, associada à aferição do valor econômico da sociedade, utilizada comumente como ferramenta de gestão para a tomada decisões acerca de novos investimentos e negociações, por comportar relevante grau de incerteza e prognose, sem total fidelidade aos valores reais dos ativos, não é aconselhável na apuração do sócio dissidente".

Ora, para que toda essa digressão explicativa? Para demonstrar que são anos discutindo os critérios de apuração de haveres e ao chegar à última instância, ainda poderá contar com o voto divergente. Portanto inevitável a reflexão: um processo negociado não traria benefícios mútuos? O que as partes poderiam realizar com os ganhos auferidos no curto espaço em que o problema seria solucionado?

1.2. Da abordagem colaborativa

De que forma esse mesmo caso poderia ser solucionado através das Práticas Colaborativas?

Antes mesmo de expor como imaginamos o desenvolvimento deste caso com o uso das Práticas Colaborativas, vale a advertência de Nancy

[4] www.stj.org.br/consultaprocessual – site acessado 02/06/2023

Cameron,[5] de que "uma das belezas das Práticas Colaborativas é a sua diversidade". Desta forma, é possível que a condução, o desenho das reuniões ou mesmo da equipe, seja pensado de maneira diversa, por outros profissionais.

No entanto, o que é preciso deixar claro é que as Práticas Colaborativas consistem em processo estruturado de resolução de conflitos, não adversarial, em que profissionais e clientes se tornam participantes de um processo, em que todos estão focados no compromisso de atuarem de forma colaborativa, com boa-fé e transparência.

E quais as consequências do encerramento para cliente e para o advogado?

Esse é um ponto de alta relevância, cujo dever de informação deve ser amplo, na medida que a escolha pelo processo colaborativo pressupõe o desejo genuíno e o compromisso de buscar a solução para o problema.

Simples? Não, pois requer prioridade na agenda, abrir a escuta, o olhar para as opções que são colocadas à mesa, desenvolver o trabalho em dinâmica não polarizada, construindo em conjunto e de forma interdisciplinar as soluções. É um método que oferece inúmeras vantagens com a celeridade, a redução de custos e a confidencialidade. As Práticas garantem maior segurança jurídica na medida em que as partes exercem o controle das decisões que são tomadas, sempre acordadas e não impostas.

E, ainda assim, o esperado entendimento poderá não ocorrer.

Nos casos em que se percebe que não há boa fé de uma das partes, deverá ser encerrado o procedimento. Advogados colaborativos não seguem acompanhando o cliente em caso de judicialização da questão. Esse compromisso está expresso na cláusula de retirada e deve ser informada ao cliente antes da contratação. Os advogados colaborativos depositam suas energias exclusivamente na construção de consenso. Não se dividem entre estratégias de negociação, consensualidade e estratégias voltadas para o litígio.

É costume estabelecer um período de vacância entre o Termo de Encerramento do Procedimento Colaborativo finalizado. com cláusula de retirada e a o prazo para ingresso de medida judicial.

[5] *In* Práticas Colaborativas: Aprofundando o Diálogo, Tradução de Alexandre Martins, São Paulo: Instituto Brasileiro de Práticas Colaborativas, 2019, p.27.

Vale o registro de que, a cláusula de retirada se refere aos profissionais, que assumem o compromisso de não presentarem seus clientes, na hipótese do caso não chegar a um bom termo colaborativamente.

Contudo, resta preservado o direito de ação dos clientes. Estes assumem o compromisso de não litigarem no curso do processo colaborativo.

1.3. As práticas colaborativas em prática.

O Início Do Processo Colaborativo

> Dra. Andrea Silva: advogada colaborativa representa os interesses do sócio AFZZ, sócio RB e da Holding XBB LTDA.
>
> Dra. Maria Araújo: advogada colaborativa representa os interesses do sócio MZ
>
> SR. Antônio de Siqueira Junior: contador, economista, neutro financeiro
>
> QUADRO SOCIETÁRIO: Empresa – 27 anos de existência
> HOLDING XBB – controladora VAZZ – IND. de FERRAMENTAS LTDA.

> Sócios da Holding Participações:
> XBB – A.F.Z – 50% – M.Z.- 30% – RB – 20%

O sócio MZ pretende se retirar da sociedade e quer receber sua parte. Não quer passar seus dias dentro da Fábrica. Já os sócios AFZ e RB sustentam que a empresa não tem caixa para pagar o valor pretendido e não pode ser deixada de uma hora para outra.

Autoras consagradas de Práticas Colaborativas, para fins de melhor compreensão e estruturar o processo colaborativo, costumam descrevê-lo subdividindo em três fases[6]: a primeira fase se inicia com o primeiro contato com o cliente até a assinatura do termo de participação.

No exemplo objeto deste artigo, a proposta para trabalhar com o modelo de Práticas Colaborativas partiu do sócio minoritário RB, que conheceu o método por meio do divórcio de sua prima e sabia que poderia ser adotado em outras situações. A advogada de sua prima indicou uma colega, Dra. Andrea Silva, especializada na área empresarial e que havia se capacitado com ela em Práticas Colaborativas.

Como mencionado, as Práticas Colaborativas estão consubstanciadas em um processo estruturado que se inicia com a entrevista. Esse é o momento para que o cliente se sinta livre para relatar a sua história e suas necessidades preliminares.

A partir desse ponto, a Dra. Andrea trabalha para obter informações sobre o caso, como por exemplo, data da constituição da sociedade, qual a participação acionária de cada um na sociedade, dentre outros elementos objetivos. Também é feita pergunta fundamental para a compreensão dos potenciais caminhos que se poderá seguir: se há algum litígio em curso.

Nessa entrevista, são informadas as questões que envolvem o processo de dissolução de sociedade, que começa da data do desligamento do sócio da empresa ao pagamento dos haveres que serão apurados, o que deverá ser realizado por um profissional habilitado.

A advogada colaborativa informou os métodos passiveis de serem utilizados, salientando pontos positivos e negativos de cada escolha. Esclareceu minuciosamente como funcionam as Práticas Colaborativas, explicou seu papel como advogada colaborativa e o papel dos profissionais que eventualmente fossem convidados para atuar no caso (– em decisão conjunta com os demais participantes).

Finalizada essa pauta objetiva, ainda no primeiro contato, Dra. Andrea aprofundou o diálogo com perguntas abertas para compreensão dos interesses e de necessidades da sociedade dentro do curto e longo prazo, na medida em que MZ era o Diretor de Produção.

[6] Pauline Tesler se utiliza da metáfora da peça de teatro, dividida em 3 atos para explicar as fases do processo . Para maiores aprofundamentos, sugerimos a leitura do Capítulo 4, Livro Direito Colaborativo: Conquistando uma Resolução Efetiva em Divórcio sem Litígio São Paulo: Instituto Brasileiro de Práticas Colaborativas.

Em seguida, a advogada colaborativa foca no relacionamento entre as partes. MZ e AFZ eram primos e construíram grande parte da empresa juntos. Dra. Andrea apura que a comunicação havia se rompido desde que MZ deixou a empresa, o que criou um ambiente de desconforto para que se reunissem.

Já o, sócio minoritário, que apesar da não compreensão do que se passa com MZ, entendeu que a seguir deveria ser pela autocomposição. A Advogada colaborativa, com a aquiescência de seus potenciais clientes, faz contato com a advogada de MZ.

MZ já estava sendo assessorado por uma advogada, Dra. Maria Araújo que, acionada, concordou em fazer uma reunião, entre advogadas, para conhecer como seria efetivado o trabalho de Práticas Colaborativas, na medida em que ela não tinha qualquer formação, embora estivesse acostumada a negociar.

Assim, a realização dessa reunião preparatória teve o condão de informar os detalhes do funcionamento do processo colaborativo, sobretudo em relação ao Termo de Participação[7]. Na oportunidade, as advogadas já ajustam a troca de minutas do Termo de participação.

Dra. Andréa abordou dois pontos importantes para o desenvolvimento do trabalho: o alinhamento em relação a escolha do profissional financeiro que pudesse dar suporte na apuração dos haveres e a sugestão da mediação, pois havia o rompimento da comunicação entre os sócios[8].

Decida a utilização das Práticas Colaborativas como método de resolução do conflito concernente à dissolução societária, os clientes

[7] O Termo de Participação é o contrato celebrado entre todos os participantes, sejam eles clientes ou profissionais da equipe, que obrigatoriamente conterá três compromissos elementares: o dever de negociar com boa-fé e transparência, sob pena de encerramento do processo; cláusula de não litigância, impedindo a atuação litigiosa dos participantes enquanto em curso o processo colaborativo e o dever de retirada da equipe profissional.

[8] Vale o registro de que a mediação foi a medida idealizada pela advogada colaborativa Dra. Andrea. Entretanto, outra possibilidade, em plena consonância com as Práticas Colaborativas, seria a indicação de um Profissional de Saúde Mental, profissional que presta suporte emocional nas negociações envolvidas em conflitos, para atuar na equipe, durante todo trabalho colaborativo. Insta mencionar que, os advogados colaborativos são essenciais para a realização de um caso colaborativos. Outros profissionais, como neutros financeiros, profissionais com especialização na área de saúde mental, experts em geral, podem ou não fazer parte do processo. Para que os outros profissionais sejam contratados e integrem o time é necessária a concordância dos participantes.

decidem participar de processo de mediação, para o restabelecimento da comunicação. A mediação é levada a efeito, criando um ambiente mais propício para a primeira reunião conjunta.

Após sessão de mediação, as advogadas alinharam a pauta da reunião conjunta. Além disso, foi proposto que fossem trazidos para a reunião conjunta, informações da operação que estavam sob a responsabilidade de MZ, para seguir o bom andamento da empresa, assim como documentos societários para simetria de informações. Então, cada advogada se reuniu com seus clientes, para prepará-los para reunião conjunta.

A primeira reunião advogada – cliente(s) foi realizada após a assinatura do contrato de honorários e a confirmação de aderência de todas as partes ao processo colaborativo. Nesta oportunidade foi fundamental a revisão das informações, tais como:

- Explicação do processo colaborativo, perpassando por suas etapas;
- Papel do Advogado Colaborativo e Papel do Neutro Financeiro e o envolvimento de outros profissionais e neutros;
- Revisão do Termo de Participação;
- Indicação de Mediação;
- Revisão da pauta de trabalho para o primeiro encontro conjunto.

A advogada de AFZ e RB seguiu a reunião com os sócios, buscando mais informações sobre os fatos, a sociedade, e gerando reflexões de como gostariam de solucionar as questões de curto prazo e as longo prazo. Também foram feitas perguntas sobre a saúde financeira da empresa e se já seria realizada essa transição, em razão da saída do primo.

A advogada passou a explicar que o processo colaborativo, tem como pilar a negociação baseada em princípios, aquela que está calcada em 4 (quatro) elementos essenciais: separar as pessoas do problema; concentrar-se nos interesses e não nas posições: antes de decidir, desenvolver diversas opções que contenham benefícios mútuos de forma a compatibilizar os interesses, além disso, o resultado deverá estar suportado por algum critério objetivo.[9]

[9] Fisher Roger, Ury William, Patton Bruce – Como chegar ao Sim – A Negociação de Acordos sem Concessões – Projeto de Negociação da Harvard Law School – 2ª edição ampliada, Editora Imago.

A advogada ainda nessa reunião, aproveitou para perguntar se o seu cliente imaginava quais seriam as necessidades da outra parte, no caso, já se tem notícia que não há qualquer informação. Além disso, é momento para explorar alternativas que o cliente pensa em se utilizar caso não seja realizado nenhum acordo e finalmente quais fazer uma análise dos pontos fortes e das vulnerabilidades.

Organizar essa primeira reunião conjunta de clientes e advogados, é de vital importância. O acolhimento e apresentações iniciais são essenciais na criação de um ambiente seguro e de confiança.

Superados estes procedimentos iniciais, o Termo de Participação foi repassado mais uma vez para que todos os participantes revisitassem e assinassem.

Inicia-se então, a segunda fase do processo colaborativo, que vai da assinatura do Termo de participação até a solução do último ponto da pauta.

Para que essa construção de solução possa ser concebida é necessário o engajamento de todos os sujeitos envolvidos. Uma das ferramentas utilizadas para tanto é a identificação de valores e interesses comuns e das preocupações de cada um dos clientes. Sob outra perspectiva, estes elementos são essenciais para a construção de uma pauta de trabalho.

O processo colaborativo, em verdade, é a oportunidade para a negociação com base nos interesses. Esta é a base para um possível acordo. Há que verificar benefícios mútuos e que os interesses possam ser compatibilizados.

Neste momento, então, coletadas informações relevantes para o caso, verificadas a existência de questões urgentes que precisariam ser discutidas e agendadas as datas das reuniões seguintes, ficou estabelecido como pauta a definição dos critérios de apuração de haveres e avaliação da empresa, todos concordaram e estudar o assunto e pensar quais seriam os potenciais critérios e quais seriam as suas preferências.

Oportuno registrar que já houve a concordância de todos quanto a data de saída do sócio MZ. Ele se dispôs a passar suas atividades para seu funcionário direto, que assumirá as atribuições de MZ.

Ao final de cada reunião conjunta, os advogados se reúnem, cada qual com o seu cliente, para verificar como se sentiram e o que funcionou ou não funcionou.

Neste nosso caso, novas reuniões se sucederam, até que houve a concordância sobre os critérios para a apuração de haveres e avaliação da empresa. Feito isso, os participantes do caso colaborativo definiram um nome de um especialista no assunto, como profissional neutro para apresentação dos números concernentes à apuração de haveres.

Uma vez definidos os números, apesar de haver previsão no estatuto social quanto a forma de pagamento, as partes acordaram de forma diversa, permitindo que a sociedade se mantivesse capitalizada o suficiente para dar seguimento em suas atividades.

A partir deste ponto, inicia-se a terceira fase do processo colaborativo, quando são trazidos a termo os pontos acordados e que segue até a homologação ou procedimento registral que se fizer necessário, a depender do caso.

Conclusões

O processo colaborativo gera ganhos e benefícios mútuos e cria a possibilidade para que a solução possa emergir das partes por conta do seu protagonismo. Os advogados por meio de seu assessoramento jurídico passam a co construir soluções produzindo, assim, acordos sustentáveis.

O caso descrito no texto está baseado em uma situação real e deixaria de integrar as estatísticas apresentadas pelo CNJ, por meio da publicação Justiça em Números[10], (ultrapassam os75 milhões de processos em trâmite).

O tempo processual não é compatível com a dinâmica exigida pelo mundo empresarial. Como se verifica, adotar as Práticas Colaborativas como método para solucionar as questões que envolvem a dissolução da sociedade empresária, traz economia de custos financeiros e emocionais para os sócios, pois é previsível o valor envolvido, sendo possível eliminar uma série de outros custos demandados em uma ação judicial, tais como: assistentes técnicos, custas honorários advocatícios ao longo do tempo (10 anos aproximadamente), além dos honorários de sucumbência.

Conforme se nota é possível agregar terceiros na condição de neutro para auxiliar as partes no processo de tomada de decisão, como por exemplo, um contador ou assessor financeiro, ou avaliador, enfim aquele que tem expertise para trazer informações qualificadas.

[10] https://painel-estatistica.stg.cloud.cnj.jus.br/estatisticas.html, acessado em 02/06/2023.

A despeito do trabalho envolver a área empresarial, é fato que as organizações são feitas de pessoas e, portanto, em determinadas situações, a presença de um profissional da saúde mental ou mesmo um mediador pode ser indicado para apoiar a resolução do problema.

A opção pelas Práticas Colaborativas na área empresarial contribui para o movimento de desjudicialização já instalado no País e está em linha direta com os Objetivos de desenvolvimento Sustentável, da ONU ,especificamente o objetivo 16, do qual o Brasil é signatário e que pretende: "promover sociedades pacíficas e inclusivas para ao desenvolvimento sustentável, proporcionar o acesso à justiça para todos e construir instituições eficazes, responsáveis e inclusivas em todos os níveis."[11]

Portanto, advogados que buscam métodos consensuais, como as Práticas Colaborativas para solucionar conflitos empresariais concorrem para que as empresas cumpram sua responsabilidade no trato com seus stakeholders.

Anexo I: **Fluxograma do processo colaborativo (em geral)**

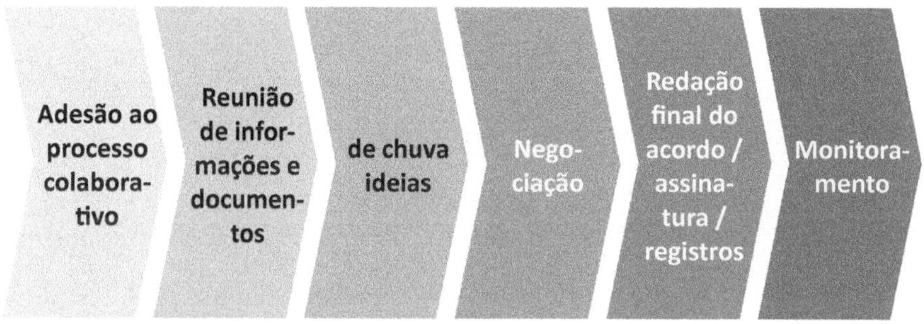

Referências

CAMERON, Nancy J., **Práticas Colaborativas: Aprofundando o Diálogo**, Tradução de Alexandre Martins, São Paulo: Instituto Brasileiro de Práticas Colaborativas, 2019.

CONSELHO DA JUSTIÇA FEDERAL, disponível em: https://www.cjf.jus.br/cjf/corregedoria-da-justica-federal/centro-de-estudos-judiciarios-1/prevencao-e-solucao-extrajudicial-de-litigios, acessado em 08/04/2023.

[11] https://odsbrasil.gov.br/objetivo/objetivo?n=16, acessado em 02/06/2023.

INSTITUTO BRASILEIRO DE PRÁTICAS COLABORATIVAS – IBPC, disponível em: https://praticascolaborativas.com.br/, acessado em 08/04/2023.

FISHER ROGER, URY WILLIAM, PATTON BRUCE, Patton – Como chegar ao Sim – A Negociação de Acordos sem Concessões – Projeto de Negociação da Harvward Law School – 2ªedição ampliada, Editora Imago.

TESLER, Pauline H., **Direito Colaborativo: conquistando uma resolução efetiva em divórcio sem litígio**, tradução Fal Azevedo. São Paulo: Instituto Brasileiro de Práticas Colaborativas, 2021.

WEBB, Stuart G., OUSKY, Ronald D., **O Caminho Colaborativo para o Divórcio – o método revolucionário que, sem recorrer ao Tribunal, resulta em menos estresse, custos menores e crianças mais felizes**, tradução de Alexandre Martins, São Paulo: Instituto Brasileiro de Práticas Colaborativas, 2017.

14. A MEDIAÇÃO NO PROCESSO ESTRUTURAL: A BUSCA PELO ACORDO ESTRUTURAL

Mauricio Morais Tonin

Introdução

O problema estrutural é uma situação de ilicitude contínua e permanente ou uma situação de desconformidade, ainda que não propriamente ilícita, no sentido de ser uma situação que não corresponde ao estado de coisas considerado ideal.[1]

O processo estrutural, assim comumente denominado, é aquele em que se veicula um litígio estrutural pautado num problema estrutural, pelo qual se pretende alterar esse estado de desconformidade, substituindo-o por um estado de coisas ideal. Normalmente, é uma ação coletiva.

Muitas das vezes, essas situações que necessitam de reorganização (ou reestruturação) envolvem o Poder Público, notadamente considerando o caráter garantista, detalhista e pragmático da Constituição Federal de 1988 que atribui inúmeros deveres ao Estado que atua através da formulação e implementação de políticas públicas.

Uma grande dificuldade deste tipo de processo é a concretização de decisões judiciais que determinam à Fazenda Pública a adoção de diversas providências em determinado prazo, com cominação de multa diária em caso de descumprimento (astreintes). São situações complexas que nem sempre permitem ao administrador público cumprir a decisão na forma

[1] DIDIER JR., Fredie; ZANETI JR., Hermes; OLIVEIRA, Rafael Alexandria de. Elementos para uma Teoria do Processo Estrutural Aplicada ao Processo Civil Brasileiro. *Revista de Processo*, vol. 303, maio, 2020, p. 2.

e prazo determinados judicialmente – não por vontade própria, mas por impossibilidade material.

Por este motivo, a consensualidade é uma característica importante do processo estrutural, tanto na fase de conhecimento, quanto na fase de cumprimento de sentença. Isso já é de conhecimento dos principais *players* destes processos, pois os anos se passam e o problema estrutural continua existindo.

Ocorre que nem sempre as partes estão preparadas para negociar. Isso acontece por assimetria informacional, desequilíbrio entre as partes, inabilidade negocial e emocional, entre outros. É neste aspecto que a mediação ganha importância no processo estrutural, pois permite às partes negociar com o auxílio de um terceiro facilitador imparcial capacitado para tanto, visando superar os imensos desafios do caso concreto.

Mais do que a busca pelo consenso, a mediação no processo estrutural busca o acordo estrutural. Neste breve estudo, pretende-se abordar a importância da utilização da mediação nos processos estruturais envolvendo o Poder Público.

1. Processo estrutural

Segundo Fredie Didier Jr., Hermes Zaneti Jr. e Rafael Alexandria de Oliveira, a noção de processo estrutural surgiu nos Estados Unidos da América, a partir do ativismo judicial que marcou a atuação do Poder Judiciário a partir da década de 1950.[2] Citando os casos *Brown vs. Board of Education* [3] e *Holt vs. Sarver*[4], os autores afirmam que, a partir dessas situações pontuais, passou-se a designar como decisão estrutural (*structural injunction*) aquela que buscasse implementar uma reforma estrutural

[2] DIDIER JR., Fredie; ZANETI JR., Hermes; OLIVEIRA, Rafael Alexandria; cit., p. 3.

[3] A Suprema Corte norte-americana entendeu que era inconstitucional a admissão de estudantes em escolas públicas americanas com base num sistema de segregação racial. Ao determinar a aceitação da matrícula de estudantes negros numa escola pública até então dedicada à educação de pessoas brancas, a Suprema Corte deu início a um processo amplo de mudança do sistema público de educação naquele país, fazendo surgir o que se se chamou de *structural reform*.

[4] Todo o sistema prisional do estado do Arkansas, nos Estados Unidos, foi judicialmente impugnado, em demandas que visavam a reforma completa do sistema penitenciário e que serviram de base para outras demandas similares, deflagradas posteriormente, em 1993, contra quarenta outros estados norte-americanos.

(*structural reform*) em um ente, organização ou instituição, com o objetivo de concretizar um direito fundamental, realizar uma determinada política pública ou resolver litígios complexos. Por isso, o processo em que ela se constrói passou a ser chamado de processo estrutural.[5]

Parte-se da premissa de que a ameaça ou a lesão que as organizações burocráticas representam para a efetividade das normas constitucionais não pode ser eliminada sem que tais organizações sejam reconstruídas.

Neste sentido, estado de desconformidade não é sinônimo necessariamente de estado de ilicitude ou de estado de coisas ilícito. Estado de desconformidade é situação de desorganização estrutural, de rompimento com a normalidade ou com o estado ideal de coisas, que exige uma intervenção (re)estruturante. Essa desorganização pode, ou não, ser consequência de um conjunto de atos ou condutas ilícitas. Pode ser que o problema estrutural venha a gerar situações ilícitas e cada situação isolada mereça um tratamento pelo ordenamento jurídico; pode ser, inclusive, que se vislumbrem graus mais ou menos graves de ilicitude ligados ao problema estrutural (ilicitude estrutural).[6]

Podem ser citados problemas relacionados à saúde, educação, trabalho, previdência, esporte e lazer, cultura, direitos de crianças e adolescentes, idosos, pessoas com deficiência, dignidade humana, meio ambiente, enfim, uma infinidade de direitos e garantias constitucionais que muitas vezes exigem ações do Poder Público em todos os seus níveis, que podem ser demandados em juízo em ações individuais ou coletivas. Para citar um exemplo notório, a expressiva quantidade de pessoas em situação de rua na cidade de São Paulo é um problema estrutural.

[5] DIDIER JR., Fredie; ZANETI JR., Hermes; OLIVEIRA, Rafael Alexandria; cit., p. 3.

[6] Os autores exemplificam: "Há um problema estrutural quando, por exemplo: (i) o direito de locomoção das pessoas portadoras de necessidades especiais é afetado pela falta de adequação e de acessibilidade das vias, dos logradouros, dos prédios e dos equipamentos públicos numa determinada localidade; (ii) o direito à saúde de uma comunidade é afetado pela falta de plano de combate ao mosquito aedes aegypti pelas autoridades de determinado município; (iii) o direito de afrodescendentes e de indígenas é afetado pela falta de previsão, em determinada estrutura curricular do ensino público, de disciplinas ou temas relacionados à história dessa comunidade; (iv) a dignidade, a vida e a integridade física da população carcerária são afetadas pela falta de medidas de adequação dos prédios públicos em que essas pessoas se encontram encarceradas." (DIDIER JR., Fredie; ZANETI JR., Hermes; OLIVEIRA, Rafael Alexandria; cit., p. 4).

Diante disso, verifica-se que o controle judicial das políticas públicas é tema intrinsicamente relacionado com o presente estudo[7]. O Supremo Tribunal Federal já sedimentou entendimento favorável à intervenção judicial nessa seara (ARE 639337 AgR, Rel. Min. Celso de Mello, Segunda Turma, DJ 23/08/2011).[8]

O importante é notar que, existindo o estado de desconformidade, a solução do problema não pode se dar com apenas um único ato, como uma decisão que certifique um direito e imponha uma obrigação. Há necessidade de intervenção para promover uma reorganização ou uma

[7] Neste sentido também a doutrina de Paulo Lucon: "o exemplo de processo estrutural, por excelência, é aquele voltado à implantação de políticas públicas que envolvem direitos coletivos de interesse público: não cumpre, com efeito, de forma devida a função jurisdicional o juiz que, isoladamente, em um solilóquio judicial, impõe à administração pública a obrigação de prestar um determinado serviço público sem conhecer, por exemplo, as receitas orçamentárias do ente público ou que não acompanha a efetiva implantação da medida de modo a alterar a execução imposta às necessidades concretas e atuais, conforme o caso. Magistrados que atuam dessa maneira tratam litígios de natureza complexa, com impactos múltiplos, como se fossem meras obrigações de fazer ou de pagar quantia isoladas no tempo e no espaço." (LUCON, Paulo Henrique dos Santos. Fundamentos do processo estrutural. In: JAYME, Fernando Gonzaga. et al (org.). Inovações e modificações do Código de Processo Civil: avanços, desafios e perspectivas. Belo Horizonte: Del Rey, 2017, p. 12).

[8] "(...) DESCUMPRIMENTO DE POLÍTICAS PÚBLICAS DEFINIDAS EM SEDE CONSTITUCIONAL: HIPÓTESE LEGITIMADORA DE INTERVENÇÃO JURISDICIONAL. – O Poder Público – quando se abstém de cumprir, total ou parcialmente, o dever de implementar políticas públicas definidas no próprio texto constitucional – transgride, com esse comportamento negativo, a própria integridade da Lei Fundamental, estimulando, no âmbito do Estado, o preocupante fenômeno da erosão da consciência constitucional. Precedentes: ADI 1.484/DF, Rel. Min. CELSO DE MELLO, v.g.. – A inércia estatal em adimplir as imposições constitucionais traduz inaceitável gesto de desprezo pela autoridade da Constituição e configura, por isso mesmo, comportamento que deve ser evitado. É que nada se revela mais nocivo, perigoso e ilegítimo do que elaborar uma Constituição, sem a vontade de fazê-la cumprir integralmente, ou, então, de apenas executá-la com o propósito subalterno de torná-la aplicável somente nos pontos que se mostrarem ajustados à conveniência e aos desígnios dos governantes, em detrimento dos interesses maiores dos cidadãos. – A intervenção do Poder Judiciário, em tema de implementação de políticas governamentais previstas e determinadas no texto constitucional, notadamente na área da educação infantil (RTJ 199/1219-1220), objetiva neutralizar os efeitos lesivos e perversos, que, provocados pela omissão estatal, nada mais traduzem senão inaceitável insulto a direitos básicos que a própria Constituição da República assegura à generalidade das pessoas. Precedentes (...)".

reestruturação da situação, como nos casos em que há necessidade de mudança na estrutura de um ente público. Essa intervenção normalmente é duradoura e exige um acompanhamento contínuo[9]. Ainda de acordo com Didier Jr., Zaneti Jr. e Oliveira[10]:

> "O processo estrutural se caracteriza por: (i) pautar-se na discussão sobre um problema estrutural, um estado de coisas ilícito, um estado de desconformidade, ou qualquer outro nome que se queira utilizar para designar uma situação de desconformidade estruturada; (ii) buscar uma transição desse estado de desconformidade para um estado ideal de coisas (uma reestruturação, pois), removendo a situação de desconformidade, mediante decisão de implementação escalonada; (iii) desenvolver-se num procedimento bifásico, que inclua o reconhecimento e a definição do problema estrutural e estabeleça o programa ou projeto de reestruturação que será seguido; (iv) desenvolver-se num procedimento marcado por sua flexibilidade intrínseca, com a possibilidade de adoção de formas atípicas de intervenção de terceiros e de medidas executivas, de alteração do objeto litigioso, de utilização de mecanismos de cooperação judiciária; (v) e pela consensualidade, que abranja inclusive a adaptação do processo (art. 190, CPC (LGL\2015\1656))."

Como consequência do processo estrutural, a decisão estrutural é aquela que, partindo da constatação de um estado de desconformidade, estabelece o estado ideal de coisas que se pretende seja implementado e o modo pelo qual esse resultado deve ser alcançado. Inevitavelmente, essa decisão tem conteúdo complexo.

Esta decisão prescreve uma norma jurídica de conteúdo aberto; o seu preceito indica um resultado a ser alcançado – uma meta, um objetivo. Ademais, a decisão estrutura o modo como se deve alcançar esse resultado, determinando condutas que precisam ser observadas ou evitadas para

[9] A decisão estrutural, dado o contexto em que se apresenta, não é daquelas que se costuma implementar rapidamente, pois a reestruturação de um estado de desconformidade exige, normalmente, tempo de maturação, não apenas para que a reestruturação seja efetiva, mas também para que seja duradoura. Assim, o esperado é que a implementação do estado ideal de coisas demore a acontecer.

[10] DIDIER JR., Fredie; ZANETI JR., Hermes; OLIVEIRA, Rafael Alexandria; cit., p. 5-6.

que o preceito seja atendido e o resultado, alcançado.[11] Normalmente, é difícil à Justiça ditar esse caminho sem auxílio das partes. Essa é uma construção que deve ser feita preferencialmente em cooperação, caso contrário provavelmente a decisão será descolada da realidade e de difícil cumprimento, sobretudo quando se trata da Fazenda Pública, cuja estrutura fragmentada e de constante troca de comando dificulta sobremaneira as reformas estruturais.

Sobre o processo estrutural, vale a lição de Sérgio Cruz Arenhart[12]:

> "Para a consecução desse objetivo, instrumentos como as audiências públicas e o *amicus curiae* são fundamentais. Audiências que permitam a participação ampla da comunidade envolvida, embora não disciplinadas expressamente nem no CPC, nem na legislação básica a respeito do processo

[11] No caso da ACP do carvão, como leciona Sérgio Cruz Arenhart, em 1993, o Ministério Público Federal ajuizou ação civil pública (autos n. 93.8000533-4) junto à Justiça Federal de Criciúma, pretendendo impor às rés (mineradoras e a União, perfazendo um total de 24 réus) a realização e a concretização de um projeto de recuperação ambiental da região degradada pela mineração. Em janeiro de 2000, foi proferida sentença em que se impôs aos réus (mineradoras, seus sócios-gerentes, mandatários ou representantes, sucessores, União e Estado de Santa Catarina) oferecer, em seis meses (contados da intimação da sentença) um projeto de recuperação da região, contemplando, pelo menos, "todos os itens assinalados no PROVIDA-SC, com cronograma mensal de etapas a serem executadas, e executar dito projeto no prazo de 3 (três) anos, contemplando as áreas de depósitos de rejeitos, áreas mineradas a céu aberto e minas abandonadas, bem como o desassoreamento, fixação de barrancas, descontaminação e retificação dos cursos d'água, além de outras obras que visem amenizar os danos sofridos principalmente pela população dos municípios-sede da extração e do beneficiamento". Em apoio à ordem, foi cominada multa coercitiva e imposta medida de sub-rogação, consistente na contratação, às expensas dos condenados, de terceiro para a elaboração e execução do mencionado projeto. Por fim, a sentença ainda impôs às mineradoras que adequassem sua conduta às normas de proteção ambiental, em sessenta dias, sob pena de interdição; e aos órgãos de proteção ambiental e de fiscalização de mineração o dever de apresentar relatório circunstanciado de fiscalização de todas as minas em atividade naquela região. Finalmente, a sentença impôs ao Ministério Público Federal opinar sobre o projeto de recuperação que seria apresentando, o qual seria posteriormente chancelado pelo Poder Judiciário (ARENHART, Sérgio Cruz. Processos Estruturais no Direito Brasileiro: reflexões a partir do caso da ACP do carvão. *Revista de Processo Comparado*. Vol. 2/2015, jul – dez/2015, p. 7). Ou seja, neste caso, ao invés de indicar a solução, a sentença determinou a elaboração de projeto a partir de determinada diretriz, ao mesmo tempo que cominou multa coercitiva, obrigação de fazer e acompanhamento por relatórios.

[12] ARENHART, Sérgio Cruz, cit., p. 4.

coletivo, são indispensáveis. Do mesmo modo, é fundamental que o processo seja capaz de absorver a experiência técnica de especialistas no tema objeto da demanda, em que possam contribuir tanto no dimensionamento adequado do problema a ser examinado, como em alternativas à solução da controvérsia".

Zillá Oliva Roma sustenta que a sentença estrutural, ante a complexidade do conflito debatido, pode (a) delegar a execução e/ou fiscalização do julgado a outros órgãos, (b) criar etapas ao cumprimento e (c) nomear terceiros para que realizem um plano de cumprimento, acompanhem a prestação de contas periódica ou outras providências.[13]

Além disso, quando presentes algumas características do processo estrutural como multipolaridade, coletividade e complexidade, isso torna ainda mais difícil a tarefa da Justiça.[14] Por outro lado, a tentativa de mediação nestes casos também exige uma combinação de competências e de esforços para que seja possível alcançar a solução consensual (acordo estrutural). Não há caminho fácil.

Em síntese, pode-se afirmar que essa nova tipologia de conflito exige do Judiciário um novo papel (gerenciador, mediador, estratégico) para

[13] ROMA, Zillá Oliva. **Cumprimento judicial e Fazenda Pública:** por um modelo negociado. 2023. Tese (Doutorado em Direito) – Faculdade de Direito, Universidade de São Paulo, São Paulo, 2023, p. 295. A autora sustenta, ainda, que se a parte ré for a Fazenda Pública, poder-se-ia, inclusive, reservar à Administração Pública a possibilidade de escolher os meios para que o objetivo material seja alcançado, caso em que se preservaria sua discricionariedade administrativa, impondo-se ou não um cronograma de atividades a serem progressiva e sucessivamente adotadas. Nesse caso, salutar a adoção de um regime de transição, nos moldes do previsto no art. 23 da LINDB.

[14] Segundo Hermes Zaneti Jr e Leonardo Garcia, são características não essenciais do processo estrutural, muito presentes, mas não necessariamente existentes no caso concreto, a) complexidade, b) multipolaridade, c) coletividade. É possível haver processos estruturais que naõ sejam nem complexos, nem multipolares e nem coletivos, ainda que pretendam a mudança de uma forma de ser de uma instituição. Na origem americana as *structural injunctions* muitas vezes começavam com um caso individual, a exemplo dos famosos casos de torturas de jovens negros pelas forças policiais, e se desenvolviam para a mudança de toda a prática da instituição envolvida. Ainda segundo os autores, o Superior Tribunal de Justiça já decidiu alguns casos sobre processos estruturais reconhecendo expressamente algumas de suas características. Ficou marcado serem estes processos estruturais indutivos, quer dizer, nascerem das necessidades práticas, poder começar a partir de um caso individual (ainda que se possa falar na continuidade com técnicas necessárias do processo coletivo) a ser aplicável o Código de Processo Civil e seus institutos, não exigindo, portanto, lei específica (p. 93).

fins de efetiva e adequada consolidação de valores públicos. E não apenas do Judiciário, como também dos membros do Ministério Público, da Defensoria Pública, dos advogados públicos e privados, bem como dos gestores públicos.[15]

2. Consensualidade no processo estrutural

A ideia de consensualidade tem crescido muito nos últimos anos, seja em razão das diversas previsões legais que autorizam e estimulam a utilização de métodos consensuais de solução de conflitos[16], seja em razão dos bons resultados observados com a sua prática.

A consensualidade, na realidade, não está voltada apenas para a solução dos conflitos quando já existentes, mas também na própria gestão da coisa pública e na tomada de decisões (consensualidade na Administração Pública). A possibilidade de participação dos interessados e da sociedade como um todo nos processos legislativos, administrativos e de controle permitem essa governança de consenso em substituição ao individualismo e, muitas vezes, à arbitrariedade administrativa. Neste sentido, a discricionariedade administrativa não exclui a participação social na tomada de decisões.

A consensualidade tem especial importância no processo estrutural. Para além da cooperação esperada entre as partes (art. 6º, CPC)[17], há um claro estímulo para soluções concertadas e consensuais que evitem novas litigâncias, recursos e a necessidade de cumprimento forçado.

Sérgio Cruz Arenhart ressalta que talvez a mais importante de todas as técnicas para lidar com políticas públicas no âmbito judicial é a

[15] ROMA, Zillá Oliva, cit., p. 319.

[16] Lei de Mediação (Lei Federal nº 13.140/2015), que possui um capítulo específico sobre a autocomposição de conflitos no âmbito da Administração Pública; Código de Processo Civil (especialmente o art. 3º, §§ 2º e 3º; arts. 165 e seguintes, que dispõem sobre a conciliação e mediação judicial; e art. 334, que prevê a audiência de conciliação ou de mediação como ato processual posterior ao recebimento da petição inicial pelo juiz e determinação de citação do réu); arts. 151 a 154 da Nova Lei de Licitações e Contratos Administrativos (Lei nº 14.133/2021); outras leis esparsas, como o art. 26 da LINDB; o art. 10, parágrafo único da Lei nº 10.259/2001; o art. 8º da Lei nº 12.153/2009; e o art. 17-B da Lei nº 8.429/92, com a redação da Lei nº 14.230/2021.

[17] Art. 6º Todos os sujeitos do processo devem cooperar entre si para que se obtenha, em tempo razoável, decisão de mérito justa e efetiva.

relevância das soluções consensuais, trabalhadas a partir do diálogo entre as partes[18]:

> "Sem dúvida, esse tipo de solução é muito melhor do que a imposição de uma decisão do órgão imparcial, que pode desagradar a todas as partes do processo e a toda a sociedade atingida. Essa solução consensual, sem dúvida, contribui também para a obtenção de soluções que sejam tecnicamente factíveis, sem perder de vista as exigências do Direito. (...) Por outro lado, a legitimidade das soluções consensuais sobre políticas públicas depende, indubitavelmente, da permeabilidade dessas negociações à participação dos grupos que podem ser atingidos e de especialistas no tema".

No mesmo sentido, Paulo Lucon menciona como fundamento dos processos estruturais a necessária prevalência das soluções negociadas ante as soluções imperativas[19]:

> "A solução ideal para a tutela de direitos coletivos de interesse público exige certas doses de concessões por ambas as partes, daí a inegável importância das técnicas de mediação, conciliação e a celebração de negócios jurídicos processuais voltados à solução desses litígios".

É possível identificar diferentes situações de composição no processo estrutural: (i) flexibilização do procedimento por intermédio da celebração de negócios jurídicos processuais (art. 190, do CPC), (ii) negociação da solução para o problema estrutural ainda na fase de conhecimento do processo, e (iii) negociação para a implementação de uma decisão estrutural.[20] Os casos (ii) e (iii) tratam de um acordo estrutural, que será definido adiante neste estudo.

[18] ARENHART, Sérgio Cruz, cit., p. 9.

[19] LUCON, Paulo Henrique dos Santos, cit., p. 19.

[20] Sobre este terceiro ponto, cite-se novamente o caso da ACP do carvão, de acordo com Sérgio Cruz Arenhart: "Na terceira fase – de 2006 a 2009 – os réus foram efetivamente obrigados a apresentar os projetos segundo a padronização indicada pelo Ministério Público Federal, de modo a permitir um controle preciso dos atos que estavam sendo adotados e daqueles que deveriam ser tomados. Com isso, concretizava-se os deveres impostos aos condenados, sendo possível cobrar deles medidas concretas com prazo específico. Ademais, nessa época também se criou o Grupo de Assessoramento Técnico do Juízo (GTA). Esse grupo, formado

Com efeito, é a fase do efetivo cumprimento da decisão estrutural, ou seja, a segunda fase do processo estrutural, que demanda maior flexibilidade do procedimento, o que abrange adaptações e especificação do quanto definido na primeira fase.

Segundo Paulo Lucon, nos processos estruturais em que figura como parte ou interessada a administração pública, verifica-se a necessidade de diálogo e cooperação institucional entre os poderes, já que uma das principais causas de atritos entre órgãos estatais reside na falta de comunicação entre eles a respeito das expectativas e das limitações de cada um no que condiz à implantação de uma determinada política pública.[21]

A solução consensual nos processos estruturais apresenta inúmeras vantagens em relação à decisão judicial imposta, porque (a) o acordo evita o custo e o tempo de um processo, (b) as discussões antecedentes ensejam um acordo mais detalhado, (c) as partes acabam conhecendo mais o direito material envolvido, podendo, dessa forma, desenvolver medidas mais adequadas à sua concretização e (d) os réus tendem a respeitar mais os acordos de cuja formação puderam participar que uma decisão imposta pelo Estado-juiz.[22]

Daí a importância do conhecimento das técnicas de negociação pelos *players* do processo estrutural. Não basta ter um excelente mediador se as partes não estiverem cientes do seu papel e da importância em se obter um acordo estrutural. Nem mesmo o William Ury é capaz de mediar um conflito no qual as partes simplesmente se recusam a se sentar na mesa para conversar, acreditando que a sentença é a única solução possível para o conflito (cultura da sentença *versus* cultura de pacificação, segundo Kazuo Watanabe).

por representantes técnicos de todas as partes e por sujeitos externos ao processo ligados à questão ambiental, tinha por principais funções propor estratégias, métodos e técnicas para a recuperação ambiental. Releva salientar que as decisões desse grupo não seriam tomadas por maioria de votos, mas por consenso de todos, o que foi vital para a redução da litigiosidade interna do processo e para a redução de eventuais incidentes e recursos na efetivação da sentença (...) Em base desses elementos, conseguiu-se elaborar vários acordos com os réus, para a recuperação dos danos ambientais (19 acordos, ao todo). Em razão desses acordos, 73% das áreas terrestres atingidas passaram a contar com um cronograma de atividades para a recuperação ambiental, a ser executado até o ano de 2020" (cit., p. 8).

21 LUCON, Paulo Henrique dos Santos, cit., p. 14.

22 ROMA, Zillá Oliva, cit., p. 298.

3. O acordo estrutural

É possível encontrar na doutrina e na jurisprudência a expressão "processo estrutural", bem como reiteradas manifestações favoráveis à consensualidade para a efetiva solução dos problemas estruturais apresentados à Justiça. Neste estudo, busca-se apresentar a ideia de "acordo estrutural", que nada mais é que o acordo formulado entre as partes num processo estrutural e homologado pelo juiz que dispõe sobre a solução para o problema estrutural, isto é, estabelece o estado ideal de coisas que se pretende seja implementado, o modo pelo qual esse resultado deve ser alcançado e o prazo para tanto.[23]

Como visto, o acordo estrutural pode ser anterior ou posterior a uma decisão estrutural. Isso porque as partes envolvidas podem, ainda na fase de conhecimento do processo, apresentar propostas de solução do problema estrutural e negociar sobre a sua execução. É importante notar que o acordo não é um fim em si mesmo, mas deve ser uma solução bem pensada e trabalhada visando efetivamente a solução de um conflito.

O primeiro passo é a constatação da existência do problema estrutural por todos os envolvidos, ainda que as percepções sejam distintas. Para tanto, a produção de provas é fundamental. A partir daí, o segundo passo é o planejamento da solução para o problema. As partes podem assumir o protagonismo do processo e construir em conjunto a solução, submetendo seu acordo para homologação judicial.

Neste caso, a mediação é a melhor ferramenta à disposição das partes para auxiliá-las a dialogar de forma organizada, respeitosa e equilibrada.

Mostra-se também relevante considerar no acordo a previsão de avaliação e fiscalização permanente das medidas estruturantes, pois a implementação da solução para o problema estrutural leva tempo e exige esforço das partes para além do momento da construção do acordo. Neste sentido, pode-se prever a exigência de entrega de relatórios periódicos, a designação de audiências periódicas para oitiva de responsáveis e testemunhas e a realização de inspeções judiciais.

[23] Em princípio, não se vislumbra impedimento para que o acordo estrutural seja formalizado extrajudicialmente, na forma de Termo de Ajustamento de Conduta (TAC), sem necessidade de homologação judicial para que tenha validade. Contudo, até pela complexidade e o envolvimento de múltiplas partes, recomenda-se que os acordos sejam realizados no curso de um processo estrutural, ou que, se extrajudiciais, sejam levados para homologação judicial.

De outra parte, com o passar do tempo e por se tratarem muitas vezes de situações dinâmicas, nada impede que a decisão estrutural – ou o acordo estrutural – sejam revistos e ajustados à realidade atual dos fatos.[24] Em outras palavras, não há "congelamento" das condições do acordo estrutural ou coisa julgada da decisão estrutural que impeça a análise sob a cláusula "rebus sic stantibus".

4. A mediação no processo estrutural: a construção do acordo estrutural

A utilização dos meios alternativos de solução de conflitos, inserida no contexto de Justiça multiportas, preconiza que nem sempre o processo judicial é o melhor método de solução para o conflito no caso concreto. Assim, deve-se buscar o método adequado, visando uma solução adequada.

Da mesma forma, nem sempre a mediação será o melhor método. Isso também se pode afirmar da arbitragem, do *dispute board* etc. Vale dizer, a análise da adequação do método deve ser feita para o tipo de conflito em concreto. A experiência tem demonstrado, por exemplo, que a mediação é muito adequada para solução de conflitos de família, como o divórcio.

Especificamente em relação ao processo estrutural, nem sempre a mediação será recomendável, mas é possível afirmar que, na maioria dos casos, a mediação poderá ser muito útil às partes visando a solução do conflito pelo acordo estrutural.

Paulo Lucon afirma que as técnicas de negociação pré-processual são as mais efetivas para a tutela do direito coletivo, pois enquanto não instaurado o ambiente de disputa, maior a disposição das partes à realização de

[24] Sobre assunto, assim exemplificam Didier Jr., Zaneti Jr. e Oliveira: "Um exemplo interessante é a Ação Civil Pública 0150735-64.2008.8.26.0002, em que o Município de São Paulo foi instado a resolver o problema do déficit de vagas em creches municipais para crianças com idade de zero a 3 anos. Inicialmente, a decisão judicial estabeleceu como meta (novo estado de coisas) a criação, até o ano de 2016, de 150.000 vagas. Até o ano de 2016, apenas 106.743 vagas haviam sido criadas, o que levava à conclusão de que ainda precisariam ser criadas 43.257 novas vagas. Sucede que, após nova análise do estado de coisas existente em 2016, chegou-se à conclusão de que seriam necessárias não mais 150.000 vagas no total, mas sim 191.743 vagas até 2020. Esse novo estado de coisas, já distinto daquele estabelecido como meta quando da prolação de decisão estrutural, passou, a partir de então, a presidir a atuação do órgão jurisdicional, por influência da dinâmica dos fatos e sua repercussão no processo." (cit., p. 15).

acordos que propiciam ao litígio uma tutela célere e adequada.[25] Embora seja verdadeira a premissa, nem sempre as partes estão preparadas para negociar. Isso acontece por assimetria informacional, desequilíbrio entre as partes, inabilidade negocial e emocional, entre outros.

Ademais, são poucos os ambientes de mediação existentes para conflitos como esse fora do processo judicial. A mediação judicial pré-processual ainda é pouco conhecida e são poucos os órgãos judiciais que a oferecem. Por outro lado, a mediação extrajudicial em câmaras privadas ainda está muito voltada para a mediação privada, envolvendo conflitos eminentemente comerciais. Já a mediação extrajudicial em câmaras públicas (câmara de prevenção e resolução administrativa de conflitos, nos órgãos de advocacia pública, conforme art. 32 da Lei de Mediação), embora recebam casos complexos envolvendo a Administração Pública, não são voltadas, até o momento, para a solução de problemas estruturais.

Diante disso, entende-se que a mediação judicial processual nos CEJUSCs (Centros Judiciários de Solução Consensual de Conflitos) e nas CECONs (Centrais de Conciliação) é a técnica ideal para a tentativa de solução dos processos estruturais, seja a audiência do art. 334 do CPC (quando adotado o procedimento comum do CPC), seja em outro momento no curso do processo a ser definido pelo juiz ou pelas próprias partes. Claro, nada impede que a mediação seja realizada em outro ambiente escolhido pelas partes, como numa câmara privada, suspendendo-se o processo.

A mediação permite às partes negociar com o auxílio de um terceiro facilitador imparcial capacitado para tanto, visando superar os imensos desafios do caso concreto. Neste aspecto, é preciso estar atento ao perfil do(a) mediador(a), que, preferencialmente, deve ser conhecedor(a) do Direito Público e da realidade da Administração Pública, o que poderá favorecer a compreensão das dificuldades e o oferecimento de sugestões.

Ademais, muito provavelmente serão necessárias várias reuniões de mediação para que se chegue a um acordo. Resolver casos complexos demanda tempo e muita dedicação de todas as partes, inclusive do mediador. Discutir propostas de forma propositiva e construtiva, analisando os interesses por trás das posições na disputa (negociação baseada

[25] LUCON, Paulo Henrique dos Santos, cit., p. 19-20.

em princípios ou colaborativa, conforme a doutrina de Harvard) é o melhor caminho para se alcançar a finalidade pretendida com a reforma estrutural. Mais do que a busca pelo consenso, a mediação no processo estrutural busca o acordo estrutural.

Uma vez obtido o acordo, se durante o seu cumprimento surgirem novas dificuldades e conflitos, nada impede que as partes voltem à mesa de negociação – diretamente ou novamente em mediação – para que seja possível efetivamente implementar o estado ideal de coisas almejado.

Conclusões

O processo estrutural é um tipo de processo que não se encerra com a simples entrega do bem da vida àquele que tem razão por conta de uma sentença condenatória. Trata-se de processo complexo, que exige a construção de uma solução para implementar um estado ideal de coisas em substituição ao um problema estrutural, isto é, uma situação de ilicitude contínua e permanente ou uma situação de desconformidade.

Nem sempre o caso concreto permite ao administrador público cumprir a decisão na forma e prazo determinados judicialmente. Por este motivo, a consensualidade é uma característica importante do processo estrutural, tanto na fase de conhecimento, quanto na fase de cumprimento da sentença estrutural.

Acordo estrutural é o acordo formulado entre as partes num processo estrutural, homologado pelo juiz e que dispõe sobre a solução para o problema estrutural, isto é, estabelece o estado ideal de coisas que se pretende seja implementado, o modo pelo qual esse resultado deve ser alcançado e o prazo para tanto.

Mostra-se também relevante considerar no acordo a previsão de avaliação e fiscalização permanente das medidas estruturantes, pois a implementação da solução para o problema estrutural leva tempo e exige esforço das partes para além do momento da construção do acordo. Neste sentido, pode-se prever a exigência de entrega de relatórios periódicos, a designação de audiências periódicas para oitiva de responsáveis e testemunhas e a realização de inspeções judiciais.

Na maioria dos casos, a mediação poderá ser muito útil às partes visando a solução do conflito pelo acordo estrutural, pois permite às partes negociar com o auxílio de um terceiro facilitador imparcial capacitado para tanto, visando superar os imensos desafios do caso concreto.

Discutir propostas de forma propositiva e construtiva, analisando os interesses por trás das posições na disputa é o melhor caminho para se alcançar a finalidade pretendida com a reforma estrutural.

Referências

ARENHART, Sérgio Cruz. Processos Estruturais no Direito Brasileiro: reflexões a partir do caso da ACP do carvão. *Revista de Processo Comparado*, vol. 2/2015, p. 211-229, jul - dez/2015.

DIDIER JR., Fredie; ZANETI JR., Hermes; OLIVEIRA, Rafael Alexandria de. Elementos para uma Teoria do Processo Estrutural Aplicada ao Processo Civil Brasileiro. *Revista de Processo*, vol. 303, p. 45-81, maio, 2020.

LUCON, Paulo Henrique dos Santos. Fundamentos do processo estrutural. In: JAYME, Fernando Gonzaga. et al (org.). Inovações e modificações do Código de Processo Civil: avanços, desafios e perspectivas. Belo Horizonte: Del Rey, 2017.

ROMA, Zillá Oliva. **Cumprimento judicial e Fazenda Pública:** por um modelo negociado. 2023. Tese (Doutorado em Direito) - Faculdade de Direito, Universidade de São Paulo, São Paulo, 2023.

ZANETI JR., Hermes; GARCIA, Leonardo. **Direitos Difusos e Coletivos**. Coord. Leonardo de Medeiros Garcia. 12. ed., São Paulo: Juspodivm, 2022.

15. ESCOLHA DO(A) MEDIADOR(A) NO PROCESSO DE MEDIAÇÃO

Amanda Federico Lopes Fernandes

Giulia Spalletta

Introdução

Nas palavras de Daniela Gabbay, a escolha de mediadores "*é bastante estratégica*". Particularmente num contexto de realização extrajudicialmente de uma mediação institucional, cujo correspondente regulamento permite a escolha de mediador(a), até mesmo, fora de sua lista de profissionais indicados.[1]

Porém, a escolha é estratégica por que se parte da análise de um critério mais ligado à capacitação do(a) mediador(a), ao conhecer muito bem e conduzir adequamente o procedimento de mediação, ou, de um critério relacionado ao conhecimento técnico dele(a), enquanto profissional qualificado em área específica, que serve como possível objeto e contexto de uma disputa a ser mediada? Ou, ainda, é estratégica em razão de outros (adicionais) critérios?

Diante dessas inquietações e haja vista que o tema da escolha de mediador(a) não foi exaustivamente explorado pela doutrina e em estudos práticos, as autoras decidiram por realizar, no primeiro semestre de 2023, pesquisa empírica com o objetivo de compreender, de modo mais delimitado, se haveria prevalência de eleição do critério de expertise no

[1] GABBAY, Daniela Monteiro. Mediação empresarial em números: um retrato do funcionamento da mediação em Câmaras de Mediação e Arbitragem que atuam no Brasil. In: **Mediação Empresarial – experiências brasileiras.** Adolfo Braga Neto (Org.). São Paulo: Cla, 2019, p. 176.

procedimento de mediação sobre o critério do conhecimento técnico acerca da matéria em debate, quando se escolhem mediadores.

Partindo-se do estado da arte, o presente artigo busca sintetizar as considerações relacionadas à hipótese dicotômica de estudo, os resultados decorrentes deste e as conclusões a que as autoras chegaram diante das respostas obtidas com o público-alvo da pesquisa empírica em formato de *survey* e metodologia "bola de neve".

1. Estado da arte: breves considerações sobre a lei de mediação e a escolha do(a) mediador(a)

Apesar de o instituto da mediação no Brasil já ser reconhecido como método para solucionar controvérsias por meio do auxílio de um terceiro imparcial desde a década de 1990[2], foi apenas a partir de 2015 que o instituto ganhou contornos expressos enquanto expoente da "Política Judiciária Nacional de tratamento adequado dos conflitos de interesses no âmbito do Poder Judiciário", estabelecida cinco anos antes pela Resolução nº 125 do Conselho Nacional de Justiça ("CNJ"). Isso porque, ao final de 2015, entrou em vigor a Lei nº 13.140/2015, também conhecida como Lei de Mediação, que "*dispõe sobre a mediação entre particulares como meio de solução de controvérsias e sobre a autocomposição de conflitos no âmbito da administração pública*"[3/4].

A intenção do legislador, ao desenvolver uma lei específica sobre mediação, era, principalmente, operacionalizar e regular o seu procedimento[5]. Isso inclui, mas não se limita às funções, à atuação

[2] BRAGA NETO, Adolfo. Mediação de Conflitos: conceito e técnica. In: **Negociação, Mediação, Conciliação e Arbitragem**. Coord. Carlos Alberto de Salles, Marco Antônio Garcia Lopes Lorencini, Paulo Eduardo Alves da Silva. Rio de Janeiro: Editora Forense, 2020, p. 155.

[3] BRASIL, Lei nº 13.140/2015, de 26 de junho de 2015 (Lei de Mediação).

[4] *"Em seguida e em complementação à Resolução nº 125 do CNJ, dois instrumentos normativos passaram a regular a mediação no Brasil, o Código de Processo Civil de 2015 e a Lei nº 13.140/2015, formando o denominado 'minissistema brasileiro de métodos consensuais'"*. FERNANDES, Amanda Federico Lopes. **Justiça Consensual**. São Paulo, Almedina, 2021, p. 85. Ainda, TARTUCE, Fernanda. **Mediação nos Conflitos Civis**. São Paulo: Editora Forense, 2018, p. 295 (edição virtual).

[5] BRAGA NETO, Adolfo. Mediação de Conflitos: conceito e técnica. In: **Negociação, Mediação, Conciliação e Arbitragem**. Coord. Carlos Alberto de Salles, Marco Antônio

e às características do(a) mediador(a), seja na mediação judicial ou na extrajudicial.

A mediação judicial ocorre em centros judiciários de solução consensual de conflitos[6], podendo ser realizado durante o curso do processo judicial ou em fase pré-processual. Por sua vez, a modalidade de mediação extrajudicial, como o próprio nome demonstra, ocorre fora do âmbito judicial. É caracterizada pela vontade das partes em resolver particularmente as controvérsias por meio da mediação, que será iniciada conforme previsão contratual ou por convite de uma das partes e aceite da outra parte[7]. Assim como na mediação judicial, poderá ocorrer em uma fase pré-litígio ou durante um processo adjudicatório (o arbitral, por exemplo).

A mediação extrajudicial pode ser dividida em duas categorias: institucional (em que o procedimento é administrado por organização especializada em soluções de controvérsias extrajudicialmente, conforme suas regras procedimentais) e *ad hoc* (procedimento autônomo, conduzido diretamente pelas partes, sem a intermediação procedimental de uma organização).

Para ambas as modalidades de mediação (judicial e extrajudicial), a Lei de Mediação estabelece princípios gerais que devem ser atendidos por todos os envolvidos no procedimento[8], destacando-se dentre eles, a *autonomia da vontade das partes* e a *imparcialidade do mediador* que, em vista do objeto do presente artigo, são bastante relevantes para a análise da escolha do(a) mediador(a), por um tribunal ou pelas próprias partes[9].

Em termos de mediação judicial, no caso da designação do(a) mediador(a) pelo tribunal/juiz, o(a) profissional deverá cumprir alguns requisitos legais, quais sejam: **(i)** ser pessoa capaz, **(ii)** com graduação de pelo menos dois anos em curso de ensino superior reconhecida pelo Ministério da Educação; **(iii)** com capacitação em escola ou instituição de formação de mediadores, reconhecida pela Escola Nacional de Formação

Garcia Lopes Lorencini, Paulo Eduardo Alves da Silva. Rio de Janeiro: Editora Forense, 2020, p. 217.

[6] Art. 24 da Lei de Mediação e Art. 165 do Código de Processo Civil.

[7] Arts. 21 e 22 da Lei de Mediação.

[8] Art. 2 da Lei de Mediação: "*A mediação será orientada pelos seguintes princípios: I – imparcialidade do mediador; II – isonomia entre as partes; III – oralidade; IV – informalidade; V – autonomia da vontade das partes; VI – busca do consenso; VII – confidencialidade; VIII – boa-fé*".

[9] Art. 4 da Lei de Mediação: "*O mediador será designado pelo tribunal ou escolhido pelas partes*".

e Aperfeiçoamento de Magistrados – ENFAM ou pelos tribunais; e **(iv)** ser inscrito como mediador(a) no tribunal[10]. Além disso, o(a) mediador(a) não estará sujeito à prévia aceitação das partes[11].

Por outro lado, no caso de mediação extrajudicial, as partes deverão escolher "*qualquer pessoa capaz que tenha a confiança das partes e seja capacitada para fazer mediação, independentemente de integrar qualquer tipo de conselho, entidade de classe ou associação, ou nele inscrever-se*"[12].

Nota-se a proeminência do princípio da autonomia da vontade das partes na escolha do(a) mediador(a) na mediação extrajudicial. Essa escolha pode ser regulada previamente ou no momento após o surgimento da controvérsia. No primeiro caso, quando as partes optarem por inserir uma cláusula de mediação no contrato, por exemplo, a referida cláusula deverá conter quais os critérios que deverão ser utilizados para viabilizar a indicação do mediador, sempre se atentando às disposições da Lei de Mediação[13].

No caso de não haver estipulação expressa ou a previsão contratual estar incompleta, conforme o dispositivo legal, a parte que enviar o convite para iniciar o procedimento de mediação extrajudicial deverá fornecer uma "*lista de cinco nomes, informações de contato e referências profissionais de mediadores capacitados*", sendo que "*a parte convidada poderá escolher, expressamente, qualquer um dos cinco mediadores e, caso a parte convidada não se manifeste, considerar-se-á aceito o primeiro nome da lista*"[14].

Ainda, a fim de se evitar quaisquer dificuldades com a estipulação completa sobre a matéria, as partes podem optar por indicar regulamento

[10] Arts. 11 e 12 da Lei de Mediação.

[11] Art. 25 da Lei de Mediação: "*Na mediação judicial, os mediadores não estarão sujeitos à prévia aceitação das partes, observado o disposto no art. 5º desta Lei*". Como contraponto interpretativo à disposição do artigo 25 da Lei de Mediação vis-à-vis o artigo 168, parágrafos 1º e 2º, do Código de Processo Civil, de forma a preconizar o princípio da autonomia da vontade, em consonância com o próprio artigo 2º da Lei de Mediação, *vide* FERNANDES, Amanda Federico Lopes. **Justiça Consensual**. São Paulo, Almedina, 2021, pp. 85-92.

[12] Art. 9 da Lei de Mediação.

[13] Art. 22 da Lei de Mediação: "*A previsão contratual de mediação deverá conter, no mínimo:* I – *prazo mínimo e máximo para a realização da primeira reunião de mediação, contado a partir da data de recebimento do convite;* II – *local da primeira reunião de mediação;* III – *critérios de escolha do mediador ou equipe de mediação;* IV – *penalidade em caso de não comparecimento da parte convidada à primeira reunião de mediação.*"

[14] Art. 22, § 2º da Lei de Mediação.

de instituição de mediação que contenha critérios claros para a indicação do(a) mediador(a)[15].

Analisando os regulamentos de algumas das principais instituições de mediação no Brasil[16], é possível sintetizar os seguintes critérios de indicação de mediador(a): **(i)** pessoa capaz e de confiança das partes, nos termos da Lei; **(ii)** de comum acordo entre as partes, integrante ou não da lista de mediadores das instituições (neste caso, na maioria dos regulamentos, desde que autorizado por órgão representativo da instituição); e **(iii)** diante da ausência de consenso das partes, o órgão representativo institucional fará a nomeação.

Importante ressaltar que, com exceção do regulamento do CBMA, que indica expressamente como critério a comprovada experiência e capacitação do(a) mediador(a), a maioria das câmaras e dos centros de mediação apenas estabelece a forma que o(a) mediador(a) será indicado(a). Inobstante, recentemente, com a publicação da pesquisa "Mediação em Números"[17], as mesmas instituições ressaltaram que, em matéria de quais critérios são considerados por elas na indicação de mediadores, *a experiência do(a) mediador(a)*, assim como *a sua expertise na matéria em discussão* são levados em conta. Outros critérios como disponibilidade, diversidade de gênero, nacionalidade e eventuais critérios acordados ou propostos pelas partes também foram sinalizados[18].

Como se verifica, a escolha da pessoa específica que atuará como mediador(a) adentra uma esfera de subjetividade, ainda que por meio da figura do representante institucional. Esfera essa que também é percebida,

[15] Art. 22, § 1º da Lei de Mediação.

[16] CAMARB – Câmara de Mediação e Arbitragem Empresarial – Brasil; CAM-CCBC – Centro de Arbitragem e Mediação da Câmara de Comércio Brasil-Canadá; CCI – Câmara de Comércio Internacional; Câmara de Conciliação, Mediação e Arbitragem CIESP/FIESP; Câmara FGV de Mediação e Arbitragem; CBMA – Centro Brasileiro de Mediação e Arbitragem; e Centro de Arbitragem e Mediação AMCHAM.

[17] GABBAY, Daniela Monteiro; BARROS, Vera Cecília Monteiro de (Coord.). **Mediação em Números: 10 anos – 2012 a 2022**. FGV Direito SP e Canal Arbitragem. São Paulo, 2023. Disponível em: https://canalarbitragem.com.br/ Acesso em 25 de maio de 2023. Estudo divulgado em 2023 e coordenado por Daniela Monteiro Gabbay e Vera Cecília Monteiro de Barros, com o objetivo de "*trazer radiografia acerca da mediação institucional em algumas das principais Câmaras de Mediação que atuam no Brasil*" no período entre 2012 e 2022.

[18] *Ibidem*, p. 29.

paralelamente, na nomeação de árbitros, visto que, conforme o artigo 13 da Lei de Arbitragem (Lei nº 9.307/1996), o(a) árbitro(a) deverá ser qualquer pessoa capaz e que tenha a confiança das partes.

Contudo, ainda que se esteja em uma esfera de subjetividade, será que é possível identificar e estabelecer uma preferência de critérios na escolha de mediadores?

Valendo-se novamente do estudo "Mediação em Números", há indicação de que as listas de mediadores das instituições – com exceção do CBMA – são predominantemente compostas por homens entre 40 e 60 anos[19]. O estudo também apresentou que, nos últimos cinco anos, em três das sete instituições analisadas (FGV, CBMA e AMCHAM) não houve casos em que não existiu consenso das partes na indicação de mediadores. As demais instituições (CAM-CCBC, CIESP/FIESP, CAMARB e CCI) tiveram casos em que inexistiu consenso das partes na indicação de mediadores, sendo que no CAM-CCBC e na CAMARB, essa falta de consenso é menor do que o consenso (7% e 8% do total de indicações, respectivamente) e na CIESP/FIESP, a inexistência de consenso representa 51% dos casos[20].

Considerando o exposto acima e o questionamento ora colocado quanto a uma possível preferência de critérios na escolha de mediadores, sobretudo de critérios relacionados à expertise no procedimento e/ou na matéria em debate, o presente artigo buscou aprofundar em termos quantitativos e qualitativos a escolha do(a) mediador(a), sob a perspectiva de **(i)** advogado(a)s; **(ii)** mediadores; **(iii)** magistrado(a)s; **(iv)** colaboradores de órgão ligado ao Poder Judiciário (por exemplo, CEJUSC); e **(v)** colaboradores de órgão institucional (por exemplo, câmaras de prevenção e resolução de disputas). A pesquisa, os resultados e as considerações serão apresentados a seguir.

2. Pesquisa empírica

No período de 17 de abril a 29 de maio de 2023, as autoras desenvolveram pesquisa empírica com intuito de compreender critérios de escolha do(a) mediador(a), tendo em conta a seguinte hipótese:

[19] GABBAY, Daniela Monteiro; BARROS, Vera Cecília Monteiro de (Coord.). **Mediação em Números: 10 anos – 2012 a 2022**. FGV Direito SP e Canal Arbitragem. São Paulo, 2023, pp. 26-27. Disponível em: https://canalarbitragem.com.br/ Acesso em 25 de maio de 2023.

[20] *Ibidem*, p. 25.

Há prevalência de eleição do critério de expertise no procedimento de mediação sobre o critério do conhecimento técnico acerca da matéria em debate, quando os atores, ora em destaque, escolhem mediadores?

Isso pois, em comparação à nomeação de árbitro(a)s, cujo encargo aceito corresponde ao afastamento da jurisdição estatal[21] e parte da lógica de obtenção de uma decisão adjudicatória definitiva, *prima facie*, não faria sentido a prevalência do critério de escolha do(a) mediador(a) a partir de uma análise de seu conhecimento sobre a matéria em disputa. Ao(à) mediador(a) não cabe a função de proferir decisão jurisdicional e vinculante[22].

A contrario sensu, e, novamente, *prima facie*, o critério a ser privilegiado pelos atores entrevistados seria a experiência do(a) mediador(a) com o procedimento em si.

Essa hipótese esbarra em questões relacionadas ao dever de imparcialidade do(a) mediador(a) e ao empoderamento das partes enquanto responsáveis pela resolução de suas disputas em contraponto a questões estratégicas, de facilitação de comunicação entre o(a)s envolvido(a)s e, inclusive, diante da possibilidade de indicação de uma alternativa pelo(a) mediador(a) (no limite, dentro do modelo avaliativo[23]).

A experiência do(a) mediador(a) apenas com o procedimento em si poderia garantir uma atuação mais imparcial de sua parte, estando este(a) com o(a)s participantes da mediação da mesma forma[24], de modo que o(a) mediador(a) se absteria de realizar considerações ou aconselhar em qualquer matéria sob debate entre as partes, permitindo o seu empodera-

[21] CARMONA, Carlos Alberto. **Arbitragem e Processo: um comentário à Lei nº 9.307/96.** São Paulo: Atlas, 3ª ed., 2009, p. 137.

[22] Art. 1º, parágrafo único da Lei de Mediação: "*Considera-se mediação a atividade técnica exercida por terceiro imparcial sem poder decisório, que, escolhido ou aceito pelas partes, as auxilia e estimula a identificar ou desenvolver soluções consensuais para a controvérsia*".

[23] O modelo avaliativo, ligado principalmente à postura do(a) mediador(a), refere-se à condução do procedimento por este(a) de modo a apresentar sua opinião sobre a controvérsia, geralmente em momento mais avançado e próximo à finalização do procedimento, com o intuito de facilitar que as partes cheguem a um acordo. *Vide* RISKIN, Leonard L. Understanding mediators' orientations, strategies and techniques: a grid for the perplexed. In: **Harvard Negotiation Law Review**, 1996, p. 25-35.

[24] MARTINS, Pedro Morais. A importância do autoconhecimento para o exercício da função do mediador. In: CALAINHO, Márcia. **Mediação: Medo e esperança.** Porto: Editora Cravo, 2020 (ebook).

mento. Nas palavras de Pedro Morais Martins, "*são os participantes que detêm o conhecimento para construírem em conjunto a melhor solução. O mediador vai auxiliá-los a tomarem essa decisão*"[25].

Sob outro enfoque, as partes, previamente à indicação, podem optar por entrevistar o(a) possível mediador(a) para analisar sua experiência e perfil para atuação na resolução da controvérsia[26]. Essa hipótese pode ser compreendida, sob a perspectiva das partes, como uma forma pragmática de avaliação quanto a uma efetiva facilitação da comunicação pelo(a) e com o(a) mediador(a), de modo a se sentirem mais confiantes de que o(a) mediador(a) poderá acompanhar os diálogos técnicos, os jargões típicos da matéria em disputa e, quiçá, indicar uma alternativa adequada para a solução da controvérsia (quando o(a) mediador(a), uma vez mais, adota o modelo avaliativo).

As duas hipóteses foram colocadas a teste diante da pesquisa empírica realizada.

2.1. Metodologia

Para estabelecer a metodologia da pesquisa empírica, foram examinadas três condições: **(i)** o tipo de pergunta de pesquisa; **(ii)** a extensão da necessidade de controle de eventos comportamentais; e **(iii)** o foco em eventos contemporâneos. Considerando que a forma de pesquisa envolvendo perguntas sobre "quem", "o quê" e "quantos" não requer controle de eventos comportamentais e foca em eventos contemporâneos, o formulário/*survey* fez-se adequado. O formulário também é vantajoso quando o estudo busca entender a incidência ou preponderância de um fenômeno ou quando se trata de prever determinados resultados.[27]

Dessa forma, a pesquisa foi realizada pela forma de coleta de dados por formulário da plataforma "Google Forms", com a metodologia de amostragem não probabilística por meio do método "bola de neve"

[25] *Ibidem*, p. 95.

[26] GABBAY, Daniela Monteiro. Mediação empresarial em números: um retrato do funcionamento da mediação em Câmaras de Mediação e Arbitragem que atuam no Brasil. In: **Mediação Empresarial – experiências brasileiras**. Adolfo Braga Neto (Org.). São Paulo: CLA, 2019, p. 176.

[27] YIN, Robert K. **Case Study Research: Design and Methods**. 4ª ed. SAGE: Thousand Oaks, 2009, pp. 8-9.

(*snowball sampling*)[28]. Por esse método, a amostra a ser analisada não é determinada previamente, mas formada ao longo do processo: são especificadas as características necessárias para o(a)s membro(a)s da amostra e, em seguida, identifica-se as pessoas ou grupos que possuem essas características e apresenta-se o formulário com os dados que se busca obter; sendo que, após a obtenção desses dados, o(a) respondente é convidado(a) a encaminhar o formulário para outras pessoas que também integrem o público-alvo. Assim, a "*amostra é autogerada, contando com a colaboração voluntária do(s) membro(s) inicial(is) e dos subsequentes*"[29].

Ademais, faz-se importante ressaltar que a metodologia adotada apresenta limitações que refletem no resultado do estudo. O foco do estudo está relacionado com um grupo relativamente pequeno, no qual as pessoas respondentes possivelmente têm contato ou conhecimento umas das outras, de modo que possa haver uma limitação na variabilidade de narrativas, trazendo respostas de pontos de vista semelhantes.

Feitos os apontamentos metodológicos como premissas, passa-se, então, a abordar especificamente a pesquisa realizada para a elaboração do presente artigo.

Conforme mencionado, a pesquisa foi realizada por meio de um formulário eletrônico ("Google Forms") enviado em "bola de neve" por meio de mensagens eletrônicas e de redes sociais, com o propósito de obter dados capazes de contribuir para um debate mais qualificado sobre a escolha do(a) mediador(a) no processo de mediação. O compartilhamento do formulário eletrônico foi realizado inicialmente pelas autoras, ficando disponível para receber as respostas entre os dias 17 de abril e 29 de maio de 2023.

O público-alvo de respondentes, como já mencionado, foi o de advogado(a)s, mediadores; magistrado(a)s; colaboradores de órgão judicial; e colaboradores de órgão institucional de prevenção e resolução de

[28] O método "bola de neve" emprega cadeias de referência, de maneira a não se "*determinar a probabilidade de seleção de cada participante na pesquisa, mas torna-se útil para estudar determinados grupos difíceis de serem acessados.*" (VINUTO, Juliana. **A amostragem em bola de neve na pesquisa qualitativa: um debate aberto**. Temáticas, FCH – UNICAMP, n. 44, ano 22, 2014, p. 203).

[29] COSTA, Barbara Regina Lopes. Bola de Neve Virtual: O uso das redes sociais virtuais no processo de coleta de dados de uma pesquisa científica. In: **Revista Interdisciplinar de Gestão Social**, UFBA, v. 7, n. 1, 2018, p. 19.

disputas. Com a finalização do período estabelecido para o preenchimento do formulário, foram obtidas 50 respostas, sendo que o(a)s respondentes apresentaram o seguinte perfil:

- Gênero: 52% feminino; 46% masculino; e 2% preferiram não responder.
- Estado de atuação predominante: 58% São Paulo; 16% Rio de Janeiro; 4% Paraná; 6% Santa Catarina; 6% Minas Gerais; 4% Rio Grande do Sul; 2% Bahia; 2% Pará; e 2% Distrito Federal.
- Atuação: 42% advogada(o)s e mediadores; 26% somente advogado(a)s; 12% somente mediadores; 10% colaboradores de órgãos institucionais; 6% magistrado(a)s; e 4% colaboradores de órgão ligado ao Poder Judiciário.

Considerando o exposto acima, conclui-se que o perfil predominante do(a)s respondentes é composto por mulheres, paulistas e advogadas[30].

2.2. Resultados do *survey*

Tendo em conta o contexto supra-apresentado, passa-se a analisar especificamente os resultados dos pontos abordados no formulário de pesquisa.

2.2.1. Formação do(a)s mediadores

Como explicitado acima, para atuar como mediador(a), não é necessário ter uma profissão específica. Contudo, a pesquisa demonstra que mais da metade do(a)s mediadores (61,36%) são advogados por formação[31]; 20,45% são advogado(a)s, mas também possuem outras formações profissionais (a exemplo de administrador(a) e advogado(a), engenheiro(a)

[30] De acordo com dados também coletados com a pesquisa e considerando somente respondentes que são advogado(a)s, 41,17% destes indicaram que atuam em escritórios de advocacia de pequeno porte, isto é, até 10 advogados; 32,35% em escritórios de médio porte (de 10 a 50 advogado(a)s); 14,70% de grande porte (mais de 50 advogado(a)s); e 11,76% dos advogado(a)s respondentes não atuam em escritórios de advocacia.

[31] Para essa análise, foram consideradas as respostas de todos os atores quando questionado(a)s sobre a formação do(a)s mediadore(a)s dos procedimentos que participaram e sobre o(a)s mediadore(a)s que indicaram/nomearam e, no caso do(a)s mediadore(a)s, quando perguntados qual era a sua formação.

e advogado(a)); 11,36% não são advogado(a)s; 4,55% não se recordam; e 2,27% não participaram das mediações[32].

Ademais, do(a)s mediadores respondentes, seja com atuação conciliada com o exercício da advocacia ou com atuação exclusiva como mediador(a), aproximadamente 88,8% são advogado(a)s por formação. Os que não são formados em direito apresentam as seguintes profissões: psicólogo(a) s (aproximadamente 3,7%), economistas (aproximadamente 3,7%) e engenheiro(a)s (aproximadamente 3,7%). Ainda, do(a)s mediadores respondentes formado(a)s em direito, 50% apresentam formação complementar ou suplementar: graduação em psicologia, em comunicação social, em administração, em desenho industrial, em sociologia, processos gerenciais e educação física; tecnólogo em gestão de negócios; MBA em administração; pós-graduação em neuropsicologia e terapia de casais e família.

2.2.2. Perspectivas do(a)s advogado(a)s quanto a critérios formais para a indicação do(a) mediador(a) em mediações *ad hoc* e institucionais

Conforme abordado acima, tanto a legislação, quanto os regulamentos de órgãos ligados à prevenção e resolução de disputas preveem critérios formais ligados à viabilização da indicação do(a) mediador(a), o que inclui mecanismos para as partes sugerirem nomes e chegarem a um consenso sobre a indicação, *i.e.* elaboração de lista pelas partes (em mediações *ad hoc*) ou consulta a lista de mediadores disponibilizada por instituição de mediação (em procedimento institucional).

Considerando que o(a)s advogado(a)s são o perfil majoritário do(a) s respondentes da pesquisa empírica e que, em geral, apresentam um papel relevante na escolha direta do(a) mediador(a) ou no auxílio de seus clientes para tanto, é interessante apresentar e analisar especificamente a perspectiva desses atores quanto a critérios formais para a escolha do(a) mediador(a), seja em mediações institucionais ou *ad hoc*.

De saída, observa-se que, em relação à mediação *ad hoc*, a maioria dos respondentes (47,1%) nunca participou desse tipo de procedimento; 32,4% participaram de algumas mediações *ad hoc* (1 a 5 procedimentos); e 20,6% participaram de mais de 10 mediações *ad hoc*.

[32] Nessa análise, não foram considerados os atores que se identificaram como "somente mediadores".

Quando a pesquisa apresentou a opção dissertativa para que respondessem como ocorreu a indicação do(a) mediador(a) em procedimento *ad hoc*, todos os respondentes que participaram desse tipo de mediação reforçaram que o(a) mediador(a) foi indicado(a) de comum acordo entre as partes, destacando-se também as seguintes respostas: "*Lista de opções, partes escolheram um*", "'*Strike list' e indicação de ordem de preferência pelos participantes*", "*troca de lista entre as partes*", "*por indicação dos advogados ou das partes*", "*por meio de rol de mediadores de câmaras de referência e por indicação*" e "*indicação de 3 nomes em ordem de preferência*".

Em relação à mediação institucional, a maioria do(a)s respondentes (44,12%) participou de 1 a 5 procedimentos; 29,41% não participaram de mediações institucionais; 20,59% participaram de mais de 10 procedimentos; e 5,88% participaram de 5 a 10 mediações institucionais. Nesse sentido, o(a)s advogado(a)s, quando questionado(a)s sobre a escolha do(a) mediador(a) ter sido realizada com base na lista apresentada e disponibilizada pelo órgão institucional, nos casos de mediação institucional, apresentaram as seguintes respostas: 52,9% afirmaram que na maioria dos casos a indicação foi feita considerando a lista de mediadores das instituições; 11,8% indicaram que o(a)s mediadores não foram escolhidos das listas apresentadas pelas instituições; e 5,9% indicaram que a minoria do(a)s mediadores foi escolhida das listas institucionais. 29,4% não participaram de mediações institucionais.

2.2.3. Critérios subjetivos que são privilegiados na escolha do(a) mediador(a)

Conquanto observado acima, também há questões de ordem subjetiva que se ligam à indicação do(a) mediador(a) e que, a partir da pesquisa empírica realizada, foram colocadas como cinco opções de respostas aos diferentes atores, público-alvo do estudo: **(i)** estilo de mediação[33]; **(ii)** expertise no

[33] A exemplo de (i) a escola de Harvard apresenta um estilo de mediação com enfoque negocial no interesse das partes, em modelo cooperativo para ganho mútuo, popularmente conhecido como "ganha-ganha"; (ii) a escola transformativa, cujo enfoque do mediador é a dimensão intersubjetiva da controvérsia, em um modelo que incentiva a autodeterminação e responsividade com o outro, objetivando a melhora da capacidade de reflexão das partes, que têm o poder de restabelecer a interação e o relacionamento entre si; e (iii) a escola circular-narrativa que se baseia na teoria da comunicação, com inspiração na terapia familiar sistêmica, buscando o mediador que os participantes criem uma nova e mais positiva narrativa

procedimento de mediação; **(iii)** expertise na área da controvérsia (mérito da disputa); **(iv)** outros; e **(v)** não participei da decisão.

Compilando as respostas recebidas, chegou-se aos seguintes resultados:

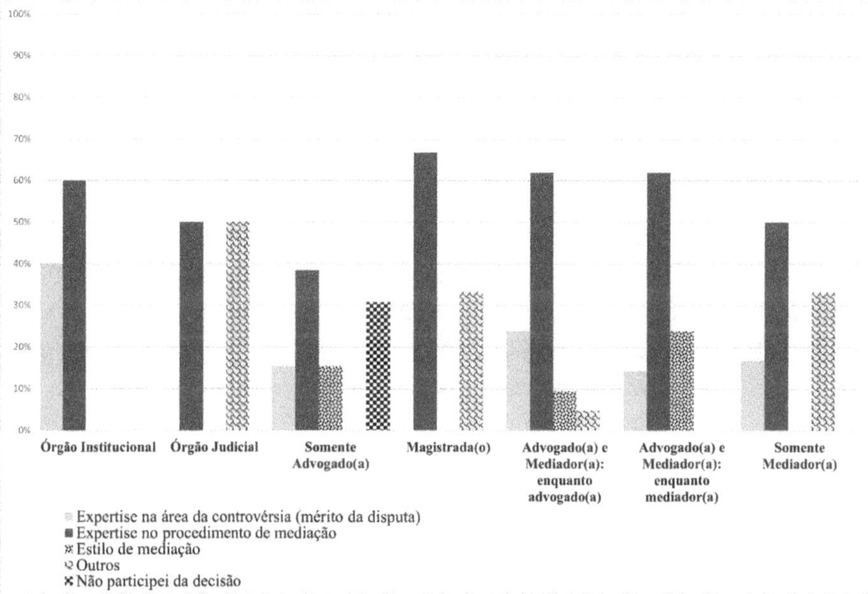

Fonte: Elaborado pelas autoras com o resultado da pesquisa empírica.

Nota-se que todas as categorias de respondentes privilegiaram o critério de expertise no procedimento de mediação em si.

Para o(a)s respondentes que trabalham em órgãos institucionais de resolução extrajudicial de disputas, apenas dois critérios foram selecionados: expertise em mediação (60%) e expertise na área/mérito da controvérsia (40%). Interessante ressaltar que alguns destes respondentes apresentaram considerações adicionais sobre a escolha do(a)s mediadores

do conflito a partir de uma versão integrada e de uma circularidade racional (*Vide* FISHER, Roger; URY, Will. **Getting to Yes**: negotiating agreement without giving in. Nova Iorque: Penguin Books, 2011. VASCONCELLOS, Carlos Eduardo de. **Negociação e modelos de mediação.** In: Mediação de conflitos e práticas restaurativas: modelos, processo, ética e aplicações. 2 ed. São Paulo: Editora Método. FERNANDES, Amanda Federico Lopes. **Justiça Consensual**. São Paulo, Almedina, 2021, p. 41).

em mediações institucionais, afirmando que "*para a escolha do mediador, quando a indicação parte do Secretário Geral, empenho esforços para, além da expertise em mediação, buscar profissionais que tenham expertise na matéria objeto da disputa, bem como estilo da mediação, sempre em atenção ao critério interno de igualdade de gênero da instituição*", e, de outro prisma, que "*muitas indicações de mediador são feitas de forma randômica por sistema*".

Para o(a)s respondentes ligados a órgãos judiciais, 50% indicaram expertise em mediação e 50% indicaram "outros". Em caso de indicação do critério "outros", solicitou-se que o(a) respondente especificasse qual seria o critério privilegiado para a escolha do(a) mediador(a). Como resposta, foi afirmado que se leva em consideração a "*análise entre o perfil do colega mediador e o tipo de conflito. Algumas vezes em razão do gênero. Por exemplo em caso de divórcio, ter um mediador e uma mediadora*". Além disso, foi levantado por um(a) respondente que: "*já tive duas situações em que a escolha pelo meu nome, como mediadora, se deu em razão de não ser da mesma cidade dos mediandos, a fim de assegurar a imparcialidade, na percepção dos advogados*".

Ainda, cabe destacar que 50% do(a)s respondentes ligados a órgãos judiciais responderam que foi observada lista de mediadores cadastrados no tribunal/CEJUSC e 50% responderam que não.

Nas respostas do(a)s advogado(a)s, houve uma segmentação maior nos critérios privilegiados em relação aos demais respondentes: 41,7% entendem que deve ser a expertise em mediação (procedimento); 25% não participaram da tomada de decisão; 16,7% selecionaram estilo de mediação; e 16,7% indicaram expertise na área de controvérsia (mérito). Ademais, um(a) respondente acrescentou que "*levo em conta também o perfil do mediador. Por exemplo: uma pessoa calma (a depender do caso), uma pessoa mais combativa (a depender do caso)*".

Em relação aos magistrado(a)s, 66,7% privilegiam a expertise em mediação (procedimento) e 33,3% privilegiam outros critérios, afirmando que "*os casos em que indiquei mediador envolviam disputas complexas, com partes bastante qualificadas. Privilegiei a expertise na mediação, mas acredito que a expertise na área de controvérsia seja fundamental também. Mas acredito que o domínio do procedimento seja mais importante*". Além disso, na tomada de decisão para indicação do(a) mediador(a), 66,7% do(a)s respondentes magistrado(a)s indicaram que foi observada a lista de mediadores cadastrados no tribunal/CEJUSC e 33,3% indicaram que não ocorreu essa observação.

Na categoria advogado(a)s e mediadore(a)s, dividiu-se a preferência dos critérios para o(a) respondente enquanto advogado(a) e enquanto mediador(a).

Enquanto advogado(a)s, 61,9% selecionaram expertise em mediação (procedimento); 23,8% indicaram expertise na área da controvérsia (mérito); 9,5% estilo de mediação; e 4,8% outros. Para o critério "outros", foram indicados "*primeiro expertise no procedimento, após expertise na área de controvérsia. Caminham juntos*"; "*Expertise em mediação também*"; e "*O principal criterio é a expertise na area de mediacão. Entretanto, procuro mediadores que tenham conhecimento do vocabulario do sistema em que as partes estão envolvidas, ainda que nao seja da materia de mérito. Em outras palavras, tem preferencia por quem entende o contexto e/ou dinamica. Também procuro alinhar os estilos de mediacao com o tipo de cliente e caso para que estejam em harmonia [sic]*". Já, enquanto mediadore(a)s, 61,9% selecionaram expertise em mediação (procedimento); 23,8% estilo de mediação; e 14,3% indicaram expertise na área da controvérsia (mérito). Ademais, o(a)s respondentes complementaram que também deve ser privilegiado "*conhecimento anterior do trabalho*"; "*em verdade penso que primeiro se escolhe pelo conhecimento pelo procedimento e em segundo lugar pela expertise. Caminham juntos. Por exemplo. Eu não escolho um bom mediador que atua na área família para mediar empresarial. Contudo, para escolher um mediador para casos empresariais, primeiro observo sua expertise no procedimento e, então sua atuação empresarial – não área específica. Dominar o procedimento é essencial, dominar o mérito é eficiente e eficaz*"; e "*importante sempre buscar um(a) mediador(a) com experiência EM MEDIAÇÃO*".

Com relação aos resultados das respostas daquele(a)s que somente são mediadores, 50% indicaram expertise em mediação (procedimento); 33,3% selecionaram outros; e 16,7% expertise na área da controvérsia (mérito). Ao discorrer sobre a seleção do critério "outros", o(a)s respondentes indicaram que "*todos estes quesitos e outros devem ser analisados a partir do caso concreto*"; "*expertise em mediacao [sic]*"; e "*expertise em mediação e estilo de mediação*". Ademais, o(a)s mediadores ressaltaram que a "*confiança no Mediador conta muito*".

Por fim, quando perguntados se na maioria dos casos em que são chamado(a)s para atuar como mediadores, 66,7% dos respondentes enquanto somente profissionais mediadores indicaram que têm expertise na área de discussão (mérito) do caso; enquanto 33,3% afirmaram que não têm expertise na área de discussão (mérito) do caso.

Conclusões

A escolha do(a) mediador(a) no processo de mediação é um tema de estudo pouco explorado. Diante da escassez de informações, dados e reflexões, bem como das limitações do referido tema (mormente quando se adentra esfera de subjetividade), em contraste com o crescente reconhecimento da importância da mediação no país, mostrou-se interessante uma análise empírica, ainda que delimitada, de como ocorre, na prática, a escolha do(a) s mediadores e se haveria um critério prevalecente para tanto, sobretudo diante do que poderia ser vislumbrada como uma dicotomia: expertise do mediador no procedimento *versus* expertise do mediador no mérito da disputa.

Com base nas respostas obtidas pela pesquisa realizada com advogado(a) s, mediadores; magistrado(a)s; colaboradores de órgão judicial; e colaboradores de órgão institucional de prevenção e resolução de disputas, concluiu-se que a maioria do(a)s respondentes indicou que o conhecimento no procedimento de mediação é o critério mais importante na escolha.

Contudo, considerando os comentários adicionais do(a)s respondentes, o estudo sinaliza que há critérios que caminham juntos, que podem ser considerados conjuntamente, sem a prevalência de um sobre o outro, buscando-se, afinal, um equilíbrio entre o necessário conhecimento do(a) mediador(a) na condução do procedimento e a sua habilidade de transitar por um sistema próprio, com linguagem técnica específica, enquanto expressão da matéria em disputa.

Além disso, foi reforçada na pesquisa a importância de as partes confiarem no(a) mediador(a) e pontuada também a capacidade de o(a) mediador(a) em lidar com os demais atores envolvidos no processo (como por exemplo, advogado(a)s) e em entender as características das partes e a dinâmica entre elas[34].

Apesar de não existir determinação legal para que o(a) mediador(a) seja formado(a) em direito (tão somente a graduação em ensino superior), observou-se que a maioria do(a)s mediadore(a)s respondentes possui formação em direito e, em consonância com a tendência de se conciliar o

[34] *Vide*, por exemplo, o comentário obtido na pesquisa empírica feito por um(a) respondente da categoria "advogado(a) e mediador(a)": "*Enquanto mediadora minha atuação foi no CEJUSC, onde observei a dificuldade em mediar seguindo o procedimento da mediação em si, muitas vezes a dificuldade se deu em razão dos próprios advogados desejarem conciliar naquele espaço*".

critério de expertise na área de discussão do caso mediado, também possui formação complementar em diferentes áreas do conhecimento.

Embora seja um passo inicial e proponente nos estudos referentes à escolha do(a) mediador(a), a pesquisa empírica conseguiu demonstrar tendências consideradas por diferentes atores envolvidos no procedimento de mediação, evidenciando que a combinação de fatores pode contribuir para eficiência e eficácia do procedimento, satisfação das partes e, consequentemente, desenvolvimento da mediação no Brasil.

Referências

BRAGA NETO, Adolfo. Mediação de Conflitos: conceito e técnica. In: **Negociação, Mediação, Conciliação e Arbitragem**. Coord. Carlos Alberto de Salles, Marco Antônio Garcia Lopes Lorencini, Paulo Eduardo Alves da Silva. Rio de Janeiro: Editora Forense, 2020 (edição virtual).

BRAGA NETO, Adolfo. **A mediação e a administração pública**. São Paulo: CLA, 2021.

CARNEIRO, Cristiane Dias. O Poder Judiciário e a Mediação Empresarial: um estudo empírico no Tribunal de Justiça do Estado do Rio de Janeiro. In: CALAINHO, Márcia. **Mediação: Medo e esperança**. Porto: Editora Cravo, 2020 (ebook).

FALECK, Diego. Mediação empresarial: introdução e aspectos práticos. In: **Revista de Arbitragem e Mediação**, v. 42, 2014.

FERNANDES, Amanda Federico Lopes. **Justiça Consensual**. São Paulo, Almedina, 2021.

GABBAY, Daniela Monteiro; BARROS, Vera Cecília Monteiro de. (Coord.). **Mediação em Números: 10 anos – 2012 a 2022**. FGV Direito SP e Canal Arbitragem. São Paulo, 2023. Disponível em https://lnkd.in/dv7uK4b4 Acesso em 27.05.2023.

GABBAY, Daniela Monteiro. Mediação empresarial em números: um retrato do funcionamento da mediação em Câmaras de Mediação e Arbitragem que atuam no Brasil. In: **Mediação Empresarial – experiências brasileiras**. Adolfo Braga Neto (Org.). São Paulo: Cla, 2019.

TARTUCE, Fernanda. **Mediação nos Conflitos Civis**. São Paulo: Editora Forense, 2018, p. 295 (edição virtual).

VASCONCELLOS, Carlos Eduardo de. Negociação e modelos de mediação. In: **Mediação de conflitos e práticas restaurativas: modelos, processo, ética e aplicações**. 2 ed. São Paulo: Editora Método.

VINUTO, Juliana. **A amostragem em bola de neve na pesquisa qualitativa: um debate aberto**. Temáticas, FCH – UNICAMP, n. 44, ano 22, 2014.

ANEXO I

TABELA SINTÉTICA DE DISPOSIÇÕES DOS REGULAMENTOS INSTITUCIONAIS SOBRE A ESCOLHA DO(A) MEDIADOR(A)

Instituição	Critérios para Nomeação, conforme regulamentos	Hipótese de Indicação pela Instituição ou órgão representativo
CAMARB	Poderão ser nomeados mediadores, de comum acordo entre as partes, que sejam integrantes da lista de mediadores da CAMARB ou outro(a)s que não façam parte da lista, desde que sejam pessoas capazes e de confiança das partes (Cláusulas 2.1, 5.1 e 5.3 do Regulamento de Mediação da CAMARB).	Caso necessário que o(a) mediador(a) seja indicado pela Diretoria da CAMARB, será encaminhada às partes uma lista de mediadores com um mínimo de três indicações, incluindo os respectivos currículos, para que as partes indiquem a sua ordem de preferência em relação aos mediadores indicados, numerando-os de 1 a 3 (Cláusula 5.2 do Regulamento de Mediação da CAMARB). Não havendo coincidência de indicação, a CAMARB poderá repetir o procedimento e caso haja interesse das partes, encaminhar nova lista sugestiva (Cláusula 5.4 do Regulamento de Mediação da CAMARB).
CAM-CCBC	As partes deverão escolher em conjunto um nome que integra a lista de mediadores do CAM-CCBC (Cláusula 3.1 do Regulamento de Mediação do CAM-CCBC).	O(A) mediador(a) será escolhido pelo(a) presidente do CAM-CCBC caso as partes não consigam chegar a um comum acordo (Cláusula 3.5 do Regulamento de Mediação do CAM-CCBC).

	Caso não haja consenso na escolha, cada parte deverá apresentar uma lista com 5 nomes da lista de mediadores do CAM-CCBC, colocando-os em ordem de preferência (Cláusula 3.2 do Regulamento de Mediação do CAM-CCBC). Se houver um nome em comum, este(a) será o(a) mediador(a) que conduzirá o procedimento. Se houver mais de um nome em comum, o critério de desempate será o da somatória da ordem de preferência de cada nome das listas apresentadas (Cláusulas 3.3 e 3.4 do Regulamento de Mediação do CAM-CCBC). Apenas em caráter excepcional e mediante aprovação do Presidente do CAM-CCBC, as partes poderão indicar nome que não conste na lista de mediadores do CAM-CCBC (Cláusula 3.6 do Regulamento de Mediação do CAM-CCBC).	
CCI	As partes indicarão conjuntamente o(a) mediador(a), o(a) qual deverá ser confirmada pela CCI (Cláusula 5.1 do Regulamento de Mediação da CCI).	Caso não haja indicação conjunta das partes, a CCI poderá, após consultar as partes, nomear um(a) mediador(a) ou propor uma lista de mediadores para as partes escolherem de comum acordo. Caso as partes não escolham, a CCI nomeará o(a) mediador(a) (Cláusula 5.2 do Regulamento de Mediação da CCI).

CIESP/ FIESP	A Secretaria da Câmara da FIESP/CIESP apresentará o rol de mediadores para as partes, que deverão escolher de comum acordo (Cláusula 3.3 do Regulamento de Mediação da CIESP/FIESP).	O Presidente da Câmara da FIESP/CIESP indicará o(a) mediador(a) caso as partes não entrem em consenso (Cláusula 3.3 do Regulamento de Mediação da CIESP/FIESP).
FGV	As partes devem indicar, de comum acordo, um(a) mediador(a) para atuar no procedimento, de preferência da lista de mediadores ("Corpo Permanente de Mediadores") (Artigo 1º do Regulamento de Mediação da FGV). Caso as partes queiram indicar uma pessoa que não integre o Corpo Permanente de Mediadores, a referida indicação deverá ser aprovada pelo Diretor Executivo da Câmara FGV. Recusada a aprovação, o procedimento de indicação do(a) mediador(a) se repete (Artigo 1º, §1 do Regulamento de Mediação da FGV).	Caso seja necessário que a Câmara FGV indique o(a) mediador(a), a escolha será preferencialmente por alguém do Corpo Permanente de Mediadores. Em casos especiais, pode ser indicada pessoa que não o integre. Em todas as situações, as partes poderão impugnar a indicação feita pelo Diretor Executivo da Câmara FGV, hipótese em que repetir-se-á o procedimento de indicação (Artigo 1º, §3 do Regulamento de Mediação da FGV).
CBMA	As partes deverão indicar, de comum acordo, o(a) mediador(a) da lista do CBMA ou não, desde que a pessoa tenha ilibada reputação e comprovada experiência e capacitação (Cláusula 4.1 do Regulamento de Mediação do CBMA).	Caso as partes não entrem em consenso, o Presidente ou o Vice-Presidente de Mediação do CBMA designará o(a) mediador(a), que será escolhido(a) entre os nomes da lista de mediadores do CBMA, conforme o objeto e complexidade da disputa e a experiência do mediador (Cláusula 4.2 do Regulamento de Mediação do CBMA).

	Em caso de indicação de mediador(a) que não está na lista do CBMA, o centro poderá não aceitar conduzir a mediação (Cláusula 4.1.1 do Regulamento de Mediação do CBMA).	
AMCHAM	As partes devem indicar, de comum acordo, um(a) mediador(a) para atuar no procedimento (Artigo 4.1 do Regulamento de Mediação da AMCHAM).	Caso não haja acordo entre as partes, o(a) mediador(a) será designado pelo(a) Secretário(a) Geral do Centro AMCHAM. As partes poderão vetar a indicação. Nesse caso, o(a) Secretário(a) Geral do Centro AMCHAM deverá designar um(a) novo(a) mediador(a) (Artigos 4.3, 4.4, 4.5 e 4.6 do Regulamento de Mediação da AMCHAM).

16. MÉTODOS CONSENSUAIS DE SOLUÇÃO DE CONFLITOS EM REESTRUTURAÇÃO DE EMPRESAS: ANÁLISE DE CASOS

Fernanda Bragança
Juliana Loss

Introdução

Há algum tempo, o uso de métodos consensuais de solução de conflitos é defendido pela doutrina, o que impulsionou um movimento de criação de normas com o objetivo de prever, expressamente, a possibilidade de encaminhamento dos mais diferentes tipos de conflitos, inclusive os decorrentes da recuperação e falência de empresas, para serem resolvidos por negociação, conciliação e, com maior protagonismo recente, a mediação.

Os profissionais que trabalham com esses métodos conhecem e verificam na prática as vantagens que proporcionam no dia a dia das empresas e, ainda com maior evidência, em cenários de insolvência. No entanto, ainda podem enfrentar resistência de profissionais da área jurídica, sobretudo em razão da carência de informações estruturadas e estatísticas. Com o objetivo de apresentar e analisar alguns casos concretos e seus principais resultados, esse artigo mostra dados dos projetos de solução de conflitos da Oi, da construtora OR e da editora Abril. Em todos esses casos, as empresas se encontravam em situação de dificuldade financeira e enfrentavam obstáculos em tratativas negociais com seus credores e clientes. Essas informações são relevantes para fomentar o uso desses métodos no contexto empresarial.

1. Solução negociada de conflitos em recuperação de empresas

A solução negociada de conflitos abrange os métodos que têm como base a negociação entre as partes como a mediação e a conciliação. Esses meios de tratamento de conflitos são de caráter consensual e autocompositivo, ou seja, as partes são as responsáveis pela proposição de alternativas, em geral, com o auxílio de um terceiro, e manifestam o seu aceite quanto ao acordo estipulado.

Nesse sentido, a lógica das soluções negociadas é que os envolvidos consigam encerrar a disputa através do diálogo e da postura colaborativa. Essa dinâmica é diferente do processo jurisdicional em que um juiz ou um árbitro decide o conflito e essa decisão é imposta às partes.

Essas soluções negociadas podem se desenvolver tanto de forma presencial quanto de forma eletrônica. Nesse último caso, a literatura especializada se refere como resolução digital de conflitos ou, internacionalmente, como *online dispute resolution*.

Mesmo antes da crise pandêmica, a realização de sessões de mediação e conciliação on-line foram bastante incentivadas pelo Poder Judiciário brasileiro, tanto com o objetivo de promover o encerramento mais célere dos processos quanto para estimular a desjudicialização de determinadas matérias como, por exemplo, a empresarial. É nessa linha que seguiu a Recomendação nº. 58 de 2019 do Conselho Nacional de Justiça (CNJ) que orientou os magistrados a promoverem, sempre que possível, a mediação para equacionamento das disputas decorrentes de recuperação empresarial e falência de empresas.

As vantagens[1] do uso dessas abordagens negociais que costumam ser mais apontadas pelos especialistas são celeridade, redução dos custos com o litígio, confidencialidade e redução de incertezas quanto ao resultado.

Nas disputas relacionadas às empresas em dificuldade financeira, sobretudo, essas vantagens fazem a diferença na reestruturação e permanência no mercado. Além da questão da diminuição do passivo com processos judiciais, a possibilidade de ajustar com os seus credores, respeitadas as disposições legais, é uma estratégia interessante para poder satisfazer os interesses, sem criar parâmetros para os outros casos.

[1] CADIET, Loic; CLAY, Thomas. **Les modes alternatifs de règlement des conflits**. Paris: Dalloz, 2019.

A inadimplência, quando se protrai por algum tempo, acarreta um desgaste da relação com os clientes, fornecedores e colaboradores. Em tais cenários, a mediação, em particular, melhora o diálogo e a imagem da empresa, os quais são fundamentais para que todos estejam engajados e motivados na construção de soluções sustentáveis e satisfativas.

Além da preservação do relacionamento da empresa com seus parceiros, a mediação também contribui, significativamente, para as relações entre os credores, de modo que o Comitê de credores[2] possa apresentar propostas realmente factíveis.

A mediação on-line tende a aumentar a escala de comunicação da empresa em recuperação com os seus credores e torna desnecessário o deslocamento para a realização das tratativas entre as partes. Um processo precursor no Brasil desta abordagem foi a recuperação judicial da Companhia telefônica Oi.

A integração da tecnologia aos meios consensuais de solução de conflitos abre múltiplas possibilidades e permite a projeção de sistemas com encaminhamentos em fase como, por exemplo, uma primeira etapa de negociação, geralmente, assíncrona e uma segunda de mediação com comunicação síncrona entre as partes.

Uma outra possibilidade é a tecnologia estabelecer uma espécie de filtro[3] para os casos mais simples, que passam a ser direcionados à negociação, enquanto os litígios mais complexos são dirigidos à mediação.

Ao mesmo tempo em que o ambiente on-line conecta pessoas com maior facilidade, também pode acentuar as desigualdades existentes entre as partes[4]. Por isso, a acessibilidade e a correção ou, ao menos, diminuição de assimetrias de informação são pontos centrais no desenvolvimento de plataformas que efetivamente viabilizem um maior acesso à justiça.

[2] Cf. SCHMIDT, Gustavo da Rocha; BUMACHAR, Juliana. Como a mediação pode ajudar a recuperação de empresas em dificuldade. Migalhas, migalhas de peso, 20 mai 2021. Disponível em: < https://www.migalhas.com.br/depeso/345861/como-a-mediacao-pode-ajudar-a-recuperacao-de-empresas-em-dificuldade>. Acesso em: 3 mar. 2023.

[3] BRAGANÇA, Fernanda; LOSS, Juliana; DYMA, Maria Fernanda. "Mediação online: evolução, tecnologia e desafios de acessibilidade". In: VIEIRA, Amanda de Lima et al (Coords.). **Coletânea Estudos sobre Mediação no Brasil e no exterior**, V. 3. Santa Cruz do Sul: Essere nel Mondo, 2020, p. 164.

[4] BRAGANÇA, Fernanda; LOSS, Juliana; DYMA, Maria Fernanda. "Mediação online: evolução, tecnologia e desafios de acessibilidade". Ob. Cit., pp. 164-165.

2. A reestruturação empresarial da Oi

Em 2017, a maior empresa de telefonia da América Latina iniciava as tratativas com seus credores por meio de abordagens que privilegiavam o consenso e a satisfação dos interesses de todos os envolvidos no processo. O montante da dívida foi estimado, à época, em 64 bilhões de reais e o processo tramitava junto à 7ª Vara Empresarial da Comarca da Capital do Rio de Janeiro.

O gerenciamento desse tratamento das disputas com credores da OI residentes no Brasil e no exterior foi possível por meio de uma parceria da empresa de telefonia com a Fundação Getulio Vargas (FGV), responsável pelo desenho e pela criação de um sistema que, efetivamente, permitisse o engajamento das partes e viabilizasse a continuidade da empresa no mercado.

Os pilares desse projeto de solução de disputas foram a acessibilidade[5], ou seja, a possibilidade de todos os interessados ingressarem no sistema para terem acesso à proposta da empresa; a facilidade do contato entre credor e devedor e a melhora da imagem da empresa por uma comunicação que permitia a exposição da situação de dificuldade financeira, como também mostrava o interesse de melhorar o relacionamento com os clientes.

O desenho da plataforma foi feito a partir da integração de profissionais das áreas de mediação, tecnologia, jurídica, gestão, além do acompanhamento do Poder Judiciário e do Ministério Público[6]. O processo de recuperação judicial da Oi foi marcado por grande complexidade e o engajamento dos órgãos públicos se mostrou fundamental para assegurar a credibilidade e segurança jurídica à participação dos credores e das tratativas realizadas.

O sistema foi desenhado em fases. A primeira etapa consistiu em um cadastramento dos credores na plataforma pela empresa. Com isso, os credores e seus advogados habilitados conseguiam acessar a proposta elaborada de forma automatizada a partir de uma base de dados

[5] BRAGANÇA, Fernanda; LOSS, Juliana; DYMA, Maria Fernanda. "Mediação online: evolução, tecnologia e desafios de acessibilidade". Ob. Cit., p. 170.

[6] SANTOS, Paulo Penalva. A maior recuperação judicial do país. Migalhas, Migalhas de peso, 28 set. 2020. Disponível em: < https://www.migalhas.com.br/depeso/333980/a-maior-recuperacao-judicial-do-pais>. Acesso em: 3 mar. 2023.

constituída por informações fornecidas pela Oi, por advogados, Ministério Público e Judiciário.

O credor e seu advogado tinham a opção de aceitar ou rejeitar a proposta. Caso entendessem que esta era insatisfatória, o credor e seu advogado estavam aptos a solicitar uma sessão de mediação on-line. A mediação podia ser realizada de forma remota ou em algum dos cerca de 80 locais de atendimento presencial espalhados pelo Brasil e no exterior. Os mediadores atenderam as partes tanto à distância quanto *in loco* nesses postos previamente definidos.

O resultado das sessões de mediação era consolidado em uma ata minutada em um padrão automatizado. Isso garantia a celeridade na elaboração do termo e facilitava a realização do trabalho dos mediadores. O conteúdo desse documento era construído colaborativamente pelas partes e, posteriormente, encaminhado ao tribunal para a homologação. Um outro diferencial da plataforma desenvolvida pela FGV é o processamento dos pagamentos dos valores acordados aos credores.

Em números globais atualizados até janeiro de 2022[7], o sistema propiciou o contato da Oi com cerca de 87.000 credores cadastrados e mais de 21.000 advogados, o que totalizou mais de 8.4 milhões de visualizações na plataforma. Foram realizadas, aproximadamente, 1.000 horas de sessões de mediação on-line que resultaram em mais 58.000 acordos firmados. A parceria com a FGV permanece até hoje e a plataforma está na sua 7ª versão.

Um outro aspecto relevante desse projeto foi a valorização do trabalho dos mais de 140 mediadores remunerados[8] pela facilitação do diálogo entre a empresa e seus credores.

Os resultados proporcionados pelo sistema são enaltecidos por vários especialistas em recuperação de empresas que, inclusive, motivam a implementação de programas semelhantes em outros casos[9]. As decisões de primeira e segunda instância, assim como os precedentes do Superior

[7] Esses números globais foram disponibilizados pela FGV.

[8] A remuneração dos mediadores judiciais ainda é uma das maiores dificuldades enfrentadas por esses profissionais.

[9] LONGO, Samantha Mendes. TJ-RJ incentiva acordos com mediação *online*. Estadão, Política, 27 mar. 2019. Disponível em: < https://politica.estadao.com.br/blogs/fausto-macedo/tj-rj-incentiva-acordos-com-mediacao-online/>. Acesso em: 3 mar. 2023.

Tribunal de Justiça[10], tornaram-se fundamentais no respaldo desse tipo de iniciativa.

Além dessa reação positiva em âmbito jurídico, a satisfação dos credores da Oi também foi outro efeito notório deste projeto. Eles manifestavam esse sentimento nas próprias sessões de mediação, o que representou um *feedback* importante tanto para os representantes corporativos quanto para os mediadores. A construção de um ambiente que proporcionou um canal efetivo de contato com a empresa, o esclarecimento sobre a real situação econômico-financeira e seus impactos no crédito habilitado, a apresentação de propostas satisfativas e o pagamento agilizado são alguns dos fatores que contribuíram para o alto volume de acordos e, consequentemente, para a continuidade das atividades empresariais.

A repercussão desse caso fez com que outras empresas procurassem a FGV para o desenho de sistemas que viabilizassem esse canal direto com usuários ou credores das empresas para uma abordagem consensual de tratamento de conflitos, dentro e fora de um contexto de recuperação ou falência. Os principais objetivos são a diminuição do passivo contencioso e a melhora do relacionamento com os parceiros e clientes.

3. Regime de Especial de Tratamento de Conflitos (RER)

O Tribunal de Justiça do Rio de Janeiro (TJRJ) publicou o Ato Normativo nº. 17 de 2020, o qual deferiu um Regime Especial de Tratamento de Conflitos para empresas em recuperação judicial e falência (RER). Essa medida visou o encaminhamento dos processos relacionados à insolvência empresarial para a solução adequada de disputas, sobretudo, por meio da mediação. A princípio, a proposta foi atender empresas que tiveram sua atividade impactada pela pandemia[11], na linha da Recomendação nº. 58 de 2019 do CNJ.

Cabe ao Núcleo Permanente de Métodos Consensuais de Solução de Conflitos (NUPEMEC) aprovar, previamente, a proposta de acordo que será submetida aos credores. Importa destacar que essa proposta

[10] SALOMÃO, Luis Felipe; SANTOS, Paulo Penalva. **Recuperação judicial, extrajudicial e falência: Teoria e Prática**. – 4. ed. rev., atual. e ampl. – Rio de Janeiro: Forense, 2019.

[11] TJ-RJ. Regime Especial de renegociação para empresas atingidas pelo impacto da Covid-19 será implantado no Rio, notícias, 22 jun. 2020. Disponível em: < http://www.tjrj.jus.br/noticias/noticia/-/visualizar-conteudo/5111210/7328589>. Acesso em: 3 mar. 2023.

não pode alterar a classificação do crédito disposta na Lei nº 11.101 de 2005.

As empresas em situação de dificuldade financeira interessadas no tratamento de conflitos decorrentes dessa circunstância por meio do RER podem realizar um requerimento diretamente pelo *email* institucional < nupemec@tjrj.jus.br>.

No primeiro semestre de 2021, a FGV geriu os procedimentos de mediações de dois casos submetidos ao RER no âmbito do TJ-RJ: um deles da construtora OR e outro da editora Abril. Ambas as empresas se encontravam em um cenário de crise financeira e buscaram as tratativas negociais para propor acordos com seus clientes e melhorar o relacionamento com eles.

Nos dois casos, os representantes corporativos mostraram preocupação em revelar uma nova postura organizacional voltada à retratação e reconstrução da imagem da empresa no mercado, bem como ao atendimento adequado e individual de cada cliente.

Além desse contato direto com a empresa, um outro diferencial do RER nesses dois casos foi o pagamento dos valores acordados diretamente aos clientes em um prazo exíguo. A FGV atuou na gestão, na realização das sessões de mediação e no suporte da plataforma com profissionais de tecnologia da informação e comunicação (TIC).

O RER da construtora OR reuniu 82 processos que geraram 160 sessões de mediação[12]. Alguns casos precisaram de mais de uma sessão para serem encerrados devido à complexidade das propostas. No total, o projeto contou com o engajamento de uma equipe multidisciplinar de 6 mediadores, 3 gestores e 1 profissional de TIC. A adesão das partes e dos advogados foi positiva, uma vez que compareceram em mais de 86% das sessões realizadas.

O RER da editora Abril contou com o envolvimento de 3 mediadores, 2 gestores e 1 profissional de TIC, além dos representantes da empresa, para a realização das 52 sessões de mediação, sendo 30 processos originários de

[12] BRAGANÇA, Fernanda; BUENO BRANDÃO, Bárbara; BRANCO, Manuella Tavares Barbosa. A mediação e a reestruturação de empresas de construção civil: O caso da OR. Migalhas, Elas no processo, 6 mai. 2022. Disponível em: <https://www.migalhas.com.br/coluna/elas-no-processo/365379/a-mediacao-e-a-reestruturacao-de-empresas-de-construcao-civil-or>. Acesso em: 4 mar. 2023.

Juizado Especial e outros 22 provenientes de Vara Cível. O projeto contou com uma participação significativa das partes e advogados em 75% das sessões.

O percentual de acordos atingiu o patamar de 62%. Os 38% restantes incluíram tanto os processos que não resultaram consenso quanto os casos de ausência de uma das partes. Os ajustes celebrados em processos de JEC corresponderam a 36,5% e os de Vara Cível a 25% desse total.

Em razão desses resultados positivos, o RER da editora Abril foi replicado no âmbito do Tribunal de Justiça de Pernambuco[13] com 30 processos (15 originários de vara cível e 15 de juizados especiais) relacionados às relações de consumo. O TJ-PE conta com a Instrução Normativa Conjunta nº. 15 de 2020, que instituiu o Programa Especial de Negociação Empresarial – Covid-19 (PNECovid19) para realização de conciliação e mediação em disputas empresariais diretamente relacionadas aos impactos causados pela pandemia, na mesma linha do Ato Normativo nº. 17 de 2020 do TJ-RJ.

Algumas normas mais recentes apontam para um fomento cada vez maior do uso de soluções negociadas com apoio da tecnologia para tratar as disputas em recuperação judicial e falência. Nesse sentido, a Lei nº. 14.112 de 2020 previu, expressamente, a possibilidade das partes se dirigirem à mediação antes e durante o processo de recuperação (arts. 20-A a 20-D) e reforça que a possibilidade de realização de sessões on-line, tal qual as normativas do CNJ.

No âmbito do TJ-RJ, as sessões foram realizadas em ambiente digital, com apoio de uma plataforma de videoconferência e, também, com o suporte da Plataforma eNupemec, desenvolvida no âmbito de um acordo de cooperação da FGV com o tribunal, e que conta com versão tanto para *site* quanto em aplicativo de *smartphones*. Algumas telas do aplicativo estão ilustradas na figura 1 abaixo.

[13] TJ-PE promove audiências virtuais de conciliação em 30 processos com a Editora Abril, 4 fev. 2022. Disponível em: <https://www.tjpe.jus.br/-/tjpe-promove-audiencias-virtuais-de-conciliacao-em-30-processos-com-a-editora-abril>. Acesso em: 4 mar. 2023.

Figura 1. **Capturas de tela do aplicativo eNupemec**

Fonte: App Store

A plataforma eNupemec permite que todos os mediadores judiciais cadastrados no âmbito do TJ-RJ façam a gestão dos processos que foram direcionados à sua agenda. Depois de logado no aplicativo, o mediador consegue visualizar na aba "convites", as solicitações para atuar nas sessões em dias e horários determinados. O mediador pode aceitar ou rejeitar conforme a sua disponibilidade (tela 1).

Na aba "agenda", o aplicativo consolida todas as sessões aceitas pelo mediador (tela 2), na aba "perfil" (tela 3), o mediador consegue editar seus dados pessoais, inserir informações relativas à sua formação profissional e atualizar a sua disponibilidade para realizar as sessões.

Na versão do site, o mediador consegue iniciar a sessão de mediação com a verificação dos dados do processo, do requerente e do requerido. O sistema também permite a confirmação da presença das partes, assim como do seu representante legal (se for o caso) e do advogado, conforme as figuras 2 e 3 a seguir.

FIGURA 2. **Tela dos dados do requerente**

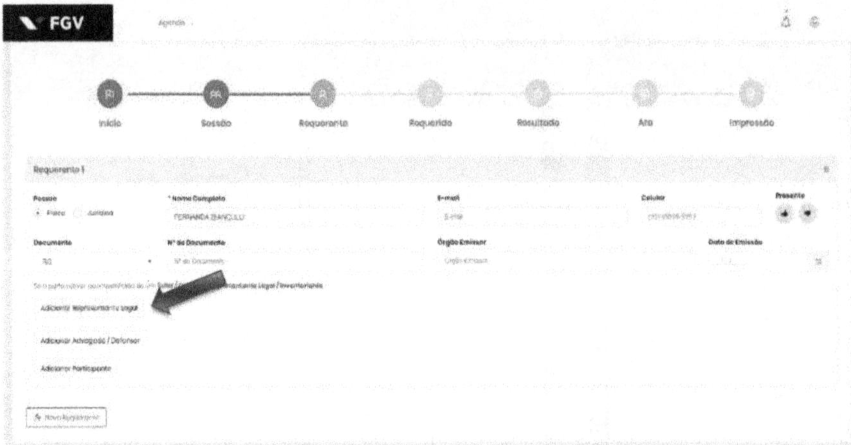

Fonte: FGV

FIGURA 3. **Tela dos dados represente legal e advogado**

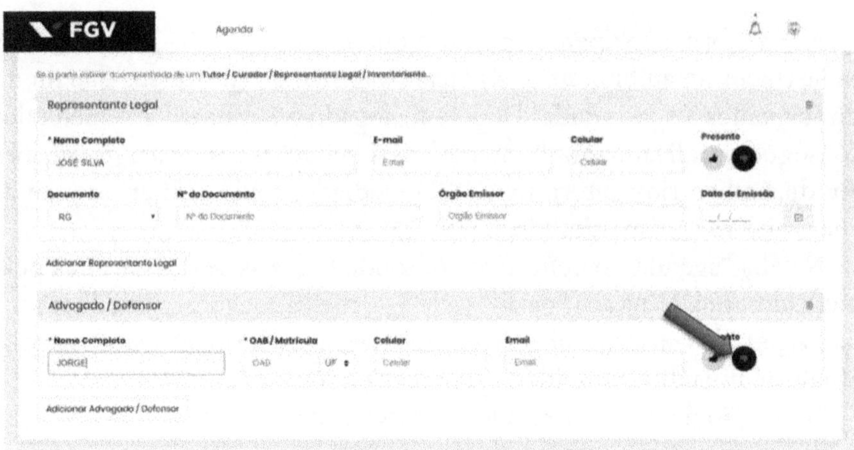

Fonte: FGV

O eNupemec também permite que o mediador insira o resultado da sessão de mediação: com ou sem acordo; remarcação a pedido da parte e ausência de uma ou mais partes, como mostra a figura 4.

FIGURA 4. **Tela para selecionar o resultado da sessão de mediação eNupemec**

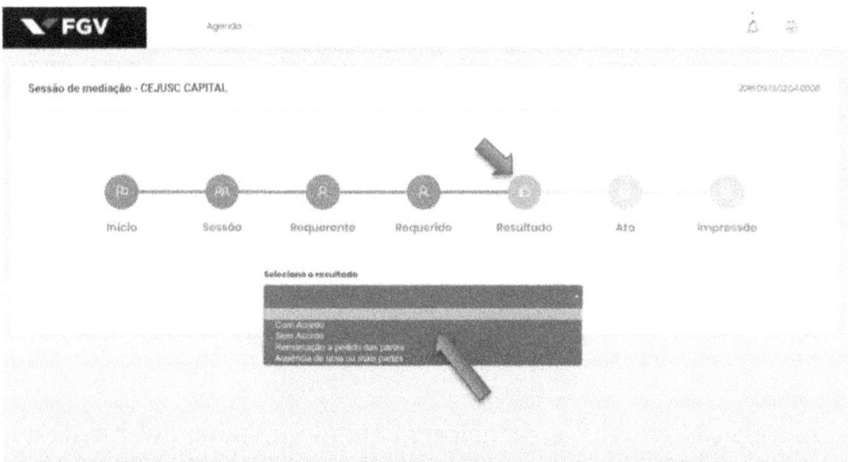

Ao selecionar a opção com acordo, é possível para o mediador marcar se esse pacto é integral ou parcial; definitivo ou provisório; e se seguirá com ou sem homologação.

Na sequência e a depender do resultado, o eNupemec elabora a ata da sessão de forma automatizada. A partir desse modelo, o mediador insere o conteúdo que as partes querem acordar, como ilustra a figura 5. Isso otimiza bastante o tempo de duração das sessões. Após o encerramento da sessão na plataforma, o mediador envia a atas ao NUPEMEC do tribunal por e-mail.

Figura 5. **Tela do modelo de ata automatizada**

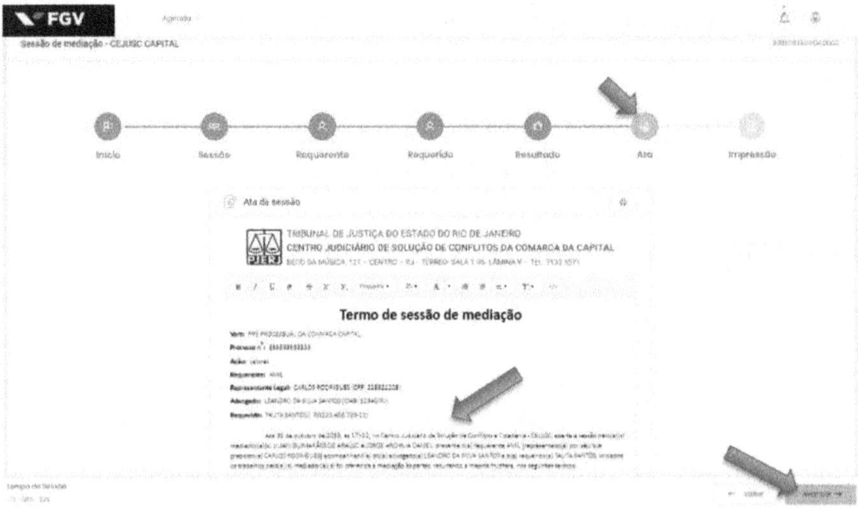

Fonte: FGV

A avaliação do RER e, principalmente, do trabalho dos mediadores pelas partes e advogados[14] teve um resultado importante para impulsionar o uso de métodos adequados de solução de conflitos em outros casos de insolvência empresarial nos tribunais do país.

Conclusões

As soluções negociadas de conflitos proporcionam benefícios importantes para o tratamento de disputas empresariais. A circunstância da pandemia do novo coronavírus impulsionou um quadro de crise econômico-financeira que repercutiu nos pedidos de recuperação judicial e falência de empresas. Assim, foi preciso pensar em medidas que possibilitassem aumentar as chances negociais do devedor com seus credores.

Ao longo do tempo, a tecnologia vem sendo cada vez mais utilizada para a resolução de conflitos, uma vez que proporciona vantagens e alcance

[14] TJ-RJ. Mediações do eNupemec têm aprovação dos usuários, notícias, 14 abr. 2021. Disponível em: < http://www.tjrj.jus.br/web/guest/noticias/noticia/-/visualizar-conteudo/5111210/8023073>. Acesso em: 3 mar. 2023.

importantes para uma interação mais efetiva da empresa com os seus credores, fornecedores, parceiros, clientes e colaboradores.

Os casos da recuperação judicial da Oi e os programas de Regime Especial de Tratamento de Conflitos mostram que os atores do sistema de justiça estão interligados no sentido de promoverem a busca por uma solução mais célere e satisfativa a todos os envolvidos. A tecnologia é um aliado importante, pois permitiu uma participação maciça das partes, que resultou em um percentual significativo de acordos.

Esses casos também evidenciam algumas tendências para os próximos anos: o apoio da tecnologia e o desenho de plataformas "sob medida" para atender as necessidades específicas das empresas, com vistas a fomentar a solução negociada de disputas e a redução do número de litígios no Judiciário. A estratégia de prevenção e contenção de disputas empresariais, particularmente, em contextos de reestruturação e crise, por meio de abordagens consensuais tem apresentado resultados significativos e corroboram as chances de continuidade dos negócios e da manutenção dos empregos, em uma nítida concretização da função social da empresa.

Referências

BRAGANÇA, Fernanda; LOSS, Juliana; BRAGA, Renata. "A tendência de especialização na mediação: o mediador nos processos de recuperação e falência de empresas" . In: *Actas IV Congreso Internacional de Globalización, Ética y Derecho*. Madrid, Univerversidad Complutense de Madrid; Niterói, Universidade Federal Fluminense, 2020, pp. 320-331.

BRAGANÇA, Fernanda; LOSS, Juliana; DYMA, Maria Fernanda. "Mediação online: evolução, tecnologia e desafios de acessibilidade". In: VIEIRA, Amanda de Lima et al (Coords.). **Coletânea Estudos sobre Mediação no Brasil e no exterior**. Vol. 3. Santa Cruz do Sul: Essere nel Mondo, 2020, pp. 163 –174.

BRAGANÇA, Fernanda; BUENO BRANDÃO, Bárbara; BRANCO, Manuella Tavares Barbosa. A mediação e a reestruturação de empresas de construção civil: O caso da OR. Migalhas, Elas no processo, 6 mai. 2022. Disponível em: <https://www.migalhas.com.br/coluna/elas-no-processo/365379/a-mediacao-e-a-reestruturacao-de-empresas-de-construcao-civil-or>. Acesso em: 4 mar. 2023.

CADIET, Loic; CLAY, Thomas. **Les modes alternatifs de règlement des conflits**. Paris: Dalloz, 2019.

Caso Oi: mediação extrajudicial com cerca de 20 mil credores começa nessa sexta-feira no Rio. Disponível em: < https://tj-rj.jusbrasil.com.br/noticias/471222140/

caso-oi-mediacao-extrajudicial-com-cerca-de-20-mil-credores-comeca-nessa-sexta-feira-no-rio>. Acesso em: 4 mar. 2023.

COMPARATO, Fábio Konder. **O poder de controle na sociedade anônima**. Rio de Janeiro: Forense, 1983.

CONSELHO NACIONAL DE JUSTIÇA. Recomendação nº. 58, de 22 out. 2019. Recomenda aos magistrados responsáveis pelo processamento e julgamento dos processos de recuperação empresarial e falências, de varas especializadas ou não, que promovam, sempre que possível, o uso da mediação. Disponível em < https://atos.cnj.jus.br/atos/detalhar/3070>. Acesso em: 3 mar. 2023.

COSTA, Daniel Carnio. Novas teorias sobre processos de insolvência e gestão democrática de processos. In: COSTA, Daniel Carnio (Coord.) *Comentários completos à lei de recuperação de empresas e falências*. Curitiba: Juruá, 2015.

CURY, Cesar; LOSS, Juliana; AMORIM, Aline Rocha Almeida. Reestruturação de empresas via mediação da reorganização de passivo ao aprimoramento da imagem e das relações com clientes e parceiros empresariais. Migalhas, migalhas consensuais, 17 dez. 2021. Disponível em: <https://www.migalhas.com.br/coluna/migalhas-consensuais/356735/reestruturacao-de-empresas-via-mediacao-da-reorganizacao-de-passivo>. Acesso em 4 mar. 2023.

LONGO, Samantha Mendes. TJ-RJ incentiva acordos com mediação *online*. Estadão, Política, 27 mar. 2019. Disponível em: < https://politica.estadao.com.br/blogs/fausto-macedo/tj-rj-incentiva-acordos-com-mediacao-online/>. Acesso em: 3 mar. 2023.

Pedidos de recuperação judicial devem subir 53% este ano, a 1,8 mil, prevê consultoria. Estadão, economia, 27 jan. 2021. Disponível em: <https://economia.estadao.com.br/noticias/geral,pedidos-de-recuperacao-judicial-devem-subir-53-este-ano-a-1-8-mil-preve-consultoria,70003595317>. Acesso em: 3 mar. 2023.

PINHO, Humberto Dalla Bernardina de. A mediação on line e as novas tendências em tempos de virtualização por força da pandemia de Covid-19. Disponível em: < http://conhecimento.tjrj.jus.br/documents/5736540/7186707/AMEDIACCAOONLINEEASNOVAS TENDENCIAS EMTEMPOSDE VIRTUALIZACAO PORFORCADA PANDEMIADECOVID19>. Acesso em: 3 mar. 2023.

Plataforma eNupemec versão para navegador. Disponível em: < https://enupemec-rj.fgv.br/Login?ReturnUrl=%2F> Acesso em: 3 mar. 2023.

Plataforma eNupemec versão para aplicativo. Disponível em < https://apps.apple.com/br/app/enupemec/id1445942482> Acesso em: 3 mar. 2023.

SALOMÃO, Luis Felipe; SANTOS, Paulo Penalva. **Recuperação judicial, extrajudicial e falência: Teoria e Prática**. – 4. ed. rev., atual. e ampl. – Rio de Janeiro: Forense, 2019.

SANTOS, Paulo Penalva. A maior recuperação judicial do país. Migalhas, Migalhas de peso, 28 set. 2020. Disponível em: < https://www.migalhas.com.br/depeso/333980/a-maior-recuperacao-judicial-do-pais>. Acesso em: 3 mar. 2023.

SCHMIDT, Gustavo da Rocha; BUMACHAR, Juliana. Como a mediação pode ajudar a recuperação de empresas em dificuldade. Migalhas, migalhas de peso, 20 mai. 2021. Disponível em: < https://www.migalhas.com.br/depeso/345861/como-a-mediacao-pode-ajudar-a-recuperacao-de-empresas-em-dificuldade>. Acesso em: 3 mar. 2023.

TJ-PE. Instrução Normativa Conjunta nº. 15 de 8 jun. 2020. Institui o Programa Especial de Negociação Empresarial – Covid-19 (PNECovid19) para realização de conciliação e mediação em disputas empresariais diretamente relacionadas aos impactos causados pela pandemia de Covid-19. Disponível em: < https://www.tjpe.jus.br/documents/88944/92413/IN+CONJUNTA+nº+15+-+PROGRAMA+ESPECIAL+E+NEGOCIAÇÃO+EMPRESARIAL.pdf/ab91f420-421b-42d9-1867-1aa90cd7cf2c>. Acesso em: 3 mar. 2023.

TJ-PE promove audiências virtuais de conciliação em 30 processos com a Editora Abril, 4 fev. 2022. Disponível em: <https://www.tjpe.jus.br/-/tjpe-promove-audiencias-virtuais-de-conciliacao-em-30-processos-com-a-editora-abril>. Acesso em: 4 mar. 2023.

TJ-RJ. Ato Normativo nº. 17 de 2020. Dispõe sobre a implantação de projeto de Regime Especial de Tratamento de Conflitos relativos à renegociação prévia, à recuperação empresarial, judicial e extrajudicial, e à falência das empresas atingidas pelo impacto da pandemia COVID-19. Disponível em: < https://www.tjrj.jus.br/documents/10136/1077812/ato-normativo-tj-n-17-2020.pdf/4ebebb1d-3bfe-6fb0-e42c-7b4ab5f16e42?version=1.0>. Acesso em: 3 mar. 2023.

TJ-RJ. Regime Especial de renegociação para empresas atingidas pelo impacto da Covid-19 será implantado no Rio, notícias, 22 jun. 2020. Disponível em: < http://www.tjrj.jus.br/noticias/noticia/-/visualizar-conteudo/5111210/7328589>. Acesso em: 3 mar. 2023.

TJ-RJ. Mediações do eNupemec têm aprovação dos usuários, notícias, 14 abr. 2021. Disponível em: < http://www.tjrj.jus.br/web/guest/noticias/noticia/-/visualizar-conteudo/5111210/8023073>. Acesso em: 3 mar. 2023.

TJ-RJ cria regime especial de renegociação para empresas atingidas pela Covid-19. Consultor Jurídico, 23 jun. 2020. Disponível em: < https://www.conjur.com.br/2020-jun-23/tj-rj-cria-regime-renegociacao-empresas-atingidas-covid>. Acesso em: 3 mar. 2023.

17. A MEDIAÇÃO DE DISPUTAS DECORRENTES DE OPERAÇÕES DE FUSÕES E AQUISIÇÕES

Leandro Rigueira Rennó Lima

Henrique Tonucci de C. Oliveira

Introdução

O volume de fusões e aquisições envolvendo empresas brasileiras aumentou substancialmente nos últimos anos. Segundo pesquisa divulgada em 2023 pela Pricewaterhouse Coopers (PWC)[1], o número total de operações anuais em 2016 era de 597, subindo para 1.556 em 2022.

Esse crescimento, todavia, parece não se restringir ao número de operações que vêm sendo realizadas. Interessante estudo coordenado pelo professor John C. Coates (Harvard), indicou que, nas últimas duas décadas, nos Estados Unidos, os contratos de *mergers and acquisitions* (M&A) dobraram de extensão e têm sido redigidos com linguagem cada vez mais sofisticada[2], o que sugere um aumento também na complexidade dos negócios firmados.

[1] PWC. Operações de M&A no Brasil.2023. Pesquisa disponível em https://www.pwc.com.br/pt/estudos/servicos/assessoria-tributaria-societaria/fusoes-aquisicoes/2023/operacoes--de-mea-no-brasil-dezembro-2022.html

[2] "This paper has examined a large sample of M&A contracts from relatively simple and similar deals from a twenty-year period. The core findings are that such contracts have more than doubled in size and grown significantly in linguistic complexity" Coates, John C., Why Have M&A Contracts Grown? Evidence from Twenty Years of Deals (November 2016). Harvard Law School John M. Olin Center Discussion Paper No. 889, European Corporate Governance Institute (ECGI) – Law Working Paper No. 333/2016. Disponível em https://ssrn.com/abstract=2862019.

É claro que o aquecimento do mercado de fusões e aquisições pode ser lido como um indicativo econômico positivo. Por outro lado, trata-se de um terreno fértil para o surgimento de conflitos das mais variadas espécies[3].

Nesse sentido, pesquisa publicada no ano de 2019 pelo Centro de Arbitragem e Mediação da Câmara de Comércio Brasil-Canadá (CAM-CCBC)[4], mostrou que 51% das arbitragens submetidas àquela instituição cuidavam de conflitos societários, especialmente de disputas relacionadas à "compra e venda de ações e quotas" de empresas.

Outros levantamentos indicam números semelhantes[5] e, simplesmente, comprovam aquilo que a observação prática do mercado já apontava há algum tempo: o tema fusões e aquisições está na ordem do dia, seja pelo crescimento no número de operações, seja pela complexidade dos litígios que delas decorrem. E, para que o universo do direito empresarial possa absorver adequadamente este novo contexto, é fundamental compreender a natureza desses conflitos e, a partir das características que lhes são inerentes, identificar a melhor maneira de solucioná-los.

Partindo dessa premissa, o que se propõe no presente trabalho é a realização de uma análise da viabilidade do uso da mediação como mecanismo de resolução de disputas relacionadas a fusões e aquisições de empresas, demonstrando-se, ao final, que o método autocompositivo pode ter grande utilidade no campo do *M&A*.

De plano, é importante deixar claro que, dentro das concepções mais atuais do estudo dos meios de resolução de disputas, não se pode querer impor um determinado método como sendo "superior" aos demais. Na realidade, a partir da observação de um dado caso concreto, deve-se buscar a ferramenta (ou método) que melhor se adeque às necessidades observadas na situação posta em mesa[6].

[3] Heiko Daniel Ziehms, M&A Disputes and Completion Mechanisms Arbitration in Context Series, Volume 3, Kluwer Law International; Kluwer Law International 2018.

[4] Relatório anual do CAM-CCBC – Centro de Arbitragem e Mediação, Centro de Arbitragem e Mediação-CAMCC, CAM-CCBC. Disponível em https://ccbc.org.br/cam-ccbc-centro-arbitragem-mediacao/arbitragem-estatisticas/.

[5] Como por exemplo: Levantamento: arbitragem em conflitos societários. L.O Baptista Advogados, 2018. Disponível em https://www.baptista.com.br/levantamento-arbitragem-em-conflitos-societarios-2016-2017-e-2018/

[6] LAUX, Francisco de Mesquita. Mediação Empresarial: aplicação de mecanismos alternativos para solução de conflitos em disputas entre sócios. São Paulo; Thomson Reuters, 2018.

Tendo isso em conta, primeiro, serão apresentadas algumas características inerentes à mediação que se mostram particularmente relevantes quando se está tratando de conflitos no ramo do M&A. Em seguida, serão trabalhados alguns exemplos de disputas comumente observadas, que podem ser solucionadas de maneira eficiente com a adoção deste método autocompositivo.

1. Atributos da mediação – Ferramentas que podem ser utilizadas no enfrentamento de disputas de M&A

A mediação, a partir do conceito trazido na Lei 13.140/2015, pode ser entendida como "*a atividade técnica exercida por terceiro imparcial sem poder decisório que, escolhido ou aceito pelas partes, as auxilia e estimula a identificar ou desenvolver soluções consensuais para a controvérsia*" (BRASIL, 2015).

Cuida-se, em outras palavras, de método autocompositivo centrado na facilitação do diálogo entre as partes, de modo a que se alcance um aprofundamento informacional apto a viabilizar a construção conjunta de soluções que atendam aos interesses dos envolvidos.

Trata-se de método com uma série de princípios e atributos particulares, e o aspecto principal de debate, no presente trabalho, não é uma apresentação detalhada de todos eles. Alguns desses atributos, contudo, são especialmente relevantes dentro do cenário das fusões e aquisições e, por isso, serão abordados nos tópicos subsequentes.

1.1. Negociação baseada em interesses e flexibilidade

O pilar fundamental das teorias modernas da negociação é a ideia de que se deve negociar com base em interesses, não em posições[7]. O mesmo raciocínio se aplica à mediação, na qual se deve buscar "*soluções que atendam não as posições iniciais, mas sim aos seus reais motivadores – entre outros, os interesses, as expectativas, os desejos, as necessidades ou valores envolvidos no conflito*"[8].

A grosso modo, pode-se definir uma posição como sendo a intenção exteriorizada pelo agente (o que se diz que se quer). Interesse, por sua vez,

[7] FISHER, Roger, PATTON, Bruce; URY, William. Como chegar ao sim. 3a edição. Solomon Editores, Rio de Janeiro, 2014.

[8] BRAGA NETO, Adolfo. Mediação de conflitos: conceitos e técnicas. In: Carlos Alberto de Salles; Marco Antônio Garcia Lopes Lorencini; Paulo Eduardo Alves da Silva. (Org.). Negociação, Mediação e Arbitragem – curso básico.

é a razão pela qual se quer algo (por que razão se quer), ou seja, o que este agente realmente deseja.

Em regra, as negociações mais produtivas ocorrem quando as partes possuem, e conseguem identificar, algum interesse em comum. Afinal, a existência de um objetivo mútuo faz com que posições de antagonismo deem lugar ao esforço conjunto, em prol do atingimento de uma solução efetiva para o problema que estiver sendo discutido.

A grande questão é que, muitas vezes, falhas de comunicação não permitem que as intersecções entre os interesses sejam encontradas. É justamente aí que entra a figura do terceiro imparcial capacitado para provocar as reflexões certas, conduzindo as partes a uma conversa efetivamente produtiva, e não simplesmente combativa.

Dentro do contexto das fusões e aquisições, não são raras as situações em que existem interesses convergentes entre os lados opostos da mesa (alguns exemplos serão dados nos capítulos subsequentes). Ainda assim, como já demonstrado, a litigiosidade nesta área é considerável.

A mediação, portanto, surge como relevante aliada para ultrapassar esse obstáculo, propiciando soluções efetivas para disputas de M&A, notadamente quando forem identificados interesses mútuos entre as partes envolvidas.

Inclusive, merece atenção o fato de que os métodos autocompositivos de solução de disputas têm um grau de flexibilidade superior ao que se apresenta nas vias adjudicatórias. Essa flexibilidade alcança, não só a ordem procedimental em si, mas o leque de soluções que podem ser dadas ao litígio.

Na prática, isso significa que, uma vez verificados interesses comuns, as partes podem caminhar em direção a uma solução que os coloque em foco, sem necessidade de se prenderem aos limites que orientam a prolação de uma sentença, por exemplo. O resultado, ao final, pode ser mais positivo para ambos os lados (o que normalmente se chama de uma negociação ganha-ganha).

1.2. Celeridade e baixo custo

Em meio às vantagens comumente atribuídas à mediação, uma das mais relevantes é a eficiência, que se traduz em dois fatores fundamentais: tempo e custos.

Não se tem dúvidas de que, quando comparada às demais alternativas existentes, sobretudo à arbitragem e à litigância judicial, a mediação é menos onerosa do ponto de vista financeiro. Certamente, esse é um dos principais diferenciais do método[9].

Além do mais, não se tem dúvidas de que, no universo empresarial, a rapidez da solução de uma disputa é um dos fatores mais importantes, eis que o prolongamento indeterminado de litígios traz insegurança ao planejamento futuro das companhias envolvidas.

A demanda por agilidade tem sido bem atendida com a adoção da mediação. Pesquisas recentes, elaboradas a partir da coleta de informações das principais instituições do Brasil, apontaram que o tempo médio de finalização de uma mediação foi de 110 dias, em 2022, e 134 dias, em 2021[10]. Por um outro lado, a duração média dos procedimentos arbitrais foi de 19,2 meses, em 2020 e 18,4 meses em 2021[11].

Na prática, cada caso é um caso e não existe uma pré-definição sobre quanto tempo uma disputa levará para ser solucionada. Contudo, estudos empíricos indicam que, via de regra, a utilização da mediação leva a uma finalização mais célere dos litígios, coisa que, certamente, pode ter grande valia dentro do dinâmico universo das fusões e aquisições e dos mercados de capitais em geral.

1.3. Aprofundamento informacional e confidencialidade

Falhas de comunicação, tanto no processo de negociação da operação, quanto após o *closing*, são algumas das principais causas de disputas no campo das fusões e aquisições[12]. Não só isso, uma comunicação efetiva é considerada como um dos elementos mais importantes para o sucesso de uma transação, especialmente quando as partes vêm de contextos culturais diferentes[13].

[9] FALECK, Diego. Mediação Empresarial: Introdução e Aspectos Práticos. Revista de Arbitragem e Mediação: RArb, São Paulo, v. 11 n.42, p. 263-278, jul/set. 2014.

[10] GABBAY, Daniela Monteiro; BARROS, Vera Cecília Monteiro de. (Coord.). Mediação em números: 10 anos – 2012 a 2022. FGV Direito SP e Canal Arbitragem. São Paulo, 2023, p. 12.

[11] LEMES, Selma Ferreira (Coord.). Arbitragem em números. Canal Arbitragem. São Paulo, 2022, p. 17.

[12] HEIKO, Daniel Ziehms, M&A Disputes and Completion Mechanisms Arbitration in Context Series, Volume 3, Kluwer Law International; Kluwer Law International 2018.

[13] CHENG, Shuhui Sophy; SEEGER, Matthew W. Cultural Differences and Communication Issues in International Mergers and Acquisitions: A Case Study of BenQ Debacle. International Journal of Business and Social Science. Vol. 3 No. 3; February 2012, p. 122.

Para que os envolvidos tomem decisões informadas, tanto antes do *closing* quanto em uma eventual disputa pós M&A, é fundamental que exista muita clareza sobre os elementos que compõem o preço do ativo negociado, a extensão das declarações e garantias, as contingências que podem impactar o desempenho futuro da companhia objeto do SPA (*share purchase agreement*), entre outras coisas.

Essa necessidade de aprofundamento informacional pode ser bem endereçada nas mesas de mediação, por dois fatores primordiais.

Primeiro, pois trata-se de ambiente construído, justamente, para facilitar o diálogo transparente entre as partes, sem que se esteja preso às etapas procedimentais de uma disputa adjudicatória. Segundo, porque tudo o que se diz ali é automaticamente protegido pela confidencialidade, o que traz maior segurança na hora de lidar com informações sensíveis (Lei 13.140/2015 – Art. 2º, VII)[14].

Partindo dos atributos apresentados até aqui, bem como de outras possibilidades oferecidas pela mediação que serão abordadas na sequência, é possível evoluir para um estudo mais específico, voltado para os pontos em que o método atende às necessidades observadas nos conflitos de M&A.

2. Fusões e aquisições de empresas – situações que podem se beneficiar da mediação

Como já dito, métodos autocompositivos de resolução de controvérsias, em geral, apresentam grau mais elevado de flexibilidade, tanto na ordem procedimental, quanto na gama de soluções que podem ser formalizadas por um eventual acordo. Daí porque é impossível construir uma lista exauriente contendo todas as hipóteses nas quais a mediação pode ser útil dentro do mercado do M&A.

Alguns exemplos, contudo, são interessantes para ilustrar como as possibilidades oferecidas pela mediação se encaixam nas necessidades comumente identificadas em litígios que envolvem fusões e aquisições de empresas. É disso que se passa a tratar nos tópicos subsequentes.

[14] BRASIL. Lei 13.140 de 26 de junho de 2015. Lei da Mediação. Disponível em: https://www.planalto.gov.br/ccivil_03/_ato2015-2018/2015/lei/l13140.htm.

2.1. Gestão conjunta da companhia-alvo

Em parcela considerável das operações de M&A, a parte compradora, após o fechamento do negócio, passa a dividir a gestão da companhia-alvo com os representantes da parte vendedora.

Essa situação é comum, por exemplo, em operações realizadas nas modalidades de *private equity* e *venture capital*, em que o investidor adquire participação societária de uma dada companhia com o objetivo de vendê-la no futuro, podendo (geralmente, mas não necessariamente) interferir na gestão dessa companhia durante a vigência do investimento[15].

Em casos tais, o que se verifica é a presença de alguns dos principais elementos que propiciam uma solução autocompositiva proveitosa: o vínculo duradouro entre as partes e a existência de interesses mútuos.

Com efeito, litigantes judiciais (e/ou arbitrais), por vezes, deixam de levar em conta o fato de que "existe vida após a sentença", isto é, que, mesmo depois de solucionada a controvérsia que estiver sendo enfrentada, as partes ganhadora e perdedora continuarão a manter uma relação, seja pessoal ou profissional.

O problema disso é que as posições assumidas dentro de um procedimento adjudicatório são naturalmente antagonísticas e, quando esse vínculo duradouro existe, ele pode ser contaminado por um sentimento de rivalidade que ocasionará, inclusive, o surgimento de novos conflitos no futuro.

É esse um dos motivos pelos quais os métodos autocompositivos são amplamente recomendados dentro de demandas familiares e societárias, em que se busca, preservar a harmonia das relações entre os envolvidos. A mediação é centrada na solução efetiva dos problemas discutidos em mesa, e não na prolação de uma decisão de mérito, que dirá quem está certo ou errado. Justamente por isso, ela é adequada para casos protagonizados por partes que possuem alguma espécie de ligação.

Agora, veja-se: litigantes que dividem as cadeiras de um mesmo conselho administrativo possuem, entre si, uma relação econômica e profissional que não se restringe aos limites de eventual disputa que estiverem travando. Tendo isso em conta, é altamente vantajoso optar por

[15] GUZMAN, Antônio Carlos Marchetti. Os Fundos de Investimentos em Participações (FIP) como Instrumento de Desenvolvimento do Mercado de Private Equity no Brasil. In: O Direito Tributário e o Mercado Financeiro e de Capitais. 1a. Ed. São Paulo: Dialética, 2009. P. 85.

métodos de resolução de disputas que resolvam (e não acentuem) possíveis divergências.

Indo além, por definição, os sócios que dividem a administração (ou os lucros) de uma companhia têm o interesse comum de que essa empresa apresente resultados sólidos ao longo do tempo. Nas (não tão raras) situações em que eles entram em algum tipo de conflito, esse interesse pode ser a chave para a identificação de uma zona de possível acordo, culminando em uma solução autocompositiva célere para aquilo que poderia se tornar um longo litígio.

Em outra analogia aos conflitos familiares, pode-se dizer que a situação desses parceiros comerciais se assemelha à de um casal que está se divorciando, mas, apesar das diferenças, reconhece que precisa preservar uma relação harmônica, eis que isso é positivo para os filhos que têm em comum.

Para o bom desempenho da companhia (interesse comum), é muito melhor que as diferenças entre seus sócios se resolvam de forma célere, em procedimento autocompositivo confidencial, do que por meio de um litígio duradouro, travado nas vias adjudicatórias.

2.2. Disputas derivadas de contratos com cláusula de *earn-out*

Certamente, o ponto nodal de discussão durante a negociação de uma operação de M&A é o preço a ser pago pelos compradores. A avaliação de uma companhia pode variar bastante, a depender dos métodos utilizados e dos prognósticos que se tem acerca de seu desempenho futuro. É perfeitamente natural, nesse cenário, que os dois polos do negócio tenham visões diferentes sobre esse tema. De um lado, quer-se pagar menos enquanto, do outro, quer-se receber mais[16].

Uma das maneiras de contornar esse tipo de impasse é a inclusão de cláusula de *earn-out* no contrato. Trata-se de mecanismo que condiciona o preço final do negócio a algumas metas futuras, como por exemplo: se, em três anos, o faturamento atingir o patamar A, será paga parcela no valor B. Caso contrário, o preço será inferior. A lógica se resume abaixo (PIVA, 2019, p. 78):

[16] RIBEIRO, Gustavo Pires. As cláusulas de earn-out e a mediação. Revista Brasileira de Alternative Dispute Resolution – RBADR, Belo Horizonte, ano 03, n. 06, p. 109-129, jul./dez. 2021. DOI: 10.52028/rbadr.v3i6.6.

> A lógica negocial subjacente ao *earn-out* em um contrato de compra e venda de participações societárias pode ser assim resumida: se as participações societárias valerem mais, isto é, se ficar comprovada a "avaliação" do valor da empresa pelos prognósticos do vendedor, não haverá desconfiança para que o comprador pague um valor adicional pelo que a empresa demonstrou a partir do seu rendimento. [...] Se, ao final do período de apuração do *earn-out*, não forem verificadas as metas ajustadas, será a percepção subjetiva do comprador e a sua avaliação a respeito dos elementos subjetivos da empresa que prepondera, acarretando o não pagamento do preço contingente pela não verificação das condições a ele atreladas[17]

A adoção de cláusula de *earn-out*, por outro lado, não é uma escolha livre de problemas. Conforme ensina a doutrina, aquilo que, um dia, foi uma impossibilidade de concordar sobre qual seria o preço justo da companhia-alvo, pode, facilmente, transformar-se em uma disputa após o fechamento do negócio (DANIEL ZIHMS, p. 117)[18]:

> Um mecanismo de *earn-out* é frequentemente usado quando as expectativas de preço do comprador e do vendedor estão significativamente separadas e pode fornecer um meio eficaz de preencher a lacuna. No entanto, os *earn-outs* podem ser problemáticos: o que era uma incapacidade de concordar com o valor da entidade alvo antes de assinar pode facilmente se transformar em uma disputa – em outras palavras, a lata é simplesmente chutada para o futuro. (tradução livre)

Diante do surgimento desses conflitos (sobretudo quando isso acontece antes do término do período entre o *closing* e a data limite da meta), a mediação pode ser um dos métodos mais adequados para se adotar. É que a sistemática de funcionamento da cláusula de *earn-out* remete, novamente,

[17] PIVA, Luciano Zordan. O Earn-Out na Compra e Venda de Empresas. São Paulo: Quartier Latin, 2019, p. 77 e 78

[18] "An earn-out mechanism is often used when the price expectations of buyer and seller are significantly apart and can provide an effective means of bridging the gap. However, earn-outs can be problematic: what was an inability to agree on the target entity's value before signing can all too easily turn into a dispute – in other words, the can is merely kicked down the road." (Heiko Daniel Ziehms, M&A Disputes and Completion Mechanisms Arbitration in Context Series, Volume 3, Kluwer Law International; Kluwer Law International 2018, pp. 117 – 126.)

a um dos principais pilares de uma negociação bem-sucedida: a existência de interesses comuns entre as partes.

Veja-se: muito embora comprador e vendedor possam estar vivenciando alguma discordância, eles permanecem ligados pela cláusula e pelo objetivo de que a meta ali estabelecida seja atingida.

Por seu caráter didático, vale voltar ao exemplo do *earn-out* que vincula o preço ao desempenho financeiro da companhia-alvo. Em situação desse tipo, o comprador quer que a meta de faturamento seja atingida, eis que isso significará que a empresa adquirida está performando melhor que o esperado. O vendedor, por sua vez, tem interesse em atingir a meta, eis que isso significará o recebimento de um valor maior ao final do período previsto em contrato.

Uma delongada disputa (normalmente arbitral) pode trazer efeitos deletérios à relação entre as partes e também à empresa, eventualmente dificultando o próprio cumprimento da meta estabelecida em contrato, o que não é bom para nenhum dos envolvidos.

De outro lado, observa-se que, caso a comunicação entre as partes seja adequadamente gerida, existe terreno para que a disputa se resolva por meio de algum acordo que trará benefícios, não só àqueles que estão sentados na mesa, mas, principalmente, à companhia (satisfazendo-se, assim, o interesse mútuo das partes). É justamente por isso que se pode concluir que a tentativa de mediação de conflitos oriundos de contratos com cláusula de *earn-out* é uma escolha estratégica, com importantes pontos positivos.

2.3. Operações internacionais

Levantamento realizado pela consultoria KPMG indicou que, dentre as operações de M&A concluídas no Brasil em 2021, 198 tiveram participação de empresas estrangeiras[19]. Entre os países que mais firmaram negócios com as empresas brasileiras, destacam-se os Estados Unidos, com 100 contratos fechados naquele ano.

A complexidade muitas vezes inerente às operações de fusões e aquisições nacionais pode se tornar ainda maior em processos transfronteiriços,

[19] KPMG. Fusões e aquisições – 2021 – 4º trimestre. São Paulo, 2021. Disponível em https://kpmg.com/br/pt/home/insights/2022/03/volume-fusoes-aquisicoes-alcancou-recorde-2021.html.

sobretudo quando as partes envolvidas vêm de sistemas econômicos e jurídicos pouco semelhantes (*common law* e *civil law*, por exemplo)[20].

E, muito embora essas divergências possam não vir à tona antes do fechamento do negócio, podem aparecer depois disso, sobretudo nos casos em que compradores e vendedores se mantêm vinculados após o *closing*. Afinal, diferenças culturais na maneira de enxergar a administração dos negócios abrem terreno para disputas cuja solução pode ser ainda mais difícil do que seria em um procedimento puramente nacional, por uma série de fatores.

Primeiramente, em um conflito internacional, é praticamente inviável que as partes recorram à via judicial. Isso, em razão de limitações como a língua, a lei aplicável e a dificuldade logística de se litigar frente a um poder judiciário estrangeiro.

Restam, portanto, as opções de instaurar uma arbitragem internacional, ou de adotar meios autocompositivos, como a mediação e a negociação.

A análise aqui, deve ser similar àquela que se realiza em um conflito doméstico. Deve-se observar as especificidades do conflito (presença de vínculo duradouro, interesses mútuos, necessidade de celeridade e baixo custo, etc.), a fim de encontrar qual método é mais adequado para aquela situação em específico.

Caso se verifique que uma solução autocompositiva pode ser o caminho ideal, ressalva importante é a de que, em conflitos internacionais, a mediação tem grande vantagem quando comparada à negociação direta: a exequibilidade dos acordos.

É que, no ano de 2020, entrou em vigor a Convenção de Singapura (assinada pelo Brasil em 2021), que trata da execução internacional de acordos oriundos de mediação. A Convenção de Singapura – CS – busca ser, para a mediação, aquilo que a Convenção de Nova Iorque – CNI – é para a arbitragem. Ou seja, um mecanismo que facilita o reconhecimento e a exequibilidade de títulos executivos internacionais (no caso da CNI, as sentenças arbitrais e, no caso da CS, os acordos).

[20] Essas dicotomias se estendem, inclusive, à condução de eventuais disputas vivenciadas por essas partes. ABBUD, André de Albuquerque Cavalcanti. O papel da soft law processual no desenvolvimento da arbitragem. In CARMONA, Carlos Alberto; LEMES, Selma Ferreira; MARTINS, Pedro Batista (coord.) 20 anos da Lei de Arbitragem: Homenagem a Petrônio R. Muniz. São Paulo. Atlas, 2017, p. 3.

Isso significa que um acordo celebrado em mediação comercial poderá ser executado em um país que ratificou a convenção sem necessidade de homologação prévia do poder judiciário local[21]. No momento de executar um acordo, a dispensa da etapa homologatória pode economizar meses, ou até mesmo anos, representando uma grande vantagem prática que não existe em acordos oriundos de negociações diretas.

A convenção ainda é recente, mas já conta com 56 signatários (maio de 2023), entre os quais estão Estados Unidos, China, Índia e outros parceiros comerciais relevantes do Brasil. Em um futuro próximo, espera-se que cada vez mais países assinem e ratifiquem o texto.

Conclusões

A partir do que foi apresentado no presente artigo, buscou-se evidenciar alguns dos fatores mais importantes na hora de se escolher qual o método que será utilizado para resolver uma controvérsia oriunda de uma operação de *M&A*.

Demonstrou-se que conflitos entre partes que possuem vínculo duradouro e interesses mútuos podem ter solução eficiente em uma mesa de mediação. Destacou-se, também, que o método pode representar economia considerável de tempo e custos na solução de uma disputa.

Ilustrou-se que essas características, inerentes à mediação em si, têm grande utilidade na área das fusões e aquisições, o que ficou claro a partir dos exemplos trabalhados.

A lição que se busca tirar de tudo isso é que as partes envolvidas em litígios de M&A, por muitas vezes, possuem vínculo que extrapola os limites da disputa (como, por exemplo, a gestão conjunta da companhia), bem como podem possuir interesses mútuos (bom desempenho da empresa, entre outras coisas). Nesse cenário, é plenamente possível que essas disputas tenham solução célere na via autocompositiva, sem que as partes passem pelo desgaste de se submeter a um procedimento adjudicatório que durará anos.

Em resumo, não se tem dúvidas de que, no campo das fusões e aquisições, a escolha pela mediação pode trazer benefícios financeiros e práticos às partes envolvidas.

[21] Convenção de Singapura – Art 3(1): Each Party to the Convention shall enforce a settlement agreement in accordance with its rules of procedure and under the conditions laid down in this Convention.

Referências

ABBUD, André de Albuquerque Cavalcanti. **O papel da soft law processual no desenvolvimento da arbitragem**. In CARMONA, Carlos Alberto; LEMES, Selma Ferreira; MARTINS, Pedro Batista (coord.) 20 anos da Lei de Arbitragem: Homenagem a Petrônio R. Muniz. São Paulo. Atlas, 2017.

ALMEIDA, Tania; PELAJO, Samantha. **A mediação de conflitos em casos concretos**. In: Carlos Alberto de Salles; Marco Antônio Garcia Lopes Lorencini; Paulo Eduardo Alves da Silva. (Org.). Negociação, Mediação e Arbitragem – curso básico para programas de graduação em Direito. 3 a ed. Rio de Janeiro. Forense, 2020.

BRAGA NETO, Adolfo. **Mediação de conflitos: conceitos e técnicas**. In: Carlos Alberto de Salles; Marco Antônio Garcia Lopes Lorencini; Paulo Eduardo Alves da Silva. (Org.). Negociação, Mediação e Arbitragem – curso básico para programas de graduação em Direito. 3 a ed. Rio de Janeiro. Forense, 2020.

BRASIL. Lei 13.140 de 26 de junho de 2015. **Lei da Mediação**. Disponível em: https://www.planalto.gov.br/ccivil_03/_ato2015-2018/2015/lei/l13140.htm

CAM-CCBC – Centro de Arbitragem e Mediação, Centro de Arbitragem e Mediação. **Relatório anual**. Disponível em https://ccbc.org.br/cam-ccbc-centro-arbitragem-mediacao/arbitragem-estatisticas/.

CHENG, Shuhui Sophy; SEEGER, Matthew W. Cultural **Differences and Communication Issues in International Mergers and Acquisitions: A Case Study of BenQ Debacle**. International Journal of Business and Social Science. Vol. 3 No. 3; February 2012, p. 122.

COATES, John C., **Why Have M&A Contracts Grown? Evidence from Twenty Years of Deals** (November 2016). Harvard Law School John M. Olin Center Discussion Paper No. 889, European Corporate Governance Institute (ECGI) – Law Working Paper No. 333/2016. Disponível em https://ssrn.com/abstract=2862019.

FALECK, Diego. **Mediação Empresarial: Introdução e Aspectos Práticos**. Revista de Arbitragem e Mediação: RArb, São Paulo, v. 11 n.42, p. 263-278, jul/set. 2014.

FISHER, Roger, PATTON, Bruce; URY, William. **Como chegar ao sim**. 3a edição. Solomon Editores, Rio de Janeiro, 2014.

GABBAY, Daniela Monteiro; BARROS, Vera Cecília Monteiro de. (Coord.). **Mediação em números: 10 anos – 2012 a 2022**. FGV Direito SP e Canal Arbitragem. São Paulo, 2023.

GUZMAN, Antônio Carlos Marchetti. **Os Fundos de Investimentos em Participações (FIP) como Instrumento de Desenvolvimento do Mercado de Private Equity no Brasil**. In: O Direito Tributário e o Mercado Financeiro e de Capitais. 1a. Ed. São Paulo: Dialética, 2009.

HEIKO, Daniel Ziehms, **M&A Disputes and Completion Mechanisms Arbitration in Context Series**. Volume 3, Kluwer Law International; Kluwer Law International 2018.

KPMG. **Fusões e aquisições – 2021 – 4º trimestre**. São Paulo, 2021. Disponível em https://kpmg.com/br/pt/home/insights/2022/03/volume-fusoes-aquisicoes--alcancou-recorde-2021.html.

LAUX, Francisco de Mesquita. **Mediação Empresarial: aplicação de mecanismos alternativos para solução de conflitos em disputas entre sócios**. São Paulo; Thomson Reuters, 2018.

LEMES, Selma Ferreira (Coord.). **Arbitragem em números**. Canal Arbitragem. São Paulo, 2022, p. 17PIVA, Luciano Zordan. **O Earn-Out na Compra e Venda de Empresas**. São Paulo: Quartier Latin, 2019, p. 77 e 78.

PWC. **Operações de M&A no Brasil**.2023. Pesquisa disponível em https:/www.pwc.com.br/pt/estudos/servicos/assessoria-tributaria-societaria/fusoes-aquisicoes/2023/operacoes-de-mea-no-brasil-dezembro-2022.html.

RIBEIRO, Gustavo Pires. **As cláusulas de earn-out e a mediação**. Revista Brasileira de Alternative Dispute Resolution – RBADR, Belo Horizonte, ano 03, n. 06, p. 109-129, jul./dez. 2021. DOI: 10.52028/rbadr.v3i6.6.

18. ATUAIS DESAFIOS NA EVOLUÇÃO DA MEDIAÇÃO EMPRESARIAL NESTE NOVO SETÊNIO DO SEU MARCO LEGAL

RICARDO DORNELLES CHAVES BARCELLOS

Introdução

A mediação empresarial ainda se encontra em estágio de amadurecimento em nosso país, muito embora já tenhamos um marco legal específico e instituições, dentro e fora do Judiciário, aptas a prestar um serviço de qualidade. Ademais, há um potencial enorme a ser explorado para o crescimento da mediação no ambiente corporativo, a exemplo do que acontece em outros países como os Estados Unidos e a Itália. No primeiro caso, houve uma revolução através do modelo "multiportas" onde a mediação, por exemplo, não é uma exceção, mas a regra em muitas situações. No segundo, os resultados alcançados nos últimos anos são bem expressivos por conta da sua obrigatoriedade em determinados casos e pelo seu viés "educativo" para quem litiga nas cortes italianas. Por outro lado, não obstante todos os avanços já alcançados, ainda persiste no Brasil um alto índice de atratividade da jurisdição estatal e, ao mesmo tempo, elevado grau de insatisfação com os resultados alcançados. Logo, existe um vácuo importante entre modelo adversarial (judicial ou mesmo arbitral por conta dos seus custos elevados) e os métodos autocompositivos. Daí surgem algumas perguntas que buscarei responder neste artigo: O que está faltando para essa prática alçar voos mais altos? Quais as barreiras existentes? Como estimular a prática autocompositiva no ambiente corporativo?

1. Contexto da mediação no Brasil e no cenário internacional

Diferente da experiência norte-americana no tocante à plena utilização dos métodos autocompositivos nos litígios em geral, que vem crescendo consistentemente há quatro décadas, a mediação *latu sensu* somente recebeu maior atenção da comunidade jurídica brasileira, sobretudo no setor privado, mais recentemente com a aprovação do Código de Processo Civil de 2015 (Lei n. 13.105) e da própria Lei de Mediação, aprovada no mesmo ano (n. 13.140). Interessante atentar também que durante a pandemia do COVID, entre 2020 e 2021, foram aprovados importantes diplomas legais que elevaram o patamar de utilização dos métodos autocompositivos na seara empresarial, especificamente no trato de questões de recuperação judicial, extrajudicial e falência (Lei 14.112/20[1]), bem como na solução de disputas oriundas de contratos firmados com a administração pública (Lei 14.133/21[2]).

É sabido que a mediação foi introduzida no nosso sistema de resolução de disputas, de forma institucional, através da Resolução 125, editada pelo Conselho Nacional de Justiça em 2010[3]. Juntamente com a conciliação, tais mecanismos passaram a ser utilizados de maneira mais robusta dentro do ambiente forense na última década, sobretudo como uma verdadeira ferramenta de gestão pública com a finalidade de reduzir a litigiosidade em nosso país. Esse roteiro inicial foi posteriormente coroado com o advento do dito marco regulatório da mediação acima referido.

O atual CPC, em apertada síntese, reafirmou o emprego de técnicas não adversariais (conciliação e mediação) como forma de buscar a resolução de conflitos em observância ao princípio constitucional da efetividade na prestação jurisdicional. Assim, desde março de 2016, quando entrou em

[1] Art. 20A. A conciliação e a mediação deverão ser incentivadas em qualquer grau de jurisdição, inclusive no âmbito de recursos em segundo grau de jurisdição e nos Tribunais Superiores, e não implicarão a suspensão dos prazos previstos nesta Lei, salvo se houver consenso entre as partes em sentido contrário ou determinação judicial.

[2] Art. 151. Nas contratações regidas por esta Lei, poderão ser utilizados meios alternativos de prevenção e resolução de controvérsias, notadamente a conciliação, a mediação, o comitê de resolução de disputas e a arbitragem. Parágrafo único. Será aplicado o disposto no **caput** deste artigo às controvérsias relacionadas a direitos patrimoniais disponíveis, como as questões relacionadas ao restabelecimento do equilíbrio econômico-financeiro do contrato, ao inadimplemento de obrigações contratuais por quaisquer das partes e ao cálculo de indenizações.

[3] https://atos.cnj.jus.br/atos/detalhar/156

vigor o novo código, tornou-se obrigatória tal tentativa de acordo na fase inicial do processo, antes do oferecimento da contestação, salvo se ambas as partes renunciarem a tal opção[4]. Paralelamente, a Lei de Mediação passou a tratar de forma conceitual e principiológica a mediação sem regular de maneira exacerbada tal prática. Aliás, é bastante elogiável tal atitude do legislador já que seria um contrassenso criar uma série de regras para regular (e engessar) um procedimento calcado na informalidade e espontaneidade de seu emprego.

Diante desse cenário institucional e legislativo, bem como considerando uma evidente afinidade do viés preponderante na mediação (a negociação em si)[5] com o natural comportamento das empresas e empresários de buscar sempre uma composição de interesses com seus clientes e fornecedores em geral, parece-me no mínimo curioso que, passados sete anos do advento do citado marco legal da mediação, tal prática ainda seja pouco utilizada pela maioria dos seus potenciais beneficiários como sugerem as estatísticas dos nossos principais centros de mediação[6].

Se pegarmos exemplos do que se passou em países como Estados Unidos e, mais recentemente, na Itália[7], é possível mensurar, ainda que de forma empírica, o tremendo potencial que a mediação, assim como o chamado *dispute board*[8], pode alcançar no nosso país. A bem da verdade,

[4] Art. 334. Se a petição inicial preencher os requisitos essenciais e não for o caso de improcedência liminar do pedido, o juiz designará audiência de conciliação ou de mediação com antecedência mínima de 30 (trinta) dias, devendo ser citado o réu com pelo menos 20 (vinte) dias de antecedência. (...) § 4º A audiência não será realizada: I – se ambas as partes manifestarem, expressamente, desinteresse na composição consensual; (...)

[5] Segundo renomados especialistas a "Mediação é um processo de negociação assistida na qual um indivíduo neutro ajuda as pessoas a chegar a um acordo. O processo varia dependendo do estilo do mediador, a natureza da disputa e as vontades das participantes." GOLLAN Dwight e FOLBERG Jay, **Mediation The Roles of Advocate and Neutral**, 2a. ed., Wolters Kluver, , 2011, p.90

[6] https://canalarbitragem.com.br

[7] D'URSO Leonardo e CANESSA Romina, **The Italian Mediation Law on Civil and Commercial Disputes**, Março 2017,
https://www.dropbox.com/s/c0wwps4dybtjctq/Screenshot%202020-04- 17%2010.07.36.png?dl=0

[8] "O *dispute board* é um mecanismo de solução de controvérsias que busca resolver conflitos na área corporativa, especialmente com relação a contratos de longa duração como os contratos de construção civil. Ele é formado por um comitê, composto por um ou mais profissionais

tal prática já tem boas taxas de êxito no Brasil no tocante à resolução de conflitos consumeristas e trabalhistas[9], porém tal dinâmica não se replicou com a mesma potência em outras áreas do direito empresarial.

Os advogados de contencioso e os "in-house" das empresas brasileiras, aparentemente na sua grande maioria, parecem ainda não enxergar na mediação uma oportunidade concreta de oferecer uma solução mais eficiente e customizada a seus clientes externos ou internos. E por que isso acontece? Algumas respostas podem ser aventadas como a natural aversão dos seres humanos a mudanças bruscas[10], ou por conta da falta de experiência com práticas de negociação assistida em nosso país, ou mesmo a percepção (equivocada) de que seus honorários podem ser drasticamente reduzidos – no caso dos escritórios de advocacia. É interessante perceber que nos Estados Unidos do final da década de 70, também essas eram algumas das preocupações que assolavam os advogados norte-americanos, sobretudo o receio de perder as rédeas, o controle do caso ou mesmo a confiança do cliente ao delegar a um terceiro a condução da negociação de um possível acordo.

Segundo Stipanowich[11], uma nova visão da resolução de controvérsias surgiu em 1976 quando o chefe de justiça Warren Burger e o professor

independentes, que acompanham de forma periódica o andamento do contrato. Dessa forma, o *dispute board* proporciona uma espécie de gerenciamento que previne o acirramento das divergências e conflitos oriundos do desgaste natural das relações entre as partes envolvidas". https://ccbc.org.br/cam-ccbc-centro-arbitragem-mediacao/resolucao-de-disputas/dispute-boards/ (Consulta feita em Março de 2023)

[9] Relatório Analítico – Mediação e Conciliação Avaliadas Empiricamente, CNJ, 2019, https://www.cnj.jus.br/wp-content/uploads/2011/02/e1d2138e482686bc5b66d18f0b0f4b16.pdf

[10] Segundo Grant, pesquisas mostram que quando as pessoas são resistentes a mudanças, isto as ajuda a reforçar a sensação de que as coisas continuarão iguais, evitando maiores riscos de mudanças para pior. Contudo, adverte, "Nossas convicções podem nos trancar em prisões de nossa própria construção. A solução não é declarar nosso pensamento – é acelerar nossa reformulação de pensamento". Para isso, o autor sustenta que é importante repensar como um cientista, colocando a humildade acima do orgulho, a dúvida acima da certeza e a curiosidade acima da oclusão, quebrando seu ciclo de pensamentos e soltando o excesso de confidência no atual modo de pensar e agir. GRANT Alan, **Think Again**, Viking, 2021, p. 28

[11] **STIPANOWICH, Thomas J., Living the Dream of ADR: Reflections of Four Decades of the Quiet Revolution in Dispute Resolution (Symposium Keynote),** Pepperdine University, School of Law. 2016, (https://papers.ssrn.com/sol3/papers.cfm?abstract_id=2920848 – consulta feita em Fevereiro de 2023)

de Harvard, Frank Sander, fizeram palestras notáveis na *Pound Conference* sobre as causas da insatisfação popular com a administração da justiça nos EUA e de como criar métodos mais eficientes e customizados, atentando mais para a natureza do litígio, o tipo de relacionamento entre as partes e as preocupações com a velocidade e o custo da solução do caso[12].

Houve, enfim, uma mudança consistente e duradoura de atitude, consubstanciada em uma reação a essa insatisfação da sociedade quanto à forma de lidar com a gestão de disputas calcada na necessidade de uma maior participação das partes e seus advogados no desenho dessas soluções. Essa nova e revolucionária mentalidade passou a ser uma prática preponderante na rotina dos juízes, associações profissionais, grandes bancas de advocacia, advogados em geral, corporações, organizações sem fins lucrativos e entes governamentais.

Ao fim e ao cabo, muitos diretores e gerentes jurídicos, sobretudo de grandes corporações norte-americanas, perceberam a vantagem de adotar as práticas consensuais – em especial a mediação, como uma forma de controlar melhor seus custos com a área de contencioso e preservar o relacionamento comercial com a outra parte que geralmente é aniquilado ao longo de um litígio de ganha e perde; e seus consultores externos passaram a adotar o mesmo pensamento e, mais importante, a mesma prática.

Em resumo, tais métodos nos EUA, chamados de *Alternative Dispute Resolution*, são vistos como uma forma de "lidar com os conflitos mais importantes de suas vidas de maneira produtiva, inteligente, eficaz e ética"[13]. Ademais, essa abordagem pode ir além do interesse material e adentrar no âmbito das emoções e dos verdadeiros interesses contrafeitos. No Brasil temos o eloquente exemplo do empresário Abílio Diniz reportado em um dos best-sellers de William Ury[14], que negociou o acordo com o Grupo Casino – um litígio de muitos anos e recursos consumidos.

[12] BARCELLOS, Ricardo Dornelles Chaves, "Mediação Empresarial: Indispensável Protagonismo dos Advogados e Gestores Jurídicos das Empresas" artigo do livro **Temas de Mediação e Arbitragem**, 6a. ed., Lex Editora, 2021, p. 235

[13] MAYER, Bernard The Future of Mediation: **Be Less Certain and More flexible**, MEDIATE.COM, http://mediate.com/articles/MayerFutures.cfm, (consulta feita em Fevereiro de 2023)

[14] URY, Willian, **Getting to Yes with Yourself, How to Get What You Truly Want**, Harper One, 2016, p. 17: "O que você mais deseja agora mesmo em sua vida? Ele parou por um momento, olhou para longe, então olhou de volta para mim e disse suspirando: 'Liberdade. Eu quero minha liberdade'. 'E o que a liberdade lhe dá?' Eu perguntei. 'Tempo com a minha

Esse cuidado mais ontológico da disputa raramente encontra espaço em um procedimento adversarial. Porém, tal fator não deve ser desdenhado pelos operadores do direito já que por trás de um CNPJ há pessoas, sentimentos e outros valores intangíveis como demonstra a lição aprendida por Diniz.

Já a maior utilização da mediação na Europa, como mostra o exemplo mais recente vindo da Itália, teve um ritmo de evolução mais lento e similar ao ocorrido no Brasil a partir dos anos 2010. Segundo D'Urso, ardoroso defensor da mediação mandatória com o propósito de no mínimo educar a comunidade jurídica a respeito das vantagens de tal prática, o número de mediações aumentou exponencialmente a partir de 2013 quando passaram a ser aplicadas no sistema italiano três diferentes abordagens: (i) a mediação voluntária ou oriunda de previsão contratual entre as partes; (ii) aquela ordenada pelo juiz ou tribunal durante a tramitação da ação judicial; e (iii) a mediação obrigatória para controvérsias relativa a condomínios; imobiliário em geral; divisão de bens; heranças, contratos de negócios familiares; locação de imóveis incluindo apartamentos, negócios e disputas comerciais; fianças; responsabilidade civil por erro médico; danos por difamação; danos segurados, contratos bancários e financeiros – que correspondem a apenas 10% de todas as disputas cíveis e comerciais.

Segundo D'Urso, o modelo *opt-out* exige que a parte demandante compareça a uma sessão inicial de mediação até 30 dias antes do ajuizamento da ação e igualmente a parte contrária. Nesta sessão preparatória, o mediador explicará às partes e seus advogados o procedimento e suas vantagens, optando cada um dos demandantes em seguir, por sua livre vontade, no processo de mediação ou não. Os resultados entre 2013 e 2017, segundo o autor, são positivamente expressivos a ponto de que "pela primeira vez na Europa, a Itália tem mais mediações do que casos nas cortes – ao menos nesta categoria"[15].

família, o que é a coisa mais importante na minha vida' ele respondeu. 'E liberdade para perseguir o negócio dos meus sonhos.'" (tradução livre).

[15] "An incredible 90% of mediations–about 180,000–were initiated due to the first required mediation attempt in the total matters mentioned above. The average success rate was almost 50% when the parties voluntarily agreed to initiate the full process during the initial meeting. If the number of these Type 3 mediations is divided by the 140,000 yearly incoming civil and commercial cases in dispute matters where the first meeting is mandatory, the

Por fim, ainda no ambiente internacional, é indispensável destacar a adoção pelo Brasil da Convenção de Singapura, ocorrida no mês de junho de 2021, que regula a mediação de controvérsias oriundas do comércio internacional[16]. Nas palavras de Mason[17] tal iniciativa é muito bem-vinda, pois irá facilitar o fluxo internacional de serviços e mercadorias com o nosso país dada a possibilidade de submeter qualquer controvérsia de natureza comercial a uma mediação sendo o acordo daí resultante exequível nos países membros como, dentre outros, China e Estados Unidos, tal qual ocorre com a sentença arbitral.

2. Mudança de *mindset*

Como mencionei no início deste artigo, a mediação no campo empresarial está ganhando cada vez mais tração no Brasil nos últimos anos dado o advento do seu marco legal, reforçada pelas edições da nova lei de licitações e a reforma da lei de recuperação empresarial[18], que priorizam o uso de tal método. Merece destaque também os significativos avanços da chamada mediação on-line (ODR) que cresceram abissalmente durante o período da pandemia por razões já abordadas em outro artigo[19].

ratio is more than 100%. This information verifies for the first time in Europe that Italy has more mediations than cases in court–at least in this category. Additionally, since 2013, with Type 3 dispute matters, a substantial decrease was recorded of cases filed in court. (There were 30% decreases in disputes over joint ownership of real estate; a 40% drop in disputes over rental apartments, and a 60% plunge in adverse possession disputes.) And it is worth noting that the European Court of Justice ruled that this Italian provision on the mandatory first meeting is fully compatible with the law". D'URSO, Leonardo, Italy's 'Required Initial Mediation Session': Bridging The Gap between Mandatory and Voluntary Mediation, 2018, https://www.adrcenterfordevelopment.com/wp-content/uploads/2020/04/Italys-Required-Initial-Mediation-Session-by-Leonardo-DUrso-5.pdf (consulta feita em Fevereiro de 2023).

[16] https://uncitral.un.org/sites/uncitral.un.org/files/mediadocuments/EN/Texts/UNCITRAL/Arbitration/mediation_convention_v1900316_eng.pdf

[17] MASON, Paul Eric, The Singapure Convention and its Benefits for Brasil (https://imimediation.org/wpfd_file/paul-mason-2020-singapore-convention-benefits-for-brazil/ – consulta feita em fevereiro de 2023

[18] Leis 14.133/21 e 12.112/20

[19] BARCELLOS, Ricardo Dornelles Chaves, "Mediação Empresarial: Indispensável Protagonismo dos Advogados e Gestores Jurídicos das Empresas" artigo do livro **Temas de Mediação e Arbitragem**, 6a. ed., Lex Editora, 2021, p. 235

Já o número de mediações privadas nas principais câmaras do país[20] ainda é bastante modesto diante da inconteste litigiosidade que impera em nosso país como mostram os resultados destacados na excelente pesquisa coordenada por Daniela Monteiro Gabbay e Vera Cecília Monteiro de Barros que tabula os pedidos e procedimentos de mediação realizados e administrados por tais centros, entre 2012 e 2022[21]. Interessante notar, por outro lado, que os índices de acordos fechados no referido lapso de tempo variam entre 30% e 100% dos casos consoantes os dados fornecidos por cada uma dessas instituições. Portanto, a meu juízo, há um tremendo potencial a ser explorado dado que estas e outras câmaras possuem estruturas físicas, equipes de secretaria e mediadores altamente qualificados, bem como e sobretudo considerando seus significativos índices de êxito com custos bastante razoáveis se comparados aos gastos típicos dos procedimentos adversariais.

Com efeito, esta evolução ainda tímida da mediação extrajudicial, como se depreende da pesquisa antes referida, pode ser encarada de forma positiva no sentido que há um enorme espaço para o crescimento do uso dessa e outras modalidades não adversariais na esteira do que vem acontecendo em países como os Estados Unidos e a Itália já que o "gene da negociação" está no DNA dos empresários e igualmente de muitos advogados.

Ao que parece há um misto de desconhecimento de uns e rigidez ou resistência à mudança de comportamento de outros no sentido de privilegiar a busca de uma solução pela via da autocomposição ao invés da seara estritamente adversarial. Este tipo de reação, aliás, é definido por estudiosos do comportamento humano como aversão ao risco da perda que uma ruptura de modelo mental pode oferecer.

Segundo Dweck, a mudança de um *mindset* limitado para um aberto e em constante expansão é um desafio difícil, mas possível de superar: "A mudança de mentalidade pede que as pessoas desistam disso [crenças]. Como você pode imaginar, não é fácil simplesmente deixar algo partir e que fez parte do seu 'eu' por muitos anos e que lhe deu o seu caminho de

[20] https://canalarbitragem.com.br – CAM-CCB, CAM CIESP-FIESP, CCI, CAMARB, FGV, CBMA e AMCHAM

[21] Em média, considerando os dados de todas as câmaras pesquisadas, foram iniciadas aproximadamente 44 novas mediações por ano tendo em conta apenas os casos em que foram assinados os respectivos termos de mediação.

autoestima. E não é especialmente fácil substituí-lo por uma mentalidade que diz para você abraçar todas as coisas que você vem sentindo como ameaçadoras: desafio, luta, crítica, contratempos"[22].

Assim, a possibilidade que se descortina para essa mudança de *mindset* em nossa comunidade jurídica é a de buscar expandir o conhecimento dos meios autocompositivos como algo novo e promissor; nós advogados devemos sair, enfim, da zona de conforto e tirar o melhor benefício desse processo de aperfeiçoamento. Os prováveis erros farão parte do processo de evolução e poderão servir como estímulo aos advogados e mediadores para buscarem um aprofundamento mais acurado das técnicas necessárias para obter os melhores resultados para seus clientes via negociação assistida. Em síntese, esta é uma evolução coletiva e por isso naturalmente lenta e gradual, pois envolve diferentes *stakeholders* que habitam "mundos" e interesses muito distintos – autoridades públicas, universidades, mediadores, advogados e partes.

3. Possíveis caminhos

3.1. Mediação mandatória, opcional e estratégica

Ainda me servindo do exemplo vindo da Itália, conforme acima resumidamente narrado, é interessante perceber a tendência de países que possuem um viés mais intervencionista, comparativamente a países ditos *liberais,* onde há maior ênfase na autonomia da vontade, de impulsionar a mudança de determinada prática com a força da lei e não como resultado do livre arbítrio de seus cidadãos. A rigor, em apertada síntese, a mediação sequer necessitaria de regulação específica já que o resultado exitoso de uma negociação, conduzida por um terceiro, é simplesmente um acordo de vontades bastando, para ser válido, observar a capacidade dos seus agentes, ter objeto lícito e não contrariar norma legal.

Por outro lado, como também destacado neste artigo, é inquestionável o papel relevantíssimo que o marco legal da mediação trouxe em benefício da sua própria expansão e sedimentação, sendo, portanto, muito bem-vindo. Com efeito, o legislador optou por criar um modelo flexível (*opt-in/ opt-out*) quanto à submissão das partes à mediação ou conciliação, como visto acima. Portanto, o modelo brasileiro, diferente do que ocorre em

[22] DEWCK, Carol S., **Mindset – The New Psychology of Success**, Ballantine Books, 2016, p.235 (tradução livre)

determinadas situações na Itália, não é inteiramente mandatório e nem precedente ao próprio ajuizamento da demanda.

Com efeito, o tema da *mediação compulsória* é polêmico, havendo hoje uma tendência na doutrina nacional e internacional de uma maior aceitação do modelo mandatório como forma de estimular a disseminação do emprego da mediação, buscando a consequente redução da litigiosidade e da morosidade da prestação jurisdicional. A rigor, a realização da justiça também se dá através destes meios mais adequados ou alternativos[23] desde que, evidentemente, se respeitem os princípios da inafastabilidade da jurisdição e da legalidade que estão plenamente atendidos pelo marco legal da mediação, independentemente se ela for obrigatória ou opcional.

Particularmente, entendo que, dada a natureza eminentemente negocial, volitiva, de tal prática, não se pode obrigar quem quer que seja a comparecer a um ato deste tipo contra a sua própria vontade. Infelizmente, diferente do exemplo italiano, o modelo brasileiro não se notabilizou por resultados exitosos tão substanciais como naquele outro país. Precisamente em face deste resultado ainda modesto desta modelagem de resolução de disputas, que há quem sustente consistentemente que o Brasil[24] poderia ter adotado regra similar ao sistema italiano, qual seja, a mediação como ato antecedente e indispensável, verdadeira condição *sine qua non* ao posterior ingresso da ação.

Me parece, contudo, respeitadas as opiniões em contrário, que o ponto de inflexão a ser destacado no atual estágio da mediação empresarial no Brasil é a necessidade de que as empresas, e em especial seus

[23] *Como se sabe, a garantia de inafastabilidade da jurisdição comporta não apenas um direito de ação, mas de próprio acesso à ordem jurídica justa, a uma tutela jurisdicional adequada, tempestiva e efetiva. (...) Com efeito, a alternativa à via jurisdicional se traduz na escolha de política judiciária que pressupõe a possibilidade de identificar alguma variável a contrapor ao modelo-base de tutela jurisdicional que possa ser identificado no procedimento cognitivo, introduzindo instrumentos e modelos processuais alternativos, mais simples, rápidos e baratos, e ainda com melhores condições de viabilizar de forma adequada a tutela diferenciada.* PINHO, Humberto Dall Bernardina e QUEIROZ, Pedro Gomes de, "As Garantis Fundamentais do Processo e o Instituto da Mediação Judicial: Pontos de Tensão e de Acomodação" (https://www.cidp.pt/revistas/rjlb/2017/5/2017_05_0849_0913.pdf - consulta feita em Março de 2022)

[24] LIMA JUNIOR, Asdrubal Nascimento, **Temas de Mediação e Arbitragem**, artigo intitulado "Desafios da Mediação no Brasil",, Lex Editora, 2017, p. 53

departamentos jurídicos e advogados externos, passem a adotar cada vez mais os meios autocompositivos como uma ferramenta estratégica de gestão de conflitos. Ou seja, façam melhor emprego de tais mecanismos não porque a lei assim o determina, mas porque seus clientes internos e externos ficarão mais satisfeitos com opções que privilegiem a solução mais célere e consensual das suas disputas, com custos financeiros e emocionais mais bem controlados conforme destacado na parte inicial deste trabalho.

No campo legislativo, poderiam também ser criados estímulos econômicos como por exemplo a redução de custas processuais ou de eventual ônus sucumbencial caso as partes tenham feito uso de mecanismos autocompositivos como a mediação extrajudicial e prévia ao ajuizamento das suas demandas.

Da mesma forma, a efetiva adoção de disposições contratuais que estabeleçam cláusulas escalonadas de solução de controvérsias ("med-arb") pode ser igualmente uma ferramenta poderosa para o melhor uso das técnicas autocompositivas, seja a negociação direta entre as partes, seja a mediação ou mesmo a previsão de um comitê de resolução de disputas em contratos que pode ser combinada com o uso da arbitragem em caso de não cessação do conflito.

Interessante notar, ainda, que, conforme a entrevista coordenada por renomado centro internacional de mediação e arbitragem (CPR) com diretores jurídicos das empresas citadas[25], eles consideraram que se o contrato padrão adotado nas suas operações correntes já prevê a mediação como alternativa, quando o conflito surge, nenhuma das partes se sentirá fraca ou desconfortável ao tentar resolver a disputa amigavelmente antes de partir para o litígio. Esta inquietude (de passar a ideia de fragilidade antes do início do confronto) é algo também presente em nossa cultura altamente beligerante, o que pode restar mitigado com a adoção e exercício de tal prática de forma mais disseminada.

Outras relevantíssimas conclusões levantadas pela mesma instituição junto a "executivos e departamentos jurídicos de empresas integrantes

[25] Leading General Counsel Mull Over Mediation. Top Legal Officers from Visa, Assurant, Estee Lauder and Fluor Corp. Discuss ADR Corporate Counsel May 26, 2017, www.cpradr.org (consulta feita em Fevereiro de 2023)

da Fortune 1.000", conforme destacado em artigo de Brayer[26], "em favor do uso da mediação" seriam, dentre outros, o baixo custo com maior celeridade; a adequação do procedimento às conveniências exclusivas das partes; a confidencialidade; a consideração das realidades comerciais ou de negócio; a obtenção de soluções criativas e duradouras; e a conservação relações.

3.2. Modelos híbridos

Também merece reflexão a possibilidade de adoção dos chamados modelos híbridos de resolução de disputas que conjugam distintos mecanismos, adversariais e autocompositivos, para lograr solucionar a disputa. Uma possibilidade, mencionada logo acima, são as cláusulas escalonadas, mas o nosso Código de Processo Civil sinaliza com alternativas, a meu juízo, pouco exploradas. Refiro-me ao chamado negócio jurídico processual onde as partes podem desenhar consensualmente os ritos do processo cuja solução de mérito será dada por um terceiro – no caso o juiz. Outro expediente a ser destacado é o disposto no artigo 381 do CPC que expressamente permite a produção antecipada de prova para "**viabilizar a automposição ou outro meio adequado de solução do conflito**" (grifei)[27]. Ou seja, as partes e seus advogados podem numa questão altamente técnica antecipar a produção de uma perícia para, a partir do seu resultado, buscar uma resolução autocompositiva via mediação. Da mesma forma durante a tramitação do processo, em especial após encerrada sua etapa de instrução probatória, é possível também aproveitar tal momento para buscar a via da autocomposição como uma verdadeira janela de oportunidade.

Como bem observa Menkel-Meadow[28] não há uma única forma de solucionar litígios que estarão sempre a mercê da cultura e da matriz legal

[26] BRAYER, Andreia Maia, artigo intitulado "A Gestão Estratégica de Conflitos Empresariais pela Mediação"
https://www.linkedin.com/pulse/gest%C3%A3o-estrat%C3%A9gica-de-conflitos-empresariais-pela-media%C3%A7%C3%A3o-maia/ (consulta feita em Fevereiro de 2023)

[27] Notem que, diferente do CPC/73, não é necessário nesta hipótese da versão do atual Código demonstrar a urgência na produção da prova e sim meramente a sua finalidade, qual seja, de proporcionar uma futura conciliação.

[28] In my view, modern societies–with their diversity of cultures, religions, ethnicities, types of disputes and variations in acceptability of modes of resolution (formality of courts, trust in

de cada país, porém a diversidade de disputas que surgem a cada minuto e a necessidade de sua pronta solução está a exigir cada vez mais uma visão menos ortodoxa dos meios empregados para resolver conflitos, exigindo maior criatividade dos operadores do direito e menor rigor formal.

Arriscaria dizer que esta hibridização já pode ser considerada uma tendência no Brasil dada a janela aberta pelo CPC, como visto acima, e também em razão das inovações legislativas mais recentes como por exemplo a alteração do estatuto da recuperação empresarial acima mencionada. A referida Lei 14.112/20, dentre outras novidades importantes para modernizar tal instituto, estabeleceu como prioridade para a resolução de conflitos a utilização dos meios autocompositivos tanto na fase pré-processual como durante o procedimento judicial para colaborar na superação de situações críticas que possam inviabilizar o soerguimento da empresa.

Tal iniciativa legislativa veio na esteira de casos emblemáticos como os processos de reestruturação do Grupo Oi e da Livraria Saraiva conforme muito bem reportado no livro sobre o tema da lavra de Souza Netto e Longo[29] que trazem um excelente arrazoado sobre emprego estratégico da mediação no destravamento de algumas questões cruciais que podem auxiliar a definição e o cumprimento do plano de reestruturação de dívidas das recuperandas.

"Na recuperação judicial do Grupo Oi, da mesma forma, as mediações foram realizadas tanto para negociação com pequenos credores quanto para a solução de conflitos societários entre dois de seus acionistas

respected elders)–require that we provide some pluralism and diversity of process. I conclude this chapter by suggesting that hybridity in dispute resolution is now essential to good dispute resolution, as we see disputants drawing on different kinds of processes when in conflict. It may be that the greatest challenge to comparative dispute resolution (seeking both peace and justice) at the present time is to design processes where all three of these modes may co-exist in the same room at the same time; or whether we can try to consider a taxonomy of choice for considering which modes of conflict resolution or which forms of engagement are best used in what situations. MENKEL-MEADOW, Carrie, **Hybrid and Mixed Dispute Resolution Processes: integrities of process pluralism,** Legal Studies Research Paper Series No. 2021-37 (https://papers.ssrn.com/sol3/papers.cfm?abstract_id=3874098 – consulta feita em Fevereiro de 2023)

[29] SOUZA NETTO, Antônio Evangelista de e LONGO, Samantha Mendes, **A Recuperação Empresarial e os Métodos Adequados de Solução de Conflitos**, Paixão Editores, 2020

que disputavam poder interno na elaboração do plano de recuperação judicial"[30].

Da leitura destes e outros excertos, é possível perceber que se fazia urgente a normatização da mediação na fase pré-processual da recuperação exatamente para viabilizar o seu ulterior processamento por força da existência de litígios cruciais e mesmo impeditivos para a futura, regular e segura operacionalização do respectivo plano de forma exitosa[31].

Novamente vemos a combinação de esforços e modelos para prevenir potenciais conflitos ou remediá-los a tempo para evitar, no caso concreto, a quebra da empresa. Aliás esta é uma tendência em países emergentes no continente Europeu, como assim se pode concluir diante das conclusões apresentadas no relatório do Banco Europeu de Reconstrução e Desenvolvimento que analisou tal prática em 38 países[32].

Conclusões

Para encerrar, se pode concluir que o ambiente institucional no Brasil e mesmo cultural, dadas as lições aprendidas com o enfrentamento da pandemia (em especial, o maior emprego de soluções que privilegiam a qualidade de vida das pessoas), nunca estiveram tão propícios e favoráveis à maior e mais consistente adoção dos meios autocompositivos.

Cabe a nós, operadores do direito, estarmos preparados para essa nova onda que veio para ficar e buscar tirar o melhor proveito do momento

[30] GUIMARÃES, Márcio Souza. **Direito das empresas em dificuldade. Direito e economia: diálogos.** Rio de Janeiro: FGV Editora, 2019; citação retirada da obra acima citada, p. 148

[31] "Se a mediação é compatível e deve ser estimulada no curso de processos de recuperação e falências, sua utilização é ainda mais indicada antes do ajuizamento da demanda, na fase pré-processual, quando o empresário se conscientiza da crise e decide agir, buscando a reestruturação da sua dívida"; p. 158 da obra acima citada, i29

[32] "Business reorganization may also be conducted using so-called hybrid procedures that combine the features of both private workouts and formal reorganization procedures. The main characteristic of a hybrid approach is that the restructuring arrangement is negotiated privately with creditors and is then submitted to the court for its confirmation. The court's intervention supports the agreement reached and makes it binding on all participating creditors, including dissenting creditors. This is the main advantage of hybrid mechanisms as it provides greater certainty and gives the parties the necessary confidence in the validity of the agreement". Ehttps://ebrd-restructuring.com/storage/uploads/documents/13472%20 EBRD%20(Insolvency%20Assessment%20Database%20REPORT%20ARTWORK (((consulta2022

ora vivenciado de amadurecimento destes mecanismos. Os advogados podem bem aproveitar, e muito, tal oportunidade na medida em que uma solução mais criativa e menos onerosa de uma disputa pode auxiliar na fidelização de seus clientes, deixando-os mais satisfeitos com o resultado alcançado. Ambos os *players* poderão auferir ganhos através do incremento de receitas ou redução de contingências por parte dos clientes e aumento dos honorários de êxito de seus advogados externos. Afinal, as empresas, normalmente, estão ávidas em melhor controlar seus custos *versus* ganhos obtidos na gestão de seus litígios, incluindo a possibilidade de restaurar uma relação comercial ou societária que até então era danosa para os seus negócios.

Neste sentido, como visto no presente estudo, as soluções ditas híbridas ou com viés estratégico ou sistêmico podem se tornar o grande diferencial para essa nova etapa de evolução dos meios autocompositivos em nosso país!

Referências

BARCELLOS, Ricardo Dornelles Chaves, **Mediação Empresarial: Indispensável Protagonismo dos Advogados e Gestores Jurídicos das Empresas**, artigo do livro Temas de Mediação e Arbitragem, 6a. ed., Lex Editora, 2021.

BRAYER, Andreia Maia, artigo intitulado **A Gestão Estratégica de Conflitos Empresariais pela Mediação.** https://www.linkedin.com/pulse/gest%C3%A3o-estrat%C3%A9gica-de-conflitos-empresariais-pela-media%C3%A7%C3%A3o-maia/ (consulta feita em Fevereiro de 2023).

D'URSO Leonardo e CANESSA Romina, **The Italian Mediation Law on Civil and Commercial Disputes**, Março 2017, https://www.dropbox.com/s/c0wwps4dybtjctq/Screenshot%202020-04- 17%2010.07.36.png?dl=0. (consulta feita em Fevereiro de 2023).

GOLLAN Dwight e FOLBERG Jay, **Mediation The Roles of Advocate and Neutral**, 2a. ed., Wolters Kluver, 2011.

GRANT Alan, **Think Again**, Viking, 2021.

GUIMARÃES, Márcio Souza. **Direito das empresas em dificuldade. Direito e economia: diálogos.** Rio de Janeiro: FGV Editora, 2019.

LIMA JUNIOR, Asdrubal Nascimento, Temas de Mediação e Arbitragem, artigo intitulado **Desafios da Mediação no Brasil**, Lex Editora, 2017.

MAYER, Bernard. **The Future of Mediation: Be Less Certain and More flexible**, Mediate.com, http://mediate.com/articles/MayerFutures.cfm, (consulta feita em Fevereiro de 2023).

MENKEL-MEADOW, Carrie, **Hybrid and Mixed Dispute Resolution Processes: integrities of process pluralism**, Legal Studies Research Paper Series No. 2021-37 (https://papers.ssrn.com/sol3/papers.cfm?abstract_id=3874098 – consulta feita em Fevereiro de 2023).

Relatório Analítico – Mediação e Conciliação Avaliadas Empiricamente, CNJ, 2019,https://www.cnj.jus.br/wp-content/uploads/2011/02/e1d2138e482686b-c5b66d18f0b0f4b16.pdf (consulta feita em Fevereiro de 2023).

SOUZA NETTO, Antônio Evangelista de e LONGO, Samantha Mendes, **A Recuperação Empresarial e os Métodos Adequados de Solução de Conflitos**, Paixão Editores, 2020.

STIPANOWICH, Thomas J., Living the Dream of ADR: **Reflections of Four Decades of the Quiet Revolution in Dispute Resolution** (Symposium Keynote), Pepperdine University, School of Law. 2016, (https://papers.ssrn.com/sol3/papers.cfm?abstract_id=2920848 – consulta feita em Fevereiro de 2023)

URY, Willian, **Getting to Yes with Yourself, How to Get What You Truly Want,** Harper One, 2016.